中文编目与 RDA

王松林　主编

编著　王松林　胡小菁　王景侠

海洋出版社

2014 年 · 北京

图书在版编目（CIP）数据

中文编目与 RDA/王松林主编. —北京：海洋出版社，2014.6
（新型图书情报人员能力培训丛书/初景利主编）
ISBN 978 - 7 - 5027 - 8786 - 8

Ⅰ. ①中… Ⅱ. ①王… Ⅲ. ①中文图书 – 机器可读目录 – 图书编目
Ⅳ. ①G254. 364

中国版本图书馆 CIP 数据核字（2014）第 010877 号

责任编辑：杨海萍
责任印制：赵麟苏

海洋出版社　　出版发行

http：//www. oceanpress. com. cn
北京市海淀区大慧寺路 8 号　邮编：100081
北京旺都印务有限公司印刷　　新华书店发行所经销
2014 年 6 月第 1 版　2014 年 6 月北京第 1 次印刷
开本：787mm×1092mm　1/16　印张：16.75
字数：287 千字　定价：46.00 元
发行部：62132549　邮购部：68038093　总编室：62114335
海洋版图书印、装错误可随时退换

主编弁言

由海洋出版社出版的《新型图书情报人员能力培训丛书》历时一年多的策划、组织、撰写，终于与广大读者见面了！

近些年来，由于信息技术和信息环境的飞速变化，图书情报工作也面临着许多的困难、压力和挑战。读者到馆的人数在下降，图书外借和参考咨询量也在下降，图书情报人员的职业形象受到严重影响。图书情报机构似乎从未遭遇如此的寒冷期，似乎越来越被边缘化，甚至到了生存危机的程度。

同时，我们也应该看到，信息技术和信息环境的变革带来的冲击和影响不仅仅波及图书情报机构，而是整个社会，是对社会各行业提出了新的应变要求，也带来了全新的发展机遇和生存空间，图书情报机构同样如此。如果传统的图书情报工作模式、机制、能力不主动适应变革，那只能被边缘化，只能死路一条。相反，如果我们主动应变，敢于创新，大胆探索，将图书情报业务与新的技术、新的需求、新的能力紧密结合，就有可能走出一条新的道路，走向新的辉煌。

为此，《图书情报工作》杂志社自 2012 年开始每年组织"新型图书馆员能力提升培训班"，旨在动员业内学者专家的力量，通过系列培训的形式，根据图书情报工作新的业务生长点和当前与未来的发展要求，对图书情报人员在新的形势和环境下所应具备的能力进行培养，在业内产生了良好的反响。同时，我们又感到，仅仅靠培训，影响的面是有限的，更需要系统地总结和凝练，编撰出版相应的专业教材，为从业人员提供自学的工具。

这一想法与海洋出版社一拍即合。出版社还专门成立了由我牵头的图情图书出版专家委员会。这套丛书就是通过专家委员会一起讨论、策划、组织的结果。第一辑共 10 本，将于 2014 年陆续出版，第二辑也已初步策划完成，正在组织专家撰写，年内和今后陆续地推向市场。

这一丛书将涉及图书情报机构转型变革和图书情报工作创新发展的方

方面面，从理论到技术，从资源到服务，从实践到应用，从方法到案例，动员了全国多个图书情报机构的业务骨干和专家学者。我们力求注重丛书的实用性和前瞻性，理论联系实际，强调务实和可操作性，以便对当前各级各类图书情报机构的业务工作具有一定的指导和推动作用。

这是一项比较庞大的工程，自第一本出版到最后一本，也许不知要延续多少年。但我们坚信，凭借这些专家的专业智慧和对图书情报工作未来发展的领悟，对于图书情报机构转型和创新发展一定会起到应有的作用。图书出版并不是目的，我们的期望是通过图书出版，能为图书情报工作未来发展提供启迪和参考，对推动图书情报机构转型变革有所助益。

海洋出版社出版图情类图书已有多年的历史，对图情学科和实践一直有着重要的贡献。在此，特别感谢海洋出版社能再次慷允出版丛书，为图情理论与实践助力。感谢为丛书的策划与组织付出辛苦的多位专家学者。当然，特别感谢为每一本书撰写内容的每一位作者，他们所付出的汗水，我们作为读者也都能感受得到。

因为所有的作者都在从事教学、科研或图书情报实际工作，撰写图书都是在业余时间完成的。时间紧、任务急，而且很多方面都是探索性的，其难度也是很大的。如果有不足也在所难免，诚望专家和广大读者批评指正。

期待这套丛书在推动图书情报机构转型发展中发挥积极的作用。

初景利

《图书情报工作》杂志社社长、主编、博士生导师

2014 年 1 月 26 日 北京中关村

前　言

　　2013 年初，承蒙国家图书馆外文采编部顾犇主任的举荐，《新型图书情报人员能力培训丛书》负责人初景利先生约我为该丛书写一本有关编目学方面的书。由于该丛书要求实用性与前瞻性并重，所以经过反复酝酿最后我将本书取名为《中文编目与 RDA》。

　　20 世纪下半叶，世界各国的图书馆普遍已从传统的手工编目过渡到以联机联合编目为主的计算机编目上来。如今，无论是 MARC21 还是 CNMARC 的书目记录和规范记录，除其记录结构外，主要由其数据元素内容和内容标识符两部分组成。考虑到 MARC 的内容标识符取决于 MARC 的数据元素内容，MARC 的数据元素内容取决于编目条例和/或编目规则，以及编目条例和/或编目规则又取决于一定的编目原则声明，本书将国内外 20 世纪 50 年代以来的现代编目工作，依巴黎《原则声明》和《国际编目原则声明》所诞生的时间划分为两个不同的时期——文献编目时期和资源编目时期。巴黎《原则声明》或文献编目时期的编目条例，以 AACR2 和《中国文献编目规则》为代表；而《国际编目原则声明》或资源编目时期的编目条例，则以 RDA 为代表。目前，我国图书馆虽然尚处于巴黎《原则声明》或文献编目时期，但上海图书馆经过前期调研已对其图书馆业务管理系统进行了 RDA 适应性调整（即下载的 RDA - MARC21 数据能被本地 Horizon 系统所接收），并于 2013 年 7 月起正式对其西文文献及部分中文文献进行了 RDA 编目（原编新记录可通过 OCLC - Connexion 直接上传至 WorldCat 数据库），因而成为我国首家以 RDA 规则编制书目记录的单位（经 OCLC 质控部门的确认，该馆上传的数据质量上乘，符合 RDA 的编目标准）。

　　同样根据内容决定形式的原理，本书对上述两个时期的编目工作，均先从其所用编目条例内容讲到其 MARC 编目的内容。具体而言，本书第一章先讲编目原则声明及基于它们的编目条例和／或编目规则的结构与特点，第二至第四章分别论述我国巴黎《原则声明》或文献编目时期的 MARC 书目记录和规范记录的数据元素内容（含著录数据元素内容和检索数据元素内容）及其记录结构和内容标识符内容，第五至第七章分别论述国外《国际编目原则声明》或资源编目时期的 MARC 书目记录和规范记录的实体、属性、关系及其内容标识符内容。需要强调的是，本书虽然在第四章的第四节谈了 MARC 的 XML 化问题，以使 MARC 能够适应互联网的环境，但互联网目前毕竟是个文件的网络，而要使其成为一个数据的网络，则必然使用关联科学中的关联数据，尤其是今后国内外普遍使用 RDA 来编目。据此，本书的最后一章在概述数据关联与关联数据的基础上，还重点论述了关联数据的实现技术及转换工具。

　　本书的编写大纲和最后的统稿基本由我与相关人员一起制定和完成。但由于自己才疏学浅等原因，除了第一至第四章由我本人撰写外，第五至第七章请了华东师范大学图书馆国家社科基金项目"《资源描述与检索》（RDA）的中文化及其应用研究"负责人胡小菁撰写、第八章请了我自己的博士生王景侠撰写。另外，中国科学院国家科学图书馆编辑出版中心的初景利主任及海洋出版社的杨海萍编辑也为本书的顺利出版倾注了心血。在此，一并表示衷心的感谢。

王松林

2014 - 3 - 10

目　次

第一章　绪　论

20 世纪下半叶，世界各国的图书馆普遍已从传统的手工编目过渡到以联机联合编目为主的计算机编目上来。如今，无论是 MARC 21 还是 CNMARC 的书目记录和规范记录，除其记录结构（Record structure）外，主要由其数据元素内容（Content of the data elements）和内容标识符（Content designation）两部分组成。① MARC 的内容标识符取决于 MARC 的数据元素内容，MARC 的数据元素内容取决于编目条例和编目规则，编目条例和编目规则又取决于一定的编目原则声明，考虑到这些问题，所以本章先从编目原则声明与基于它们的编目条例和编目规则谈起，并为全本内容作一铺垫。

第一节　编目原则声明及其发展

20 世纪 50 年代，随着编目事业的发展，人们已经普遍意识到探求编目条例和编目规则理论和原则的必要性，感到迫切需要一种能指导编目实践的总的理论原则和在其指导下的简明规则。当时西方编目界，以时任美国国会图书馆书目和编目政策顾问的柳别茨基为代表的图书馆人在这方面进行了广泛而深入的探讨，以致后来在全球范围内先后产生了两部具有国际影响力的编目原则声明——巴黎《原则声明》和《国际编目原则声明》。

一、巴黎《原则声明》

20 世纪 60 年代前夕，西方各国都在修订自己的编目条例和编目规则，其中变化最多、分歧最大的问题，逐步集中到匿名著作和机关团体出版物这两个方面上来。在亟待统一的情形下，国际图联（International Federation of Library Association，以下简称 IFLA）于 1954 年组织专门人员对西方国家的 24 种编目条例和编目规则进行了研究，并从上述两个方面于 1956 年提出了一个

---

① Library of Congress. Network Development and MARC Standards Office. MARC21 concise format for bibliographic data. http://leweb. loc. gov/marc/bibliographic/ecbdhome. html

2 条 17 款的建设性报告——《Report on Anonyms and Works of Corporate Authorship》。此后，联合国教科文组织又对另外一些内容展开了讨论，并在此基础上由图书馆资源委员会提供资金，于 1961 年 10 月 9—18 日在巴黎联合国教科文组织的会议大厦召开了一次"国际编目原则会议"（International Conference on Cataloguing Principles，以下简称 ICCP）。这次会议，共有 53 个国家、12 个国际机构的代表出席。

由于地域尤其是文化上的差异，要完全做到编目条例和/或编目规则的国际标准化其实是件极为困难的事。因此，ICCP 当时的中心议题是在商讨各种编目条例和/或编目规则的基础上，制订出一套国际通用的编目原则。与会者认为，统一的编目原则是各国制订标准的著录规则的前提，唯有这样才能有效地沟通各国的编目条例和/或编目规则和由此而产生的各种形式的书目间的联系与一致。ICCP 本着确立一套全球公认的编目原则，并在此基础上建立较为一致的，所有国家、地区及各语种均可大体接受的著录标准的指导思想。考虑到当时的编目条例和/或编目规则基本上是先标目后著录的现实，所以首先决定"在著者和书名字顺目录中对款目的选择与著录形式的基本原则上达成一致的看法"。① 为此整个会议共提出了 17 份工作报告，制订并通过了一部内含 12 个条款的《原则声明》（由于全称为 Statement of Principles Adopted at the International Conference on Cataloguing Principles, Paris, October 1961，所以以下用"巴黎《原则声明》"称谓）。

巴黎《原则声明》首先在其条款 1 "使用范围"中声明：这里所说的原则，仅适用于印本图书（实际包括当时图书馆中与一般性图书性质相同的那些出版物）目录中的标目和款目用词的选择与形式（即决定款目在目录中次序的主要因素）；在印本图书目录中，款目以著者姓名为著录标目，在著者姓名不适合或不足以作为标目时，按书名作为著录标目的款目合并组成一个字顺的次序。② 巴黎《原则声明》的其他条款即条款 2 – 12，从总体内容上看大致可分以下两大部分：第一大部分是总则部分（即条款 2 – 7），这一大部分是关于字顺目录总体的规定，如关于字顺目录的职能（条款 2）、目录的结构（条款 3）、款目的种类（条款 4）、款目的使用（条款 5）、款目的功能（条款 6）以及统一标目的选择（条款 7），它是以后各专论部分的基础；第二大部

① Encyclopedia of Library & Information Science, V. 12.（New York：Dekker, 1974）

② 全国第一中心图书馆委员会西文图书卡片联合编辑组编译. 1961 年国际编目原则会议论文选译. 中国科学院图书馆, 1962

分是专论部分（即条款 8 – 12），这一大部分是关于各类型出版物中可能出现的特殊书目情况的规定，如关于个人著者（条款 8）、机关团体的著录款目（条款 9）、多著者（这里的"著者"也包括被取作标目的机关团体，条款 10）、以书名作著录标目（条款 11）以及个人姓名的款目词（条款 12）。

　　概言之，巴黎《原则声明》的第一大部分的重点在于统一目录的职能（这是编目方面的理论问题），第二大部分的重点在于统一主附标目制（这是编目方面的实际问题）。如巴黎《原则声明》对文献机构的目录职能是这样规定的：目录必须有效地确定①文献机构是否藏有具有以下特点的特定图书：（a）图书的著者或书名，（b）书上没有标明著者而仅有书名，（c）著者和书名都不合适或都不足以说明该书的著者、书名时，用代替书名的适当名称；②文献机构藏有某一特定著者的哪些著作，以及某一特定著作的哪些版本。至于主附标目制（Main and added entry headings），其第一步是一开始对图书等文献进行著录时就在该文献的诸多检索点（一般是著者、团体或题名）中选取一个主要标目并将之著录在该款目的第一行，并将其余次要的检索点著录在该款目的根查项，从而形成"目录中一种文献的各种著录最详细、最完整的款目"——主要款目（Main entry）；主附标目制的第二步，是将款目根查项中的其余次要检索点分别著录在款目的主要标目之上，从而形成各种主题、著者、团体、题名等的附加款目和分析款目（具体详见本书第三章）。①由此可见，主附标目制的关键是主要标目的选取。

　　由于目录的职能，之前柳别茨基在其《Cataloging Rules and Principles》一书对文献机构目录提出的查检职能和集中职能思想已经深入人心，②并对 1961 年的 ICCP 也产生了直接的影响，所以容易得到统一。但主附标目制则具体涉及印本图书目录中的标目与款目词的选择与形式，所以 ICCP 一方面总结了 1841 年以来英美编目的传统，另一方面也协调了英美编目体系和普鲁士编目体系的分歧，使双方在编目原则的问题上进一步相互接受和融合，结束了那种长期并存的对立局面，特别是解决了以下几个历来颇有争端的问题：①"团体著者"的问题。在英美编目传统中，"团体"与"个人"同被视为文献著述的一种类型，即团体出版物通常可以著录在该团体名称下。然而在普鲁士编目体系中，"机关团体"是不能作为文献的责任者的，即机关团体的出版

---

　　① 王松林. 信息资源编目（修订本）. 北京图书馆出版社，2005
　　② Seymour Lubetzky. Cataloging Rules and Principles：a critique of the A. L. A. Rules for Entry and a proposed design for their revision. Washington：Library of Congress, 1953

物通常被视为匿名著作并以书名为主要标目。于是巴黎《原则声明》在沿袭英美编目传统的基础上采取了一种较为折中的办法，即只规定六种以团体为主要标目的情形（见巴黎《原则声明》第 9 条款），而不使用"团体著者"这一字样，从而使机关团体可以作为文献责任者的观点基本得以承认，尽管约占 11% 的捷克、芬兰、匈牙利、荷兰、丹麦、瑞典的代表对此仍持反对意见。② "统一标目"的问题。巴黎《原则声明》规定：一个著者的全部出版物均须著录在某一统一名称下，一部著作的各种版本均须集中在某一统一题名下，然后再用附加或参照款目来联结著者和书名的各种形式。③ "个人姓名款目词"的问题。在这个问题上通常出现的是欧洲人姓名中的复姓及带前缀姓氏的问题，以及用欧洲方式来表示的非欧洲姓名的问题。对此巴黎《原则声明》规定："个人著者的姓含有几个词时，要尽可能地采用其本人的习惯用法著录；如不可能，即以他所用语文的一般用法著录。"此外，巴黎《原则声明》还进一步扩大了题名作为主要标目的使用范围。①

1961 年的 ICCP 可谓是当时世界编目史上参与人员最为广泛的一次编目学会议，它所制订的巴黎《原则声明》也可谓是当时世界编目学上一部最为重要的理论文献，它为整个西方编目体系的统一提供了条件，为国际书目情报资源的共享、为扩大书目情报的交流范围铺平了道路，对之后的编目条例和/或编目规则的制订乃至世界书目控制计划（Universal Bibliographic Control）的最终形成和发展均都产生了极其深远的影响。然而，巴黎《原则声明》客观上也存在以下不足：①由于当时其重点是放在"在著者和书名字顺目录中对款目的选择与著录形式的基本原则上达成一致的看法"，所以还没来得及将统一的编目原则作为各国完全标准的著录规则（即它仅仅涉及标目方面的著录规则）。②由于它产生于计算机和网络出现之前，因而没有也不可能考虑到计算机和网络在介入书目活动领域后它们对整个编目理论及实践带来的种种变化。③为了取得国际上的一致承认，它在某些方面作了妥协和让步，从而影响了其标准的性质。诚如 Gorman 所言，"可以公正地说，巴黎《原则声明》的一切优点都应归功于柳别茨基，而其一切缺点都应归咎于国际折中主义的压力。"②

---

① 高红．编目思想史．北京图书馆出版社，2008
② 米歇尔·高曼．我们应当称颂……：回顾六位对编目工作深有影响的人．图书馆学情报学参考资料，1981（1）

二、《国际编目原则声明》

20 世纪下半叶，随着计算机的普及和互联网的开通，图书馆除了拥有实体资源外，数字和/或网络资源也随之不断增长，即开始步入复合图书馆时代。从信息组织和检索的角度看，互联网也从本身最初的门户网站、搜索引擎在向开放平台的方向发展。这些均对图书馆的编目和检索工作产生了直接或间接的影响。① 于是 21 世纪伊始，IFLA 就着手对巴黎《原则声明》进行修订，并致力于制订一部能适用于联机图书馆目录以及在其他领域也可使用的新的原则声明。后一行动的具体表现就是 2003 年在德国法兰克福召开的"国际编目规则第一次专家会议"上通过的《国际编目原则声明（草案）》（Statement of International Cataloguing Principles：Draft）。该草案后经在阿根廷、埃及和韩国等国召开的国际编目规则专家会议的评估和/或修订，2009 年正式以《国际编目原则声明》的形式发布。②

《国际编目原则声明》替代和拓展了上述巴黎《原则声明》的范围：由只涉及文字内容的作品扩展到包括各种文献类型，由只涉及款目标目的选择和形式扩展到包括图书馆目录所使用的书目数据和规范数据的各个方面；它不仅包括原则和目标（即目录的功能），而且也包括应当收入各国编目条例和/或编目规则的指导性规定，以及有关查找和检索功能的指南。具体内容包括：1. 范围；2. 总原则；3. 实体、属性和关系；4. 目录的目标和功能；5. 书目著录；6. 检索点；7. 查找功能的基础。

在"1. 范围"中，《国际编目原则声明》说它所述的原则，旨在指导编目条例和/或编目规则的制订，并将它们应用于书目数据和规范数据以及当前的图书馆目录。另外，它所述的原则也可用于由图书馆、档案馆、博物馆和其他团体所创建的书目及其他数据文档，其目的是为各类书目资源的描述性编目和主题编目提供一种一致的方法。

在"2. 总原则"中，《国际编目原则声明》共列举了指导编目条例和/或编目规则制订的九大原则，即：①用户的便利性：在对著录以及用以检索的名称的受控形式作出抉择时应该考虑到用户的便利；②通用性：在著录与检

---

① 翟晓娟，许鑫. 解析图书馆信息组织在互联网发展三个时期的定位、演变及趋势. 国家图书馆学刊，2012（2）

② IFLA Cataloguing Principles：the Statement of International Cataloguing Principles（ICP）and its Glossary in 20 Languages. http：//www. ifla. org/en/publications/statement – of – international – cataloguing – principles

索中使用的词汇应与大多数用户所用的词汇相一致；③表达性：著录以及名称的受控形式应按实体描述其本身的方式来确定；④准确性：应如实描述被著录的实体；⑤充分性与必备性：只应包含那些在著录以及用以检索的名称的受控形式中对完成用户任务所必需的，以及对唯一识别某一实体所必不可缺的数据单元；⑥有意义：数据单元应具有目录学上的意义；⑦经济性：当达到某一目标而存在多种途径时，应选择整体经济性最佳的途径（即费用最少或方法最简单）；⑧一致性与标准化：应尽可能实现著录与确立检索点工作的标准化，这样才能取得更大的一致性，从而提高共享书目数据与规范数据的能力；⑨集成化：各类文献的著录以及各类实体名称的受控形式应在适用范围内基于一套共同的规则。此外《国际编目原则声明》还强调，编目规则中的规定应具备可论证性而非随意性。

在"3. 实体、属性和关系"中，《国际编目原则声明》引进了 E-R 模型中的实体（Entities）、属性（Attributes）和关系（Relationships）概念。

在"4. 目录的目标和功能"中，《国际编目原则声明》认为目录应当是一种经济而有效的工具，它能使用户①在利用资源的属性或关系进行检索后，从某一收藏中查找（find）书目资源；②识别（identify）一个书目资源或代理（即确认所著录的实体对应于所搜寻的实体，或区分具有相似特征的两个或多个实体）；③选择（select）一个适合用户需求的书目资源（即选取一个在媒介、内容、载体等方面能满足用户需求的资源，或放弃一个不适合用户需求的资源）；④获取（acquire）或存取（obtain access）所著录的文献（即提供信息，使用户能够通过购买、借阅等方式获取某一文献，或以电子方式通过联机连接远程来源检索某一文献），或检索、获取或存取规范数据或书目数据；⑤浏览（navigate）目录和目录以外的其他领域（即通过书目数据和规范数据的逻辑排列和清晰的漫游途径的展示，包括作品、内容表达、载体表现、单件、个人、家族、团体、概念、实物、事件和地点间关系的展示）。

在"5. 书目著录"中，《国际编目原则声明》认为，一般而言应为每一载体表现（Manifestation）创建一条独立的书目著录；书目著录通常以作为载体表现代表的单件（Item）为基础，并可包括属于被体现的作品（Work）和内容表达（Expression）的属性。最为关键的是，《国际编目原则声明》认为著录数据应以国际认可的标准为基础，而对图书馆界而言，国际认可的标准就是 ISBD（即《国际标准书目著录》）。其次，《国际编目原则声明》还认为，著录还可依据目录或书目文档的目的而采用不同的详简级次（levels of completeness），并将有关详简级次的信息反映给用户。

在"6. 检索点"中，《国际编目原则声明》的内容包括一般规则（General）、检索点的选择（Choice of Access Points）、规范检索点（Authorized Access Points）以及不同名称和名称的变异形式（Variant Names and Variant Forms of Name）等内容。其中在"一般规则"中，《国际编目原则声明》认为检索点用于查询书目数据和规范数据，它们的形成必须遵循"2. 总原则"中的原则，并可以是受控的或非受控的。

在"7. 查找功能的基础"中，《国际编目原则声明》的内容主要包括查找（Searching）和检索（Retrieval）两部分内容。其中，"查找"部分的内容包括查找手段（Search Devices）、基本检索点（Essential Access Points）和附加检索点（Additional Access Points）等；而"检索"部分的内容则指出用同一检索点查询到几条记录时，记录应按便利于目录用户的某种逻辑顺序显示，并优先遵照适合于检索点的语言和文字的标准。

综上可以看出，《国际编目原则声明》是一逻辑非常缜密的整体。即除"1. 范围"部分外，《国际编目原则声明》首先提出编制编目条例和/或编目规则的总原则及总框架，然后提出目录的目标和功能以及与之相关的书目著录和检索点，最后强调查找功能的基础。其中与巴黎《原则声明》最大的不同，是《国际编目原则声明》的"3. 实体、属性和关系"引进了 E－R 模型概念，并以此作为编制编目条例和/或编目规则的框架结构。在其他方面，《国际编目原则声明》也对巴黎《原则声明》的理论作了巨大拓展。如在"2. 总原则"中，《国际编目原则声明》首次提出了用户的便利性、通用性、表达性、准确性、充分性与必备性、有意义、经济性、一致性与标准化以及集成化等九大指导编目条例和/或编目规则制订的原则，并视目录为用户提供便利为其首要原则。再如在"4. 目录的目标和功能"中，《国际编目原则声明》认为目录应具备查找、识别、选择、获取或存取以及浏览等五大功能，这比巴黎《原则声明》提出的目录两大职能——查检职能和集中职能大为扩展。另在"6. 检索点"和"7. 查找功能的基础"部分，《国际编目原则声明》与巴黎《原则声明》相比也有许多独到之处。这些都为新的编目条例和/或编目规则的编制指引了方向和目标。[①]

---

①　王松林. 编目原则声明与编目条例之关系. 山东图书馆学刊, 2013（2）

第二节　基于巴黎《原则声明》的编目条例

从巴黎《原则声明》诞生之后的情况看，其作为编目国际标准化基础的目的无疑已经实现，即从它诞生起世界各国制定的编目条例和/或编目规则大多严格遵循或至少在很大程度上遵循了它的要求，① 也产生了一批在世界上具有较大影响力的编目条例和/或编目规则。世界上基于巴黎《原则声明》制订且具有较大影响力的编目条例和/或编目规则，在西方编目界应首推被誉为编目 "圣经" 的《英美编目条例（第 2 版）》 （Anglo‐American Cataloguing Rules. 2nd Ed. ，以下简称 AACR2），而在中文编目界则不得不提我国的《中国文献编目规则》。

一、AACR2 和《中国文献编目规则》的产生与发展

（一）AACR2 的产生与发展

为贯彻前述巴黎《原则声明》之精神，英美加三国经过协商终于在 1967年出版了 AACR （Anglo‐American Cataloguing Rules）。不过由于当时的英国与美国和加拿大在一些编目细节上仍存在着一定的分歧，所以 AACR 出版时分了两个稍有差别的版本即英国版和北美版同时出版。与以往的编目条例相比，AACR 最大的不同有如下两点：一是在选取标目时主要着眼于著作者的责任，其后才考虑文献的类型；二是增加了许多新型文献的著录规则。AACR的具体内容有如下三个部分：②

第一部分 "款目与标目" （Entry and Heading） 共有 5 章，即：

1 Entry （款目）

2 Headings for Persons （个人标目）

3 Headings for Corporate Bodies （团体标目）

4 Uniform Titles （统一题名）

5 References （参照）

---

① IFLA Cataloguing Principles：the Statement of International Cataloguing Principles （ICP） and its Glossary in 20 Languages. http：//www. ifla. org/en/publications/statement‐of‐international‐cataloguing‐principles

② American Library Association … ［et al. ］ Anglo‐American cataloguing rules：North‐American text. Chicago：ALA，1967

第二部分"著录"（Description）共有 4 章，即：

6 Separately Published Monographs（单行本）

7 Serials（连续出版物）

8 Incunabula（古版书）

9 Photographic and Other Reproductions（照片与其他复制品）

第三部分"非书资料"（Non – Book Materials）共有 6 章，即：

10 Manuscripts（手稿）

11 Maps，Atlases，etc.（地图、地图册等）

12 Motion Pictures and Filmstrips（电影与幻灯片）

13 Music（乐谱）

14 Phonorecords（唱片）

15 Pictures，Designs and Other Two – Dimensional Representations（图片、图案以及其他二维艺术作品）

20 世纪 70 年代，IFLA 制订的 ISBD 开始颁布和实施，这迫使编制与之相匹配的编目条例的任务被提上议事日程。于是 1974 年，英美加三国再次举行会议以商讨 AACR2 的编制。经过几年的努力，AACR2 终于于 1978 年正式出版，并将包括 AACR 在内的先标目后著录的传统顺序作了倒置。

AACR2 出版后，美国国会图书馆一方面对它积极采用，另一方面则根据新的以及新版 ISBD 对它不断地进行修订。在从卡片目录到联机目录的转变已成不可逆转之时，AACR2 的修订本终于于 1988 年正式出版，即《AACR2 1988 修订本》。对于这样一个修订本，曾有人建议要将它命名为 AACR3，但其编者没有接受。因为它并非像人们想象的那样是一个全新的版本，标志着一场新的描述性编目革命的到来，而只是在编制思想和总体结构与 AACR2 保持一致的基础上，总结了过去十年来对 AACR2 修改的意见和方案，以及对 AACR2 重新进行了一次建构与调整。基于同样的原因，又一个十年之后的 1998 年，AACR2 又出了一个修订本，即《AACR2 1998 修订本》。AACR2 的最后一个修订本是于 2002 年 9 月出版的。①

从名称上看，上述 AACR2 似乎是一部地域性的编目条例，但实质上它是一部地道的英文编目规则，就连其编者之一的 Michael Gorman 在其《AACR3？ Not！》一文中也认为最好将 AACR2 改名为《所有图书馆资料编目用英文规则》（English – Language Rules for Cataloguing all Library Materi-

---

① 王松林编著. 信息资源编目（修订本）. 北京图书馆出版社，2005

als）。但是尽管如此，我国文献机构在进行西文编目时大多不是直接采用 AACR2，而是根据 AACR2 和相关国际标准并结合我国实际需要而编制的《西文文献著录条例》（《西文文献著录条例》1985 年由中国图书馆学会出版发行，2003 年由科学技术文献出版社改出《西文文献著录条例：修订扩大版》，其实这两个名称应分别改称《西文文献编目条例》和《西文文献编目条例：修订扩大版》）。

（二）《中国文献编目规则》的产生与发展

标准化编目前，我国中文编目界影响比较大的一部编目条例是书目文献出版社出版的《中文普通图书统一著录条例（试用本）》。该条例是在北京图书馆 1974 年编制的《中文图书著录条例》的基础上修订、补充而成的一个试用标准，共有以下章节组成：①

第一章　总则

一、编制目的

二、适用范围

三、著录根据

四、著录标目

五、著录内容

六、著录格式

七、著录文字与符号

第二章　基本著录

一、书名项

二、著者项

三、出版项

四、稽核项

五、附注项

六、提要项

第三章　补充著录

一、附加著录

二、分析著录

三、参照

---

① 北京图书馆编. 中文普通图书统一著录条例（试用本）. 书目文献出版社，1981

20 世纪 80 年代我国开始颁布、实施的 GB 3792 系列标准大多没有标目法的内容，只有 GB 3792.2－85《普通图书著录规则》中有一附录 A "标目（补充件）"。因此 20 世纪 90 年代伊始，编制一部能够涵盖各类型文献著录和标目的《中国文献编目规则》就被提上议事日程。后经各方两年多的通力合作，《中国文献编目规则》终于在 1996 年北京国际图联大会召开前问世。

《中国文献编目规则》出版后，中文信息资源的载体、信息传播的方式和信息组织的形式均发生了较大的变化，国内外的编目理论与方法也有了进一步的发展。在此情况下，中国国家图书馆又组织馆内外学者于 2002 年开始对其进行修订，并于 2005 年由北京图书馆出版社出版了《中国文献编目规则（第二版）》。

二、AACR2 和《中国文献编目规则》的结构与特点

（一）AACR2 和《中国文献编目规则》的结构

如前所述，AACR2 1978 年出版时将包括 AACR 在内的先标目后著录的传统顺序作了倒置，所以其第一部分为"著录"（Description），第二部分为"标目、统一题名与参照"（Headings, Uniform Titles and References）。其中，AACR2 第一部分"著录"的顺序和章名按文献的种类安排，只是在它们的前后还各有一章其他相关内容，具体章名如下：①

1 General Rules for Description（著录总则）

2 Books, Pamphlets and Printed Sheets（专著图书、小册子和单面大张印刷品）

---

① American Library Association … ［et al.］ Anglo－American cataloguing rules. 2nd ed. Chicago：ALA, 1978

3 Cartographic Materials（测绘制图资料）

4 Manuscripts（手稿）

5 Music（乐谱）

6 Sound Recordings（录音资料）

7 Motion Pictures and Videorecordings（影片和录像资料）

8 Graphic Materials（图示资料）

9 Machine – Readable Data Files（机读文档）

10 Three – Dimensional Artifacts and Realia（立体工艺品与实物）

11 Microforms（缩微资料）

12 Serials（连续出版物）

13 Analysis（分析著录）

其中第九章的 Machine – Readable Data Files（机读文档）在《AACR2 1988 修订本》中被改名为 Computer Files（计算机文档），① 后在《AACR2 2002 修订本》中又被改名为 Electronic Resources（电子资源）；而第十二章的 Serials（连续出版物）在《AACR2 2002 修订本》中则被改名为 Continuing Resources（连续性资源）。②

AACR2 第二部分"标目、统一题名与参照"的 6 章（即 21 – 26 章）的章名始终没变，具体章名为：

21 Choice of Access Points（检索点的选取）

22 Headings of Persons（个人名称标目）

23 Geographic Names（地理名称）

24 Headings for Corporate Bodies（机关团体标目）

25 Uniform Titles（统一题名）

26 References（参照）

此外，AACR2 的后面还有 4 个附录（Appendices）和 1 个索引（Index），其中 4 个附录的具体名称为：

A Capitalization（大写）

B Abbreviation（缩写）

C Numerals（数字）

---

① Joint Steering Committee for Revision of AACR. Anglo – American cataloguing rules. 2nd ed. , 1988 rev. Ottawa: Canadian Library Association, 1988

② 开蓉嫣编译. AACR2 2002 年最新修订本简介. 图书馆杂志, 2003（1）

D Glossary（词汇表）

《中国文献编目规则》由于与 AACR2 之间隐含师承关系（这一点，从《中国文献编目规则（第二版）》更能看出），所以其主体也由著录法和标目法两大部分组成（下文若不特别指出，《中国文献编目规则》也含《中国文献编目规则（第二版）》）。其中，《中国文献编目规则》和《中国文献编目规则（第二版）》的第一部分"著录法"均设 15 章（它们在贯彻 ISBD 的程度上有差异），但具体章名有所变动；而它们的第二部分"标目法"的内容，《中国文献编目规则（第二版）》则对《中国文献编目规则》从章名到内容都作了较大的改动。此外，《中国文献编目规则（第二版）》的附录部分除了对《中国文献编目规则》"主要名词术语"作了增订外，还新增了 4 个附录，以方便编目人员的实际操作，具体内容如下:①,②

表 1 –1　《中国文献编目规则》和《中国文献编目规则（第二版）》内容目次

《中国文献编目规则》内容目次	《中国文献编目规则（第二版）》内容目次
第一章　总则	第一章　总则
第二章　普通图书	第二章　普通图书
第三章　标准文献、科技报告、学位论文	第三章　学位论文、科技报告、标准文献
第四章　古籍	第四章　古籍
第五章　金石拓片	第五章　拓片
第六章　地图资料	第六章　测绘制图资料
第七章　乐谱	第七章　乐谱
第八章　录音资料	第八章　录音资料
第九章　影像资料	第九章　影像资料
第十章　静画资料	第十章　静画资料
第十一章　连续出版物	第十一章　连续性资源
第十二章　缩微资料	第十二章　缩微文献
第十三章　计算机文档	第十三章　电子资源
第十四章　多层次著录	第十四章　手稿
第十五章　分析著录	第十五章　综合著录与分析著录

---

①　黄俊贵主编．中国文献编目规则．广东人民出版社，1996
②　富平，黄俊贵主编．中国文献编目规则．2 版．北京图书馆出版社，2005

续表

《中国文献编目规则》内容目次	《中国文献编目规则（第二版）》内容目次
第二十一章　款目的构成及其表示 第二十二章　标目范围 第二十三章　标目名称 第二十四章　标目参照	第二十一章　总则 第二十二章　个人名称标目 第二十三章　团体/会议名称标目 第二十四章　题名标目 第二十五章　参照
主要名词术语	著录样例 中国历史朝代规范简称 中国各少数民族规范名称表 世界主要国家和地区名称表 主要名词术语

从以上 AACR2 和《中国文献编目规则》的结构看，它们均与传统的编目工作顺序一致。即在具体编目时，首先根据编目对象的文献种类在其第一部分中寻找相关章并从题名与责任说明项开始著录，然后再依据其第二部分选取检索点并对之进行规范和标目，所以其结构一般人都较容易理解和把握。AACR2 和《中国文献编目规则》的结构容易被人理解和把握的另一重要原因，是它们均是一种单纯的描述性编目条例。

（二）AACR2 和《中国文献编目规则》的特点

通过以上结构介绍可以看出，AACR2 和《中国文献编目规则》主要包括著录法和标目法两大部分内容。其中，AACR2 和《中国文献编目规则》的标目法部分的共同点，是它们均都考虑了巴黎《原则声明》之精神，只是两者在考虑的程度上有所差别。即 AACR2 是全面考虑了巴黎《原则声明》中的两个方面——目录的职能和主附标目制（用《国际编目原则声明》的话说，AACR2 "严格遵循了"巴黎《原则声明》），而《中国文献编目规则》则主要是从目录职能这一个方面考虑了巴黎《原则声明》之精神（用《国际编目原则声明》的话说，《中国文献编目规则》"在很大程度上遵循了"巴黎《原则声明》），并用可以克服主要标目选取困惑的交替标目制取代了巴黎《原则声明》中的主附标目制。

所谓交替标目制（Alternative entry headings），就是著录在单元卡（Unit card）排检项的各题名、责任者、主题词和分类号等检索点的地位平等，可轮流作为款目标目著录于相应的标目位置（具体详见本书第三章，至于交替标目制在中文计算机编目中的处理详见本书第四章），从而废除了传统意义上的主要标目、主要款目、附加标目、附加款目等概念。① 但需指出的是，对于中编中同一类检索点由于其先后次序不同而产生的第一题名款目和第二题名款目、第一责任者款目和第二责任者款目等，我们也可将它们称作为题名主要款目和题名附加款目、责任者主要款目和责任者附加款目等，但这里的主要款目和附加款目与前述主附标目制中的主要款目和附加款目有着本质的区别，即这里的主要款目是指一文献同类检索点中起主要作用的款目，这里的附加款目是指一文献同类检索点中起次要作用的款目。

从上 AACR2 和《中国文献编目规则》的结构看，首先，其著录法部分的共同点是均都依据 ISBD 的内容（详见本书第二章）制定各自的著录规则。其次，它们均将知识世界作为文献（记录有知识的一切载体）的空间来看待，而为很好地利用，文献则需区分种类，然后再从各个角度，以各种指标和参数（主要按 ISBD 中的著录项目与著录单元）加以描述和揭示。关于被著录文献的种类划分，从第一部分各章的内容看，AACR2 和《中国文献编目规则》应该说是大同小异，即它们都只指示馆藏及其相关信息（这一点与现今的搜索引擎需要指引所有的信息不同）。但在"题名与责任说明项"需要著录的一般资料标识（General Material Designation，以下简称 GMD）上，AACR2 和《中国文献编目规则》则存在较大的差异，甚至 AACR2 考虑到当时的英国与澳大利亚、加拿大和美国所使用的 GMD 的不同，还分别订有两个不同的 LIST，前者（英国、澳大利亚和加拿大）使用 LIST 1，后者（美国）使用 LIST 2，即：②·③·④·⑤

---

① 王松林编著. 信息资源编目（修订本）. 北京图书馆出版社，2005

② American Library Association … [et al.] Anglo – American cataloguing rules. 2nd ed. Chicago：ALA，1978

③ Joint Steering Committee for Revision of AACR. Anglo – American cataloguing rules. 2nd ed. ，1988 rev. Ottawa：Canadian Library Association，1988

④ Joint Steering Committee for Revision of AACR. Anglo – American cataloguing rules. 2nd ed. ，1998 rev. Ottawa：Canadian Library Association，1998

⑤ 开蓉嫣编译. AACR2 2002 年最新修订△简介. 图书馆杂志，2003（1）

表 1 – 2 　AACR2 使用的 GMD

LIST 1	LIST 2
braille	activity card
cartographic material	art original
electronic resource	art reproduction
graphic	braille
manuscript	cartographic material
microform	chart
motion picture	diorama
multimedia	electronic resource
music	filmstrip
object	flash card
sound recording	game
text	kit
videorecording	manuscript
	microform
	microscope slide
	model
	motion picture
	music
	picture
	realia
	slide
	sound recording
	technical drawing
	text
	toy
	transparency
	videorecording

　　表 1 – 2 中的 LIST 1 和 LIST 2 的差别在于文献分类的粗细不同。如 LIST 1 中的 graphic 包括 LIST 2 中的 art original，chart，filmstrip，flash card，picture，slide，technical drawing 和 transparency；LIST 1 中的 object 则包括 LIST 2 中 di-orama，game，microscope slide，model 和 realia。需要说明的是，前述《西文文献著录条例：修订扩大版》基本采用 LIST 2，只是对个别文献的 GMD 作了一些特殊规定。如：①测绘挂图用 map，而不用 chart；②绘图资料在 LIST 2 中无贴切用语的，用 picture；③建筑示意图用 art original，art reproduction 或

picture，而不用 technical drawing；④多类型配套资料 kit 也适用于某些配套使用的印刷型文字资料。①

与 AACR2 不同，《中国文献编目规则》规定 GMD 应根据我国国家标准 GB 3469-83《文献类型与文献载体代码》中的一般文献类型标识来著录。所谓一般文献类型标识，是指代表文献类型的标记代码，分别由双字码和单字码组成。限于篇幅，本书仅提供 GB 3469-83 中按序号排列的文献类型代码表：

表 1-3 GB 3469-83 中按序号排列的文献类型代码表

序号	名称	简称	双字码	单字码
1	专 著	著	ZZ	M
2	报 纸	报	BZ	N
3	期 刊	刊	QK	J
4	会 议 录	会	HY	C
5	汇 编	汇	HB	G
6	学位论文	学	XL	D
7	科技报告	告	BG	R
8	技术标准	标	JB	S
9	专利文献	专	ZL	P
10	产品样本	样	YB	X
11	中译本	译	YW	T
12	手 稿	手	SG	H
13	参考工具	参	CG	K
14	检索工具	检	JG	W
15	档 案	档	DA	B
16	图 表	图	TB	Q
17	古 籍	古	GJ	O
18	乐 谱	谱	YP	I
19	缩微胶卷	卷	SJ	U
20	缩微平片	平	SP	F
21	录音带	音	LY	A
22	唱 片	唱	CP	L
23	录像带	像	LX	V
24	电影片	影	DY	Y
25	幻灯片	幻	HD	Z
26	其他（盲文等）	他	QT	E

---

① 顾犇主编．西文文献著录条例：修订扩大版．北京：科学技术文献出版社，2003

　　表 1 – 3 中的专著包括大学教材等；会议录包括座谈会、讨论会等的记录；汇编包括论文集等；科技报告包括科研报告、技术报告、调查报告、考察报告等；技术标准包括规范、法规等；产品样本包括产品说明书等；参考工具包括年鉴、手册、百科全书、字典等；检索工具包括各种目录、书目、文摘杂志、联合目录等；图表包括地图、地质图、气象图、蓝图、表格等；古籍包括金石、竹简等。

　　《中国文献编目规则》中的 GMD 若用 GB 3469 – 83 中的一般文献类型标识，一是无法满足所有文献类型的著录，有些文献类型不得已还使用 GB 3469 – 83 中的文献载体代码（如其 12 章的"缩微资料"或"缩微文献"）；二是不能与 CNMARC 书目格式 200 $ b 子字段著录 GMD 的要求相匹配，即在 CNMARC 书目格式里，200 $ b 子字段要求以编目机构所采用的语言和形式来说明该出版物所属的资料类型，而这些资料类型又需与 ISBD 中的 GMD（详见本书第二章的有关内容）相对应。

　　最后必须指出，基于巴黎《原则声明》和 ISBD 编制的 AACR2 和《中国文献编目规则》的结构虽然便于人们的理解和把握，但在它们出版前后，中、西方的书目界已逐步将自己的大半个身子置于联机联合编目的时代。从此意义上讲，上述仍将自己的大半个身子停留在手工编目时代的 AACR2 和《中国文献编目规则》的结构是落伍的，即它们只能说是手工编目时代的最好的编目条例，或者说它们只是手工编目和联机联合编目条例之间的一道分水岭。① 其实即便在手工编目时代，《中国文献编目规则》尤其是 AACR2 也还明显存在以下两大结构性缺陷：①每当新出现一种文献类型就需在其著录法中另加一章（这也是为什么 AACR2 和《中国文献编目规则》要像分类法采用空号法那样在著录法和标目法之间空章的根本原因），并可能还需对其第一章的"著录总则"内容进行修改；②著录以手头文献的物理形式为依据，而标目则以手头文献所反映的作品为依据。② 例如 AACR2 的第一部分引言说，"著录的起点是手头文献的物理形式，而非作品早先已经出版的原始形式或先前形式"，而其第二部分引言却说，"第二部分中的规则适用于各类作品，而非这些作品的物理表达形式"。③ AACR2 和《中国文献编目规则》的上述两大结

---

① 王松林．再论标目与检索点．图书馆杂志，2004（5）

② Delsey，Tom．Modeling the logic of AACR．In：The principles and future of AACR，ed．Jean Weihs．Ottawa：Canadian Library Association，1998

③ Joint Steering Committee for Revision of AACR．Anglo – American cataloguing rules．2nd ed．，1998 rev．Ottawa：Canadian Library Association，1998

构性缺陷虽能勉强适应以实体资源为主的编目对象，但对包括数字资源和/或网络资源在内的资源组织来说却问题多多，因此它们不断受到越来越多的学者的抨击和批评，[①] 同时也促使新的编目条例和/或编目规则的产生。

第三节　基于《国际编目原则声明》的编目条例

《国际编目原则声明》在其引言部分指出：本声明以国际上主要的编目传统为基础，同时兼顾国际图联《书目记录的功能需求》（FRBR）所提出的概念模型；期望本声明能够增进国际书目数据和规范数据的共享，同时也为致力于制订一部国际性编目规则的编目条例制订者提供指导。[②] 但从目前情况看，严格遵循《国际编目原则声明》而编制的编目条例全球还只有 RDA（Resource Description and Access）这一部。

一、RDA 的产生与目标

（一）RDA 的产生

如前所述，AACR2 于 1978 年出版后，不算局部内容更新就先后在 1988年、1998 年以及 2002 年出版过其修订本。但从 20 世纪 90 年代起，全球的很多用户都在不断地抱怨 AACR2 在历经了多次修订和更新后变得过于复杂和不合时宜。这些抱怨都在各种会议中提出并公布在列表服务器中。其实，就连负责修订 AACR 的联合指导委员会（Joint Steering Committee for Revision of AACR，以下简称 JSC）也认为，AACR2 过于复杂，且结构缺乏逻辑性，将内容和载体的术语混淆在一起，并缺乏层次感和对受编内容来说很重要的关联关系。上述抱怨和看法均可理解，因为 AACR2 毕竟是在互联网出现之前、IF-LA 提出概念模型以及《国际编目原则声明》得以通过之前编制的，尽管它不断地进行修订和更新。即 AACR2 最多只能说是一部建立在巴黎《原则声明》以及卡片式目录标准之上的编目条例，加之其编目规则中还掺杂着不少英美

---

① Howarth, Lyune C. Content versus carrier. In: The principles and future of AACR, ed. Jean Weihs. Ottawa: Canadian Library Association, 1998

② IFLA Cataloguing Principles: the Statement of International Cataloguing Principles (ICP) and its Glossary in 20 Languages. http://www.ifla.org/en/publications/statement – of – international – cataloguing – principles

偏见。①

20 世纪 90 年代末，JSC 决定积极为未来的 AACR2 做些改变，因为他们意识到环境的变化和概念模型的发展给了其看待所处环境的新角度，也给了其新机会来改进编目方式和向用户传递书目信息的方式。于是 JSC 和 AACR 原则委员会（The Committee of Principles，以下简称 CoP）于 1997 年在多伦多召开"AACR 原则和未来发展国际会议"。多伦多会议邀请了世界各国的许多编目专家，会中提出的一些建议为 AACR2 朝新的方向发展提供了思路，有些建议后还成为 RDA 所追求的目标，Lynne C. Howarth 所提出的解构 AACR2 的第一部分即不按载体形态而按内容来重构编目的思想甚至还被认为是最早确定的 RDA 框架。②

2004 年 9 月，CoP 宣布编制 AACR3（全称是 AACR3：Resource Description and Access）并计划于 2007 年出版。其主编、加拿大人 Tom Delsey 既是多伦多会议的与会者，同时也是 FRBR/FRANAR（FRANAR 即后来的 FRAD）模型的参与者。AACR3 原计划由导言、第一部分"描述（即著录）"、第二部分"选择检索点"以及第三部分"检索点形式"组成。同年底，AACR3 的第一部分草案完成后即交部分机构评审，但上述计划到 2005 年 4 月却发生了变化。因为世界各国的编目规则制定者、各国国家图书馆以及其他组织对 AACR3 的第一部分草案做出的某些评论和意见，引起了 JSC 对于与 FRBR 模型更加紧密结合以及构建元素集必要性的关注，加之 1998 年 Tim Berners-Lee 所提出的语义网愿景在当时也已开始迅速地发展，这使 JSC 进一步意识到不能再用以往的方式来编目，不能继续在无法与其他信息社会成员进行交流的系统中用 MARC 进行"记录"，即必须要对未来进行规划以保证图书馆今后在更广阔的领域里依然占据重要的地位，以及需要对关联数据的环境有所计划。在此情况下，新的结构和计划应运而生，并将 AACR3 中原来副题名 Resource Description and Access 中的三个实词的首字母 RDA 作为其正题名。使用该名称除了继续强调描述和检索在编目条例中的重要性之外，还为了消除原来名称的地域性特征（即去 Anglo-American 字眼），并显示走出图书馆界的雄心（即去 Cataloguing 字眼）。③

① 芭芭拉·B·蒂利特. RDA 与中国：编目的国际化. 中国图书馆学报，2012（6）
② 胡小菁. RDA 的国际化战略. 数字图书馆论坛，2010（12）
③ 胡小菁. 《资源描述与检索》的酝酿、编制与实施. 国家图书馆学刊，2011（2）

（二）RDA 的目标

RDA 的部分编制者其实也是《国际编目原则声明》的制订者，其中最典型的要数 RDA 联合指导委员会的美国国会图书馆代表及主席 Barbara Tillett 女士。既然前述《国际编目原则声明》"同时也为致力于制订一部国际性编目规则的编目条例制订者提供指导"，所以在参照了《国际编目原则声明》的有关内容后，JSC 决定将 RDA 的目标设定为：专为数字环境设计的，用于资源描述与检索的新标准；成为针对所有类型的内容和媒介进行编目的工具；作为工具，其生成的记录可以通过互联网、Web – OPAC 等在数字环境中使用，同时可以在语义网的关联数据环境中发挥作用，以及应用 RDA 元素元数据集创建的记录可以适应今后新出现的数据结构。其具体目标为：

- 规则应易于理解和使用；
- 适用于在线、网络环境；
- 为所有媒介类型提供有效的书目控制；
- 鼓励不限于图书馆界使用；
- 与其他类似的标准兼容；
- 具有基于国际通用原则的逻辑结构；
- 区分内容和载体数据；
- 样例——更多、更合适。

总之，RDA 基于 AACR2，以 FRBR/FRAD 为理论基础，遵循《国际编目原则声明》，体现了国际编目界的最新进展，目的是成为全球性的资源描述与检索的内容标准。

最后需要说明的是，RDA 的雏形形成于 2005 年 7 月，后经 2005 年 12 月至 2009 年 7 月的七次修订，最终于 2010 年 6 月以 RDA Toolkit 的形式正式发布（含阿拉伯文、中文、德文、法文等多种语言版本的内容说明）。[①] 2010 年 12 月 31 日，美国国会图书馆结束 RDA 测试后的过渡期，并于 2011 年发布了其正式测试报告，这标志着 RDA 开始步入一个新阶段。如作为 RDA 编制方的美国、加拿大、英国和澳大利亚四国国家图书馆就相继发表声明，同意最晚于 2013 年的第一季度实施 RDA 的切换日（美国国会图书馆实施 RDA 的切换日是 2013 年 3 月 31 日）。德国作为唯一非英语、非 RDA 的编制国，其国家

[①]　Revision history Joint Steering Committee for Development of RDA. RDA：Resource Description and Access. Prospectus. http：//www. rda – jsc. org/rdaprospectus. html

图书馆也将实施 RDA 的切换日定在 2013 年的第一季度。至于其他一些欧洲国家，现在也多以 RDA 为模板在积极探讨在本国图书馆实施 RDA 的方案。在我国，国家图书馆 2012 年已成功举办过一次 RDA 培训班及相关的研讨会，之后又与 CALIS 专家开始翻译 RDA 全文；台湾同行则已翻译出 RDA 培训资料，并联合学界、实务界和资讯界成立了一个 RDA 工作小组。另外，不少商业性公司也通过 RDA 中国代理的方式在向社会推广和宣传 RDA。①

二、RDA 的结构与特点

（一）RDA 的结构

RDA 的结构与 AACR2 以及《中国文献编目规则》的结构明显不同，它不按文献的类型进行排列，也不按 ISBD 的著录项目进行细分，而是将特定数据元素的说明集中在一起，识别并记录用于编目的数据元素。② RDA 的正文前首先有一"导言"（Introduction）。"导言"简单介绍 RDA 的目的和范围、主要特点及它和其他资源著录与检索标准之间的关系，阐明 RDA 的基本原则并简要介绍作为 RDA 基本框架的概念模型。其次，"导言"还介绍了 RDA 的结构，列出其核心元素，解释用于表现使用说明和示例的惯例，以及涉及语言和改编本时，RDA 使用说明和惯例如何调整以适应不同的环境（如某机构的主要使用对象所使用的语言不是英语）。③

RDA 的正文共由以下十部分组成。④ 其中，RDA 的第一部分"记录载体表现与单件的属性"（Recording Attributes of Manifestation & Item）共有 4 章（即 RDA 的 1 - 4 章），具体章名为：

1 General Guidelines on Recording Attributes of Manifestations and Items （记录载体表现与单件属性的总则）

2 Identifying Manifestations and Items （识别载体表现与单件）

3 Describing Carriers （描述载体）

4 Providing Acquisition and Access Information （提供获取与检索信息）

RDA 的第二部分"记录作品与内容表达的属性"（Recording Attributes of Work & Expression）共有 3 章（即 RDA 的 5 - 7 章），具体章名为：

① 黄如花，周伟."资源描述与检索"（RDA）的实施进展. 现代情报，2012（9）

② 蔡惠霞. RDA 对我国文献编目工作的启示. 图书馆学刊，2012（3）

③ 吴晓静. RDA——资源描述与检索的新标准. 数字图书馆论坛，2010（12）

④ RDA Toolkit. http：//access. rdatoolkit. org/

5 General Guidelines on Recording Attributes of Works and Expressions（记录作品与内容表达属性的总则）

6 Identifying Works and Expressions（识别作品与内容表达）

7 Describing Content（描述内容）

RDA 的第三部分"记录个人、家族与团体的属性"（Recording Attributes of Person, Family & Corporate Body）共有 4 章（即 RDA 的 8 – 11 章），具体章名为：

8 General Guidelines on Recording Attributes of Persons, Families and Corporate Bodies（记录个人、家族与团体属性的总则）

9 Identifying Persons（识别个人）

10 Identifying Families（识别家族）

11 Identifying Corporate Bodies（识别团体）

RDA 的第四部分"记录概念、实物、事件、地点的属性"（Recording Attributes of Concept, Object, Event & Place）共有 5 章（即 RDA 的 12 – 16 章），具体章名为：

12 General Guidelines on Recording Attributes of Concepts, Objects, Events and Places （记录概念、实物、事件、地点属性的总则）

13 Identifying Concepts （识别概念）

14 Identifying Objects （识别实物）

15 Identifying Events （识别事件）

16 Identifying Places（识别地点）

RDA 的第五部分"记录作品、内容表达、载体表现、单件间的基本关系"（Recording Primary Relationships between Work, Expression, Manifestation & Item）只有 1 章（即 RDA 的 17 章），具体章名为：

17 General Guidelines on Recording Primary Relationships（记录基本关系的总则）

RDA 的第六部分"记录与个人、家族和团体的关系"（Recording Relationships to Persons, Families & Corporate Bodies）共有 5 章（即 RDA 的 18 – 22 章），具体章名为：

18 General Guidelines on Recording Relationships to Persons, Families and Corporate Bodies Associated with a Resource（记录与资源相关的个人、家族和团体关系的总则）

19 Persons, Families and Corporate Bodies Associated with a Work（与作品相

关的个人、家族和团体）

20 Persons, Families and Corporate Bodies Associated with an Expression （与内容表达相关的个人、家族和团体）

21 Persons, Families and Corporate Bodies Associated with a Manifestation （与载体表现相关的个人、家族和团体）

22 Persons, Families and Corporate Bodies Associated with an Item （与单件相关的个人、家族和团体）

RDA 的第七部分"记录与概念、实物、事件、地点的关系"（Recording Relationships to Concept, Objects, Events & Places）也只有 1 章（即 RDA 的 23 章），具体章名为：

23 General Guidelines on Recording the Subject of a Work （记录作品主题的总则）

RDA 的第八部分"记录作品、内容表达、载体表现与单件间的关系"（Recording Relationships between Works, Expressions, Manifestations & Items）共有 5 章（即 RDA 的 24 – 28 章），具体章名为：

24 General Guidelines on Recording Relationships between Works, Expressions, Manifestations and Items （记录作品、内容表达、载体表现与单件间关系的总则）

25 Related Works （相关作品）

26 Related Expressions （相关内容表达）

27 Related Manifestations （相关载体表现）

28 Related Items （相关单件）

RDA 的第九部分"记录个人、家族与团体间的关系"（Recording Relationships between Persons, Families & Corporate Bodies）共有 4 章（即 RDA 的 29 – 32 章），具体章名为：

29 General Guidelines on Recording Relationships between Persons, Families and Corporate Bodies （记录个人、家族与团体间关系的总则）

30 Related Persons （相关个人）

31 Related Families （相关家族）

32 Related Corporate Bodies （相关团体）

RDA 的第十部分"记录概念、实物、事件、地点间的关系"（Recording Relationships between Concepts, Objects, Events & Places）共有 5 章（即 RDA 的 33 – 37 章），具体章名为：

33 General Guidelines on Recording Relationships between Concepts , Objects , Events and Places （记录概念、实物、事件、地点间关系的总则）

34 Related Concepts （相关概念）

35 Related Objects （相关实物）

36 Related Events （相关事件）

37 Related Places （相关地点）

RDA 的最后还有 12 个附录（Appendices）和一个词汇表（Glossary）及索引（Index）。其中，附录 D 和 E 分别描述书目记录与规范记录的句法，而附录 I－L 则分别描述书目记录与规范记录中的实体间的关系类型，12 个附录的名称分别为：

A Capitalization （大写）

B Abbreviations （缩写）

C Initial Articles （首冠词）

D Record Syntaxes for Descriptive Data （描述数据记录的句法）

E Record Syntaxes for Access Point Control （检索点控制记录的句法）

F Additional Instructions on Names of Persons （个人名称的补充说明）

G Titles of Nobility , Terms of Rank , Etc. （贵族头衔或等级）

H Dates in the Christian Calendar （公历日期）

I Relationship Designators：Relationships between a Resource and Persons, Families and Corporate Bodies Associated with the Resource （关系说明语：资源和与其相关的个人、家族、团体间的关系）

J Relationship Designators：Relationships between Works, Expressions, Manifestations and Items （关系说明语：作品、内容表达、载体表现、单件间的关系）

K Relationship Designators：Relationships between Persons, Families and Corporate Bodies （关系说明语：个人、家族、团体间的关系）

L Relationship Designators : Relationships between Concepts , Objects , Events , and Places （关系说明语：概念、实物、事件、地点间的关系）

从以上内容可以看出，RDA 的每个（或多个）部分的第 1 章均为本部分的一般性规则（总则，通常包括第 0 节"范围"、第 1 节"术语"、第 2 节"功能目标与原则"、第 3 节"核心元素"，以及其他通用规定），其后各章均为具体规则（分别对应于 FRBR/FRAD 的不同用户任务，如识别、选择、获取，通常第 0 节为"目的与范围"，第 1 节为"一般性规则"，其后为具体内容）。总之，RDA 采用的是另一种话语体系，其结构较之 AACR2 及《中国文献编目规则》有了颠覆性的变化。即 RDA 的结构是先分实体和关系，实体之下再分属性，属性之下再分文献类型。所有的著录事项都被安排在相关实体的属性之下，如页码属于载体表现的属性，请查 Manifestation 那一章；插图属于内容表达的属性，请查 Expression 那一章。另外，RDA 也不分著录与标目，统一题名与作品有关，要去 Work 那一章；个人标目的选取，要去 Person 那一章。可见，声称"规则应易于理解和使用"的 RDA 其实理解和使用起来并不那么容易。RDA 不易理解和使用的另一重要原因是，它集描述性编目和主题编目于一体。即在使用 RDA 进行描述性编目和主题编目时，编目员需要在它里面来回往返地查找，无疑这给编目员的工作带来新的问题与挑战。好在网络版的 RDA Toolkit 是一数据库，它将 RDA 既按章节次序也按 FRBR 的实体进行组织，同时还有与 MARC 格式的匹配。① 其次，各编目机构（RDA 称之为"数据创建机构"）为方便利用 RDA，还可对 RDA 的内容进行一定的在线定制。

最后需要强调的是，RDA 还有许多"缺失"内容（即仍在研究中的内容）和一些"占位"章节和附录（如上文中的斜体部分）。但是即便存在这些"缺失"内容以及"占位"章节和附录，RDA 也较 AACR2 的内容更加丰富（如其第 3 章规定的现代载体的属性，第 4 章规定的获取和检索信息，以及规范控制的说明和相互关系），② 至少它能克服前文所提到的 AACR2 和《中国文献编目规则》的那一结构性缺陷，即著录以手头文献的物理形式为依据，而标目则以手头文献所反映的作品为依据。

（二）RDA 的特点

RDA 的前述十个部分，其实也可像 AACR2 和《中国文献编目规则》那样粗分为以下两大部分，即将其第一至第四部分作为第一大部分"实体及其属性"（其内容基本涵盖 AACR2 和《中国文献编目规则》的主要内容，主要是与 FRBR/FRAD 实体属性相关的元素），将其第五至第十部分作为第二大部分"实体间的关系"（这是 AACR2 和《中国文献编目规则》的隐缺部分，主要是与 FRBR/FRAD 实体关系相关的元素）。这样就可明显地看出，RDA 的这两大部分内容其实与 FRBR 中的第三章"实体"（Entities）、第四章"属性"

---

① 王忠红．FRBR 俗解．图书馆杂志，2012（11）
② 芭芭拉·B·蒂利特．RDA 与中国：编目的国际化．中国图书馆学报，2012（6）

（Attributes）以及第五章"关系"（Relationships）的内容非常接近，而 FRBR 的内容又是基于实体—关系模型（Entity – relationship model，以下简称"E – R 模型"）的。

众所周知，从"事物"到"数据记录"其间需要经历三个不同的世界，即现实世界（指存在于人脑之外的客观世界，泛指客观存在的事物及其相互间的联系）、信息世界（现实世界中的事物反映到人们的头脑中，经过认识、选择、命名、分类等综合分析而形成印象和概念，产生认识，这就是信息，即进入信息世界）以及计算机世界（在计算机世界里，所有信息只能用二进制数来表示，一切信息在进入计算机时均须数据化）。但如果将现实世界中的信息直接构成计算机世界中的某种特定的逻辑数据结构，往往比较复杂和困难。为此，陈培生（P. P. S. Chen）于 1976 年提出了一个 E – R 方法——实体—关系图（Entity – Relationship Diagram，实体—关系图中所用的 E – R 方法直接列出所有的实体、实体属性以及实体间的关系，并将实体间的关系用一种抽象的命名来表示），即在逻辑设计过程中，他不是将现实世界中的信息直接构成计算机世界中的某个特定的逻辑数据结构，而是在这一过程中加入了一个中间步骤——概念模型（见图 1 – 1）：①

由于 E – R 方法作为人们认识客观世界的概念框架具有真实性和抽象性这两大特征，可为准确把握书目记录的功能需求提供可靠的保证，所以前述 FR-BR 首先将它引了进来。即 FRBR 借鉴开发关系型数据库所常用的 E – R 模型，从探讨编目的实体及其属性与关系的角度来揭示书目记录的功能需求，其目的一是提供一个清晰定义的结构化框架，使书目记录中的数据与用户任务之间产生关联，二是推荐由国家书目机构创建的记录的基本功能级别。②

如 FRBR 的第三章就将书目实体划分为三组。其中，第一组包括书目记录中所命名或描述的知识产品或艺术产品，包括作品（Work）、内容表达（Expression）、载体表现（Manifestation）和单件（Item）；第二组包括对知识或艺术内容、物质产品和传播或保管负有责任的实体，包括个人（Person）、家族（Family）和团体（Corporate body）；第三组包括作为知识或艺术主题的附加实体，包括概念（Concept）、实物（Object）、事件（Event，含时间）和地点（Place）。此外，一个作品还可以由一个或多个作品、内容表达、载体

①　冯泽泗主编. 机读目录的结构、编制与应用. 成都科技大学出版社，1992
②　IFLA Study Group on Functional requirements for bibliographic records. Functional requirements for bibliographic records：final report. http：//www.ifla.org/VII/s13/frbr/frbr.pdf

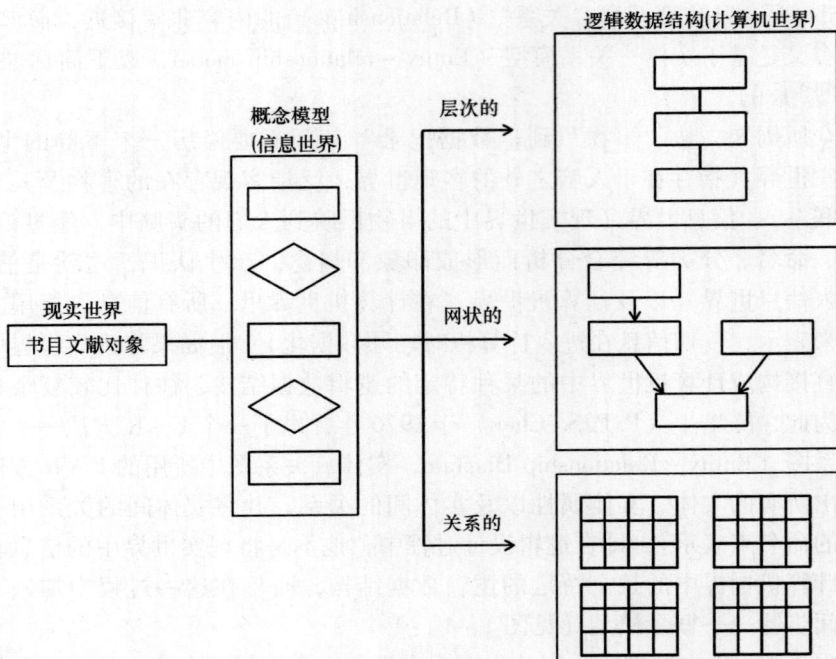

图 1 - 1　　含概念模型的逻辑数据结构构建过程
（注：图 1 - 1 "概念模型"下的长方形表示实体，菱形表示关系）

表现、单件以及个人、家族和/或团体来作为自己的主题。

　　上述三组 11 个书目实体之间的关系若用图 1 - 2 来表示即：①

　　图 1 - 2 第一组书目实体（中右栏）是一主线，其中的第一个书目实体——作品是指独特的知识或艺术创作，作品是一抽象实体，必须通过一定的内容表达才能被人感知；第一组书目实体中的第二个书目实体——内容表达是指知识或艺术创作得以实现的方式，如文字、音乐或舞蹈、声音、图像、物体、动作或上述方式的任何组合，一个内容表达可以有一个或一个以上的载体表现；第一组书目实体中的第三个书目实体——载体表现是指一个作品的一个内容表达的物理体现，包括手稿、图书、期刊、地图、张贴画、音响资料、影片、录像资料、CD - ROM、多媒体资料等，作为一个书目实体，载体表现代表了具有相同特征的所有物质对象，无论是知识的内容还是物质的

---

①　王松林. 从 FRBR 看编目条例及机读目录格式的变革路向. 中国图书馆学报，2004（6）

概 念			个 人
实 物	作品		家 庭
事 件			团 体
地 点			

有主题　　　被创作

被实现

内容表达　　被实现

个 人	
家 族	有主题
团 体	

被体现　　被制作　　被拥有

作 品	
内容表达	有主题
载体表现	载体表现
单 件	

被代表　　单 件

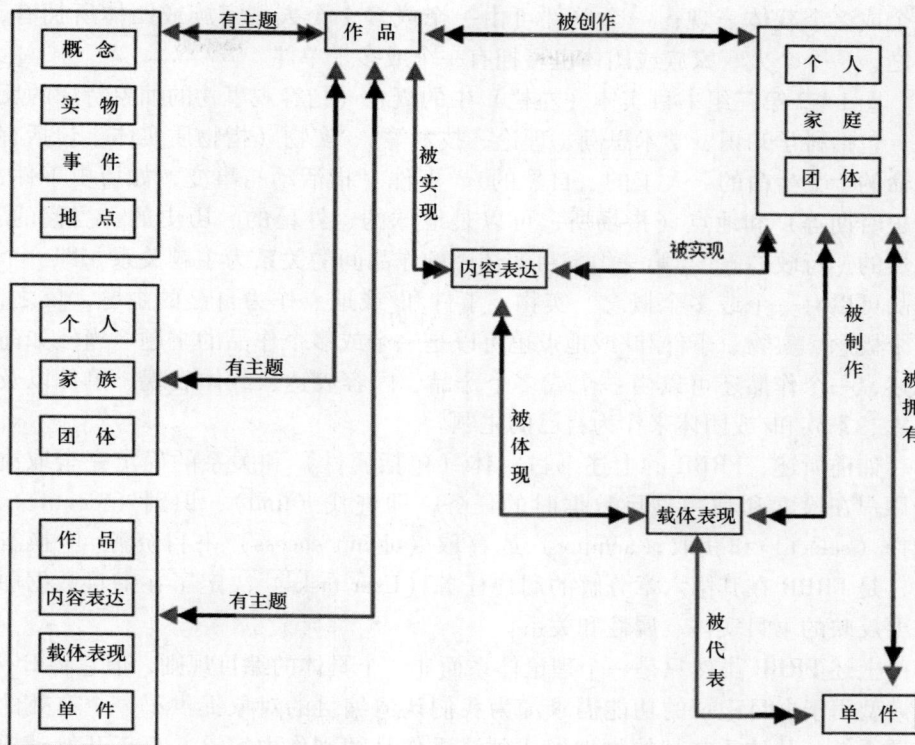

图 1 - 2　FRBR 中的实体及其关系

（注：图中的单箭头表示两个实体间的关系是唯一的，而双箭头则表示两个实体间的关系不是唯一的）

形式，同样，一个载体表现也可以有一个或一个以上的内容表达；第一组书目实体中的第四个书目实体——单件是指一个载体表现的个别范例，等同于前文中的手头文献，如一本或一套专著、一盘或多盘录音带等。

图 1 - 2 第二组书目实体（上右栏）中的个人、家族和团体这三个书目实体与第一组四个书目实体之间存在的关系实为一种责任关系，即一个作品可由一个或多个个人、家族或团体创作，反之，一个个人、家族或团体也可创作一个或多个作品；一个内容表达可由一个或多个个人、家族或团体来实现，反之，一个个人、家族或团体也可使用多个内容表达；一个载体表现可由一个或多个个人、家族或团体来制作，反之，一个个人、家族或团体也可产生

一个或多个载体表现；一个单件可由一个或多个个人、家族或团体所拥有，反之，一个个人、家族或团体也可拥有一个或多个单件。

图 1-2 第三组书目实体（左栏）中的概念（指客观事物的抽象特征的反映，包括科学知识、学术思潮、理论、技术等）、实物（指物质实体，包括有生命的、无生命的、人工的、自然的）、事件（指活动与事变，如历史事件、历史时期等）和地点（指场所，可以是地球的、外星的、历史的、当代的、自然的、行政的），与第一组书目实体中的作品间的关系为主题关系，即一个作品可以有一个或多个概念、实物、事件和/或地点作为自己的主题，反之，一个概念、实物、事件和/或地点也可以是一个或多个作品的主题。当然如前所述，一个作品还可以由一个或多个作品、内容表达、载体表现、单件以及个人、家族和/或团体来作为自己的主题。

如前所述，FRBR 的上述书目实体（包括属性）和关系的确定完全取决于用户在检索和利用书目数据时的任务，即查找（find）、识别（identify）、选择（select）和获取（acquire）或存取（obtain access）书目资源。① 换言之，是 FRBR 在其第六章分解的用户任务（User tasks）决定了在书目数据中需要反映的书目实体、属性和关系。

上述 FRBR 虽然只是一个理论体系而非一个具体的编目规则，但它将 E-R 模型用于书目记录的功能需求却为我们认清编目的对象提供了一个有效的参照系统：从注重文献的物理形式到注重作品的创作内容，并真正开始动摇一百多年建立起来的现代文献编目基石。② 即基于巴黎《原则声明》的编目条例和/或编目规则以单件确切地说以载体表现作为自己的编目对象，这客观上虽能迎合当时以实体资源为主的文献编目，即有什么样的馆藏就编制什么样的款目及目录，但是随着技术的发展，尤其是随着计算机技术和现代通信技术的发展，一种作品本身就可以由多种载体来承担，而且许多作品现在一开始就以数字化形式出现，即原生数字资源（Born-digital resources）。这些原生数字资源加上数字化后的资源（Digitized resources）没有任何可见的载体（即能看得见却摸不着），但却能把各种载体表现的知识或艺术创作的内容融合为一种内容表达。例如原先某一内容表达的音乐作品存在录音带、光盘和唱片这三种不同的载体表现，因其物质媒体的不同而在载体表现层次上它们

① IFLA Study Group on Functional requirements for bibliographic records. Functional requirements for bibliographic records: final report. http://www.ifla.org/VII/s13/frbr/frbr.pdf

② 王松林. 从对 AACR2 的审议看描述性编目条例的未来. 图书馆学刊, 2003（1）

具有目录学意义上的差异。但将它们数字化（如将它们都转换成 MP3 格式）后，其物质媒体的差异已显得不重要，而在内容表达层次上，这三种载体表现的作品却还是完全相同。① 因此，当代文献编目的对象不能仅停留在单件和载体表现层次上，而应提升到包括单件和载体表现在内的内容表达甚至作品的层次上。如此也与目录使用者的需求相吻合，因为人们获取信息首先考虑的是其内容，其次考虑的才是其物质媒体，尤其在作品的物质媒体变得越来越模糊的今天。

以上所论述的特点其实也是基于 FRBR 和《国际编目原则声明》的 RDA 的最大特点，即作为旨在取代 AACR2 的新一代编目条例，RDA 不求以往 AACR2 的修订本只对编目规则进行简单的修补；同时 RDA 也不像 AACR2 以往那样把知识世界看成是一个文献的空间，而把整个知识世界看成是一个相互联系的各类实体的空间，这些实体除有类型外，还有属性、关系等，需要利用 E－R 方法进行建模，以构建一个相互联系的、多维度的网状空间。② 而上述两点中的后一点则充分反映了 RDA 是忠实贯彻了《国际编目原则声明》第 3 部分之精神的，即引进 E－R 模型中的实体、属性和关系等概念，并以此作为自己的框架结构。这一点，若将 RDA 的十个部分与 FRBR 的相关部分进行对应则可更加清楚地看出：

表 1－4　RDA 的各部分与 FRBR 的对应关系

RDA 的十个部分	FRBR 的相关部分
一、记录载体表现与单件的属性	第一组实体的属性
二、记录作品与内容表达的属性	第一组实体的属性
三、记录个人、家族与团体的属性	第二组实体的属性
四、记录概念、实物、事件、地点的属性	第三组实体的属性
五、记录作品、内容表达、载体表现、单件间的基本关系	第一组实体间的主要关系
六、记录与个人、家族和团体的关系	第二、第一组实体间的关系
七、记录与概念、实物、事件、时间的关系	第三、第一组实体间的关系
八、记录作品、内容表达、载体表现与单件间的关系	第一组实体间的其他关系
九、记录个人、家族与团体间的关系	第二组实体间的其他关系
十、记录概念、实物、事件、地点间的关系	第三组实体间的其他关系

① 王绍平．数字信息资源的编目对象．图书馆杂志，2003（2）
② 刘炜［等］．RDA 与关联数据．中国图书馆学报，2012（1）

　　需要强调的是，RDA 中的实体间关系远比 FRBR 中的实体间关系复杂（详见本书第六章），其实体的属性也更具体（详见本书第五章）。另外需要补充的是：与 AACR2 和《中国文献编目规则》不同，为了取代前两者中颇有争议的 GMD 以及为了配合它所使用 E－R 模型，RDA 还在《RDA/ONIX 资源类型框架》的基础上提出了自己的内容类型（Content type）、媒介类型（Media type）及载体类型（Carrier type）。其中内容类型，根据 RDA 的定义，是指反映内容得以表达、人类感官因此可以感知的基本沟通形式；而媒介类型，根据 RDA 的定义，则指反映查看、播放、运行资源内容等所需中介设备的一般类型。与 GMD 一样，RDA 使用内容和媒介类型的目的也是为目录的使用者提供"预警"和过滤机制，帮助使用者标识或选择适合其需要的资源，同时这也有助于跨数据库和目录的互操作，以及本地导航与显示的选择。① RDA 中用于第二部分"记录作品与内容表达的属性"的内容类型，以及用于第一部分第 3 章"描述载体"的媒介类型详见本书第五章相关部分。

　　其次需要补充的是，RDA 还按《国际编目原则声明》的内容对 AACR2 中原来使用的主要术语作了如下变动：②

表 1－5　AACR2 与 RDA 主要术语比较

AACR2 中的术语	RDA 中的术语
Added Entry（附加款目）	Access Point（检索点）
Area（著录项）	Element（元素）
Author, Composer, etc.（作者、作曲者等）	Creator（创作者）
Chief Source（主要信息源）	Preferred Sources（首选信息源）
Heading（标目）	Preferred Access Point（首选检索点）
Main Entry（主要款目）	Authorized Access Point（规范检索点）
Physical Description（物理描述）	Carrier Description（载体描述）
See Reference（见参照）	Variant Access Point（变异检索点）
Uniform Title（统一题名）	Preferred Title of Work（作品的首选题名）

　　以上主要是从内容角度谈了 RDA 结构的主要特点。若从形式上看，与 AACR2 和《中国文献编目规则》区分著录与标目所不同的 RDA，已像 DC 这

---

① 胡小菁. 内容和媒介类型：RDA 与 ISBD 对比分析. 中国图书馆学报，2012（4）
② 刘炜［等］. RDA 与关联数据. 中国图书馆学报，2012（1）

类现代内容标准那样不再将著录数据元素和检索数据元素分列，尽管 2007 年前后的 RDA 还像 AACR2 和《中国文献编目规则》那样分 PART A Description（含"资源著录通用规则"、"资源的识别"、"特殊载体资源的著录"、"各类型资源的内容著录"、"资源获得方式与检索"、"与资源相关的个人、家族和团体"以及"相关资源" 7 章）和 PART B Access Point Control（与 RDA Toolkit 中的十个部分 37 章的内容基本一致）两大部分。① 即初、中期 RDA 的 PART A Description 和 PART B Access Point Control 的内容在后来的 RDA 中已被完全融合。如此，更能方便不同的系统自主灵活地定义各自不同的著录内容标识符尤其是检索内容标识符。

---

① Resource Description and Access. http：//www. collectionscanada. ca/jsc/rda. html

第二章　ISBD 及其发展

我国 CNMARC 书目记录中的数据元素内容除了本书第三章中论述的检索数据元素内容（即描述性编目和主题编目中的检索点选取及其标目形式的选择内容）外，首先涉及的是著录数据元素内容。《中国文献编目规则》和 AACR2 中的著录数据元素内容均以 ISBD 为基础，RDA 也以 ISBD 中的著录数据元素内容为其著录部分的基础（其 D.1 附录中还有一个针对 ISBD 的映射对照表），① 考虑到这些问题，所以本章在概述 ISBD 的基础上，重点对 ISBD 的主要内容及其发展特点进行论述。

第一节　ISBD 概述

第一章第一节中提到，由于巴黎《原则声明》当时的重点是放在"在著者和书名字顺目录中对款目的选择与著录形式的基本原则上达成一致的看法"上（即它当时关注的重点只是著者和书名字顺目录中标目方面的选择及著录规则），所以还未来得及将文献的著录或描述的统一规则考虑进来。本节概述作为《中国文献编目规则》、AACR2 以及 RDA 著录规则基础的 ISBD。

一、ISBD 的产生背景

20 世纪 70 年代，IFLA 及其机构将其重点开始转移到与国际出版物可用计划（Universal Availability of Publications，以下简称 UAP 计划）紧密相关的世界书目控制计划（Universal Bibliographic Control，以下简称 UBC 计划）上来。UAP 计划的目的是力求无论何时何地都能在最大程度上向读者提供他所需要的任何形式的出版物，而 UBC 计划则指对所有国家的所有出版物的书目资料进行管理和交换。其实，UBC 计划的设想早在 1969 年召开的国际编目专家会议上即被人提出，1973 年的 IFLA 大会还将其列为正式计划，翌年作为对联合国教科文组织召开的"关于文献工作、图书馆与档案馆基础工作国家规

---

① 芭芭拉·B·蒂利特. RDA 与中国：编目的国际化. 中国图书馆学报，2012（6）

划的政府间会议"的响应，IFLA 开始实施 UBC 计划，并为此还专门设立了一个 UBC 国际办事处作为其主管机构。[①] 由上可以看出，UBC 和 UAP 计划实际上是文献工作（Documentation）的两个性质不同但又十分紧密的方面。即 UBC 计划重在对文献的记录（存贮）和检索，而 UAP 计划则重在对文献的索取和利用。两者不可偏废、不可分离，因此可以将其形象地喻为一辆车子上的两个轮子，它们只有相辅相成、共同运转才能达到目标。即两者的关系可以具体表述为：UBC 是 UAP 计划的先决条件，而 UAP 是 UBC 计划的出发点和目标。[②]

需要指出的是，UBC 计划要基于各国实行有效的书目控制计划（National Bibliographic Control，简称 NBC 计划），即每个国家的书目机构要完整地收集本国的出版物，对其进行准确的著录，并将它们的书目记录以书本、卡片、磁带等形式迅速而有效地加以传播，此外还需将之与其他国家的书目记录实行交换，而 UBC 计划则保证将各国的书目记录组织成一个有效传播的网络，并负责制订能为世界各国共同接受的书目记录方面的国际标准。因此在书目记录的标准化方面，IFLA 当时就将各国 ISBN 和 ISSN 中心分配的 ISBN 和 ISSN 作为文献编号的标准，将 IFLA 工作小组制订的各种 ISBD 作为文献著录的标准，将 UBC 国际办事处出版的《人名》作为人名标目的标准，并建议将 DDC（《杜威十进分类法》）作为文献分类的标准，以及将 UNIMARC 作为各国机读目录格式制订的标准。由此可见，ISBD 的产生完全是由 UAP 尤其是 UBC 计划直接导致的，同时它的产生也为之后的手工编目以及 UNIMARC 书目格式的内容标识符制订奠定了坚实基础。

二、ISBD 的种类

ISBD 的全称为 International Standard Bibliographic Description（《国际标准书目著录》）。IFLA 制订 ISBD 的总目的是帮助国际书目信息交流、实现资源共享，具体目的有三：①使各国书目描述具有互换性；②使各国书目描述易于识别；③便于使传统的手工书目记录转换为机读形式。但最早根据前述 1969 年国际编目专家会议的建议而制订的 ISBD，其所选择的道路与后续 LC-MARC 所走的道路一致即采用的是文献类型制订模式（即根据文献的种类来制订一整套供各类文献著录用的国际标准），且其中的不少分则还先于其总则制订（如作为 1974 年第一版的 ISBD（M）甚至早在 1971 年就以推荐标准的

① 王绍平等编著. 图书情报词典. 汉语大词典出版社，1990
② 刘国华编著. 书目控制与书目学. 中国物价出版社，1997

形式出现）。截止 1997 年，经 IFLA 颁布的 ISBD（含修订后的第二版）共有以下 10 种：

ISBD（G）：General International Standard Bibliographic Description（《国际标准书目著录（总则）》，1977 年）；

ISBD（M）：International Standard Bibliographic Description for Monographic Publications（《国际标准书目著录（专著出版物）》，1974 年第一版，1987 年第二版）；

ISBD（S）：International Standard Bibliographic Description for Serials（《国际标准书目著录（连续出版物）》，1974 年第一版，1987 年第二版）；

ISBD（CM）：International Standard Bibliographic Description for Cartographic Materials（《国际标准书目著录（测绘制图资料）》，1974 年第一版，1987 年第二版）；

ISBD（A）：International Standard Bibliographic Description for Antiquarian Materials（《国际标准书目著录（古籍）》，1977 年）；

ISBD（NBM）：International Standard Bibliographic Description for Non－Book Materials（《国际标准书目著录（非书资料）》，1974 年第一版，1987 年第二版）；

ISBD（PM）：International Standard Bibliographic Description for Printed Music（《国际标准书目著录（乐谱）》，1980 年）；

ISBD（CP）：International Standard Bibliographic Description for Component Parts（《国际标准书目著录（组成部分）》，1982 年）；

ISBD（CF）：International Standard Bibliographic Description for Computer Files（《国际标准书目著录（计算机文档）》，1990 年）；

ISBD（ER）：International Standard Bibliographic Description for Electronic Resources（《国际标准书目著录（电子资源）》，1997 年）。

需要说明的是：①上述 ISBD（M）中的"专著出版物"概念实际是与"非连续出版物"概念对应，或与"连续出版物"概念相对；②上述 ISBD（NBM）第一版中原来包含机读件（Machine－Readable Data Files）的著录规则，由于机读件的特性变化迅速，ISBD（NBM）第二版已将这类资料的著录规则分出，并由后来的 ISBD（CF）予以描述，但由于 ISBD（CF）中的计算机文档当时只包含本地存取的电子资源，所以 ISBD（CF）后来只得重新修订为 ISBD（ER）。

进入 21 世纪，ISBD 的修订步伐明显加快。如 ISBD（M）修订版于 2002 年在 IFLANET 网上发布；ISBD（S）为适应连续出版物和其他连续性资源的著录，

2002 年被修订成 ISBD（CR）并在 Saur 出版社和 IFLANET 网上出版和发布；IS-BD（CP）的电子版和 ISBD（G）的修订版分别于 2003 年和 2004 年在 IFLANET 网上发布；ISBD（CM）已完成全球评估工作，2005 年秋提交给评估小组；ISBD（A）也已建立研究小组并在全球进行评估；ISBD（ER）已完成全球评估工作，编目专业委员会根据投票结果对之提出了一些需要讨论的问题；而 ISBD（NBM）和 ISBD（PM）的修订工作则由于考虑制定一体化的 ISBD 而被推迟。①

在我国，经国家标准局（后改称"国家技术监督局"）批准，"全国文献工作标准化技术委员会"（后改称"中国情报文献工作标准化技术委员会"，即 SBTS/TC46）于 1979 年底正式成立。该委员会下设一个目录著录分委员会（即第六分委员会，后改称"文献著录分技术委员会"，即 SC6），专门开展有关文献著录标准的研究与制订。从 1983 年起，我国共颁布并实施了以下 GB 3792 系列文献著录标准：

GB 3792.1 – 83《文献著录总则》，1984 年 4 月实施；
GB 3792.2 – 85《普通图书著录规则》，1985 年 10 月实施；
GB 3792.3 – 85《连续出版物著录规则》，1985 年 10 月实施；
GB 3792.4 – 85《非书资料著录规则》，1985 年 10 实施；
GB 3792.5 – 85《档案著录规则》，1986 年 1 月实施；
GB 3792.6 – 86《地图资料著录规则》，1987 年 1 月实施；
GB 3792.7 – 86《古籍著录规则》，1987 年 10 月实施。

我国制订以上 GB 3792 系列文献著录标准基于以下指导思想，即在著录项目的设置、著录项目的排列顺序及著录用标识符这三个方面，实行中外文目录的统一、图书馆与文献情报部门目录的统一、各类型文献目录的统一和不同载体目录的统一。从此意义上讲，GB 3792 系列文献著录标准可谓是中文版的 ISBD。

需要指出的是，GB 3792 系列文献著录标准在 20 世纪 90 年代曾进行过一次修订，除 GB 3792.5 – 85《档案著录规则》后改为 DA/T 18 – 1999《中华人民共和国行业标准·档案著录规则》外，其他文献著录标准的内容均融入 1996 年出版的《中国文献编目规则》中。2008 年，我国除对 GB 3792.1《文献著录总则》、GB 3792.2《普通图书著录规则》、GB 3792.3《连续性资源著录规则》、GB 3792.4《非书资料著录规则》、GB 3792.6《测绘制图资料著录规则》以及 GB 3792.7《古籍著录规则》作进一步的修订外，另还组织人员

---

① 顾犇.《国际标准书目著录》及其最新发展.国家图书馆学刊，2006（3）

在补充制定电子资源等方面的著录规则。①

第二节　ISBD 的主要内容

无论上述哪一种 ISBD，其内容主要由以下三大部分组成，即概述、著录单元细则和附录。其中，概述部分包括各 ISBD 的范围、目的和应用，定义，ISBD（G）和本 ISBD 对照表，著录用标识符，著录信息源，著录的语言和字体，节略和缩写，大写，举例，印刷错误及非常规符号及图形等内容；著录单元细则部分包括各类文献的题名与责任说明项，版本项，资料（或出版物类型）专用项，出版发行项，载体形态项，丛编项，附注项，标准编号与获得方式项及其著录单元内容；而附录则有多有少，但一般都包括多层次著录、双向行文记录和实例三部分内容。本节重点介绍 ISBD 中最具本质意义的著录项目及其所用的标识符。

一、著录项目

为了实现前述总目的和具体目的，ISBD 首先规定了著录项目内容，并固定了它们的著录顺序。所谓著录项目（Area），它是书目著录的一个主要部分并由特定类别或一组类别的数据（或著录单元）所组成。作为著录内容即款目或记录组成部分的著录项目，用以揭示文献的形式特征和内容特征，因此它是微观揭示或个性识别文献的依据。

从中、西方编目史的角度看，文献的著录项目经历了一个由少变多且处于一个不断分化组合的过程。如在 1967 年出版的 AACR 中，资源的著录项目只有书名项、著者项、版本项、出版项、稽核项（即后来的载体形态项）、丛书说明项和附注项。② 如果考虑后来的 ISBD 将书名项与著者项合二为一，那么总共只有六大著录项目。再如我国的《中文普通图书统一著录条例（试用本）》，原先也只有书名项、著者项、出版项、稽核项、附注项和提要项六大著录项目。③ 后来 GB 3792.1－83《文献著录总则》根据 ISBD（G）也将书名项与著者项合并成题名与责任说明项，把原先的出版项、稽核项、附注项的内容分别归为版本项和出版发行项、载体形态项和标准编号与获得方式项、

① 孙更新，江志新. 我国文献著录规则国家标准（GB/T 3792）修订的新进展. 图书馆理论与实践，2009（11）

② American Library Association … [et al.] Anglo－American cataloguing rules：North－American text. Chicago：ALA，1967

③ 北京图书馆编. 中文普通图书统一著录条例（试用本）. 书目文献出版社，1981

丛编项以及附注项，并保留下具有我国著录传统的提要项（GB 3792.1 – 83
《文献著录总则》中的提要项，后在《中国文献编目规则》中又被归并到附
注项）。① 现今，以 ISBD 作为著录基础的《中国文献编目规则》和 AACR2，
均设以下八大著录项目，即：②·③

1. 题名与责任说明项（Title and statement of responsibility area）；

2. 版本项（Edition area）；

3. 文献特殊细节项（Material specific details area）；

4. 出版发行项（Publication, distribution, etc. , area）；

5. 载体形态项（Physical description area）；

6. 丛编项（Series area）；

7. 附注项（Note area）；

8. 标准编号与获得方式项（Standard number and terms of availability area）。

上述八大著录项目是人们对文献著录高度抽象和准确综合的结果。其中，
文献特殊细节项在 ISBD（G）和 AACR2 第 1 章中也被称之为资料（或出版物
类型）专用项（Material（or type of publication）specific area），之所以如此命
名是因为该著录项目只用于著录那些特殊资料或出版物类型的独特数据。其
次，上述某些著录项目虽然有时可作省略，或对某些类型文献根本就不适用，
但其著录的次序一般不能颠倒，否则将会影响数据之间的交换和识别。另外，
上述著录项目通常由其著录单元（Element，即特定类别或一组类别数据）所
构成，如题名与责任说明项的著录单元有：

1. 正题名（Title proper）；

2. 一般资料标识（General material designation）；

3. 并列题名（Parallel title）；

4. 其他题名信息（Other title information）；

5. 责任说明（Statements of responsibility）。

版本项的著录单元有：

1. 版本说明（Edition statement）；

2. 并列版本说明（Parallel edition statement）；

①　黄俊贵主编. 中国文献编目规则. 广东人民出版社, 1996

②　富平, 黄俊贵主编. 中国文献编目规则. 2 版. 北京图书馆出版社, 2005

③　American Library Association … ［et al. ］Anglo – American cataloguing rules. 2nd ed. Chicago：
ALA, 1978

3. 与本版有关的责任说明（Statements of responsibility relating to the edition）；

4. 附加版本说明（Statement relating to a named revision of an edition）；

5. 附加版本说明的责任说明（Statements of responsibility relating to a named revision of an edition）。

文献特殊细节项原在测绘制图资料中表现为制图数学数据项（Mathematical data area），在乐谱资料中表现为乐谱特殊细节项（Music presentation statement area），在计算机文档中表现为资源类型与数量项（File characteristics area），在连续出版物中表现为卷、期、年、月或其他标识项（Numeric and/or alphabetic，chronological，or other designation area）。需要指出的是，计算机文档中的资源类型与数量项将随着 ISBD（ER）对该著录项目的取消而废除。

出版发行项的著录单元有：

1. 出版发行地（Place of publication，distribution，etc.）；

2. 出版发行者（Name of publisher，distributor，etc.）；

3. 出版发行年（Date of publication，distribution，etc.）；

4. 印制地、印制者、印制年（Place of manufacture，name of manufacturer，date of manufacture）。

载体形态项的著录单元有：

1. 数量及特定资料标识（Extent of item（including specific material designation））；

2. 其他形态细节（Other physical details）；

3. 尺寸（Dimensions）；

4. 附件（Accompanying material）。

丛编项的著录单元有：

1. 丛编正题名（Title proper of series）；

2. 丛编并列题名（Parallel title of series）；

3. 丛编其他题名信息（Other title information of series）；

4. 丛编责任说明（Statements of responsibility relating to series）；

5. 丛编国际标准连续出版物号（ISSN of series）；

6. 丛编编号（Numbering within series）；

7. 附属丛编（Subseries）。

附注项通常不分著录单元，而且可以包含一个或一个以上的著录项目信息。

标准编号与获得方式项的著录单元有：

1. 标准编号（Standard number）；
2. 识别题名（Key title）；
3. 获得方式（Terms of availability）；
4. 限定说明（Qualification）。

至于题名与责任说明项中的第 2 个著录单元——一般资料标识（GMD），ISBD 推荐的标识有：[①]

表 2 - 1　ISBD 推荐的 GMD

文献类型	英文 GMD 标识	中文 GMD 标识
专著出版物	printed text	印刷文本
古籍（善本）	printed text	印刷文本
连续出版物	printed text	印刷文本
测绘制图资料	cartographic material	测绘资料
乐谱	printed music	印刷乐谱
电子资源	electronic resource	电子资源
图卡	graphic	图卡
全息照片	hologram	全息照片
缩微制品	microform	缩微制品
电影制品	motion picture	电影制品
模型制品	object	模型制品
录音制品	sound recording	录音制品
录像制品	videorecording	录像制品
投影制品	visual projection	投影制品
配套资料	kit	配套资料
多载体	multimedia	多载体

二、标识符

除了规定上述著录项目和含 GMD 在内的著录单元外，ISBD 另外还规定了每一著录项目和/或著录单元所用的标识符。著录项目和/或著录单元所用

[①]　吴龙涛［等］译. 国际标准书目著录（上、下）. 华艺出版社，2002

的标识符从其英文名称 Prescribed punctuation 看，主要借用的是西文语法中的标点符号。众所周知，西方文字由于其自身的特点，每个单词之后需要空格，而为表示句读（即文词停顿的地方），西方文字创建后又辅之以一套语法符号。但从刊有早期西文款目的文献看，上面没有使用以标识著录项目或表达著录内容的符号系统（尽管西方图书馆后期已规定副书名前用分号、丛书项的内容需用圆括号括起来著录）。中文汉字由于其自身的特点，每个字词后面无需空格，句读也只有在理解意义的基础上才能做到，因此中文书面语语法符号的使用较之西方要晚，以致形成了后来的古文校点工作。同时这也造成在我国传统的文献著录中，用来标识著录项目或表达著录内容的方法主要不是标点符号而是空格。例如《中文普通图书统一著录条例（试用本）》就用空两格的方法来界定各著录项目，用空一格的方法来界定一个著录项目内的著录单元。而 IFLA 在着手制订 ISBD 时则根据前述总目的和具体目的，首创了一套供各著录项目与著录单元使用的，能够跨越国际语言文字障碍、突破人机之间理解的标识符。①

对 ISBD 制订的一套标识符，我国《文献著录总则》原先是根据其性质和作用将之分成著录项目标识符和著录内容标识符两类，分别对应于 ISBD 中的 Prescribed preceding punctuation 和 Prescribed enclosing punctuation。但是这种划分实际没有必要，所以在《中国文献编目规则》中又将它们统称为著录用标识符，即对应于 ISBD 中的 Prescribed preceding（or enclosing）punctuation。因为这种标识符的标识作用是有限的，或者说它们并不能充分起到唯一标识特定著录项目或表达著录内容的作用，所以在编制机读目录时，还需给著录项目和著录单元另外规定标识符（详见本书第四章），以使计算机在进行数据处理时能够对之识别。现将以 ISBD 作为著录基础的《中国文献编目规则》和 AACR2 所用的标识符介绍如下：②、③

. - -（项目标识符），用于除题名与责任说明项之外的各项之前，但若题名与责任说明之外的各项另起一段著录，可予省略。例式：

正题名/责任说明 . - - 版本说明/与本版有关的责任说明 . - - 出版地：出版者，出版年

①　王松林编著. 信息资源编目（修订本）. 北京图书馆出版社，2005
②　富平，黄俊贵主编. 中国文献编目规则. 2 版. 北京图书馆出版社，2005
③　American Library Association … ［et al.］Anglo - American cataloguing rules. 2nd ed. Chicago：ALA，1978

［　］（方括号），用于一般资料标识，以及取自规定信息源之外的著录信息。例式：

正题名［一般资料标识］/责任说明

［出版地不详：出版者不详］，出版年

＝（等号），用于各种并列信息（如并列题名、并列责任说明、并列版本说明及并列丛编题名）及连续出版物的第二标识系统和识别题名前。例式：

正题名＝并列题名/责任说明＝并列责任说明

国际标准连续出版物号＝识别题名

：（冒号），用于其他题名信息、出版者（发行者、印制者）、其他形态细节、丛编其他题名信息和获得方式前。例式：

正题名：其他题名信息/责任说明

数量及特定资料标识：其他形态细节；尺寸

/（斜线），用于各种第一责任说明（如题名与责任说明项、版本项和丛编项等的第一责任说明）前。例式：

正题名/第一责任说明；其他责任说明

修订版/与本版有关的第一责任说明；与本版有关的其他责任说明

；（分号），用于属于同一责任者的第二、第三个无总题名文献的题名，各种其他责任说明，其他出版地（发行地、印制地），尺寸，丛编或分丛编编号，以及连续出版物的后继标识系统前。例式：

正题名；正题名；正题名/责任说明

正题名/第一责任说明；其他责任说明

，（逗号），用于交替题名，有从属标识的从属题名，责任方式相同的第二、第三个责任者，附加版本说明，出版年（发行年、印制年），分段编码的第二、第三段页码以及丛编项中的 ISSN 前。例式：

共同题名．从属题名标识，从属题名/责任说明

正题名/第一个责任者，第二个责任者，第三个责任者

．（点号），用于从属标识或无从属标识的从属题名，属于不同责任者的第二、第三个无总题名文献的题名，以及分丛编题名前。例式：

共同题名．从属题名/责任说明

正题名/责任说明．正题名/责任说明

＋（加号），用于附件前。例式：

数量及特定资料标识；尺寸＋附件

（　）（圆括号），用于连续出版物卷、期、年、月或其他标识项年月标识，

出版发行项的印制说明，载体形态项的补充说明，丛编项及标准编号与获得方式项的限定说明。中编还可用于责任者前的朝代或国别，以及责任者后的姓名原文。例式：

正题名/（朝代或国别）责任者（姓名原文）

卷期标识（年月标识）–卷期标识（年月标识）

x（乘号），用于载体形态项的文献宽度和/或厚度尺寸前。例式：

数量及特定资料标识：高度 x 宽度 x 厚度

…（省略号），用于标识省略内容。例式：

正题名…/责任说明

?（问号），用于不能确定的出版地、出版年等，并与方括号一起使用。例式：

[出版地?]：出版者，出版年

出版地：出版者，[出版年?]

–（连词符），用于年代、卷期等起讫连接。例式：

卷期标识 – 卷期标识

年月标识 – 年月标识

" "（引号），用于引用内容。例式：

"附注"

//（双斜线），用于分析著录中的出处文献题名前。例式：

析出文献题名/析出文献责任说明//出处文献题名

使用上述标识符需要注意：①某一著录项目缺少第一著录单元时，应将后面著录单元所用的标识符改为项目标识符；②凡重复著录的项目或单元，其标识符也应重复使用；③不予著录的项目或单元，其标识符应连同该项目或单元一并省略；④某项目或单元末尾以点号结束并后连一个项目标识符时，只著录其中的一个点号；⑤上述标识符前后还有是否需要空格的规定，使用时请参《中国文献编目规则》和 AACR2 的有关部分。

总之，ISBD 以及后述的《ISBD 统一版》之所以要指定构成书目著录的著录项目、著录单元以及规定它们出现的顺序，并规定分割这些著录项目和著录单元的标识符，其总的目的在于为全球兼容的著录型元数据标准制定条款，以促进国家级编目机构之间和所有国际图书情报界的书目记录进行国际交换。其具体目的是：

● 使得不同来源的记录可以互换，即使得一个国家制作的记录可被另一个国家的图书馆目录或其他书目所接受（即使各国的书目著录具有互换性）；

- 帮助人们理解不同语言文字的记录，即一种语言文字的使用者制作的记录可被另一语言文字的使用者所理解（即使各国的书目著录易于识别）；
- 便于使手工编制的书目记录转换成电子形式（即便于使传统的手工书目记录转换为机读目录形式）；
- 促进与其他内容标准之间的可互操作性。

第三节　ISBD 的发展与特点

进入新世纪后，如前所述，IFLA 一方面在对已有的 ISBD 作继续的修订，另一方面还在酝酿出台一体化的《ISBD 统一版》（ISBD—International Standard Bibliographic Description. Consolidated Edition）。需要指出的是，《ISBD 统一版》实际上是将原来已有的近 10 种 ISBD 的内容（即原各 ISBD 中的概述、著录单元细则和附录的内容）合而为一，所以将题名后的 Consolidated Edition 与其翻译成"统一版"，不如翻译成"合并版"。① 本书之所以还延用《ISBD 统一版》这个称谓，只是为了与国内已有的翻译保持一致。另外，由于 IFLA 之前还出了一个《ISBD 预备统一版》（ISBD - - International Standard Bibliographic Description. Preliminary Consolidated Edition），所以本节先从《ISBD 预备统一版》的产生背景与特点谈起。

一、《ISBD 预备统一版》的产生背景与特点

（一）《ISBD 预备统一版》的产生背景

编目实践证明，各类文献的著录内容虽然各有特点，但一个不争的事实就是其共同点要远远大于其不同点，所以怎么消除上述各个 ISBD 之间的重复交叉之内容实属必要。其次，《国际编目原则声明》一开始就将 ISBD 确认为国际上认可的基础著录数据标准，所以研究 ISBD 的未来如何发展就成了 IFLA 的当务之急。在这两大背景下，2003 年 ISBD 评估组决定成立一个 ISBD 未来方向研究组。通过调研，ISBD 未来方向研究组认为将所有的 ISBD 统一起来的做法是可行的，于是着手起草《ISED 预备统一版》。

起草《ISBD 预备统一版》的目标是：

- 根据各个专门的 ISBD 起草一个统一、更新的 ISBD，以满足编目员和

---

① 王松林主编. 资源组织. 国家图书馆出版社, 2011

其他书目信息使用者的需要；

● 在有可能统一的情况下提供为著录所有类型资源所用的一致性条款，并提供著录特定类型资源所需的特定条款。

起草《ISBD 预备统一版》的原则是：

● 主要目的是在全球范围内对互相兼容的描述性编目进行规定，促进国家书目机构之间和整个国际图书馆和情报服务行业（如还包括生产者和出版者）的国际书目记录交换；

● 要容纳不同的著录级别，包括国家书目机构、国家书目、学校和其他研究性馆藏所需的著录级别；

● 应明确标识和选择一种资源所需的著录单元；

● 重点考虑信息著录单元的集合，而非特定的自动化系统中所使用或显示的著录单元；

● 在制定规则时应考虑实践中的成本效益。

从上面起草《ISBD 预备统一版》的目标和原则的内容看，ISBD 中原来使用的"文献"（Item）一词已被"资源"（Resource）一词所替代。据《IS-BD 预备统一版》引言的解释，使用"资源"而非"文献"或"出版物"的目的主要是为了避免产生歧义，因为过去 ISBD 家族所用的术语 Item（文献）毕竟与 FRBR 中所用的 Item（单件）有着明显的不同。① 但是本书认为，《IS-BD 预备统一版》使用"资源"而非"文献"可能还有更深层次的考虑，因为前者毕竟要比后者宽泛和复杂得多。如资源不仅可以涵盖传统的纸质文献，而且还可以包括现代的数字文献和网络文献。其次，资源的类型不仅涉及形式和媒介的问题，同时还涉及格式等问题。此外，如果说传统的文献的范围主要局限于图书馆等文献机构，那么现今的资源的范围已大大超出了图书馆等文献机构。②

（二）《ISBD 预备统一版》的特点

《ISBD 预备统一版》的主要内容一是规定可能出现在图书馆馆藏中的最常见的出版资源类型的著录和标识要求，二是指定著录单元的顺序及规定著录时所用的标识符。其最大的特点，如前所述，是将原各 ISBD 中的概述、著录单元细则和附录的内容予以整合，并采用"先是适用于所有资源类型的一

① 国际图书馆协会和机构联盟编；顾犇翻译. 国际标准书目著录（统一版）. 北京图书馆出版社，2008

② 王松林. 论文献编目与资源组织的异同. 山东图书馆学刊，2012（5）

般条款，然后是特定资源类型所要求附加信息的特定条款或与一般规则不同的例外情况"条款组织方式。这从《ISBD 预备统一版》的三大块内容目次即可看出：

0　概述

0.1　范围、目的和应用

0.2　资源的处理

0.3　ISBD 和标识符概要

0.4　信息源

0.5　著录的语言和文字

0.6　节略和缩略

0.7　大写

0.8　样例

0.9　印刷错误

0.10　符号等

0.11　不完整

著录单元说明

1　题名和责任说明项

2　版本项

3　资料或资源类型特殊项

4　出版、制作、发行等项

5　载体形态项

6　丛编项

7　附注项

8　资源标识号和获得方式项

附录

附录 A：多层次著录

附录 B：双向记录

附录 C：推荐的一般资料标识和特定资料标识

附录 D：缩略语

附录 E：词汇表

从上第二块内容目次看，《ISBD 预备统一版》也设八大著录项目，只是将原"资料（或出版物类型）专用项"改用"资料或资源类型特殊项"（Material or type of resource specific area），将"出版发行项"改用"出版、制作、发行等项"（Publication，production，distribution，etc.，area）以及将"标准编号和获得方式项"改用"资源标识号和获得方式项"（Resource identifier and terms of availability area）。这些改名情况说明，《ISBD 预备统一版》的著录对象已从 ISBD 单一的实体资源转向既包括实体资源也包括网络资源在内的所有著录对象。但与 ISBD 相同的是，上述著录项目也由不同的著录单元所组成（详见表 2 - 2）。同样在手工编目时，上述某些著录项目和著录单元虽然有时可省略，或对某些类型的资源根本就不适用，但其次序不能颠倒，否则将会影响数据之间的交换与识别。

　　《ISBD 预备统一版》对标识符的使用规定主要有：①除第 1 个著录项目外，其他所有著录项目应前置项目标识符（即"．--"，另起段落除外）；②除第 1 项的第 1 个著录单元外，其他所有著录单元必须前置或外括规定标识符；③第 6 项的著录单元除了使用规定标识符外，在整个著录项目的前后都要加圆括号；④除逗号（即"，"）和句号（即"．"）后有一空格外，其他规定标识符前后均应有一个空格；⑤省略著录项目或著录单元的同时也省略其标识符，但若标识符或其组成部分与其他符号（包括标点符号）相同则应予以保留。

　　《ISBD 预备统一版》还将著录项目尤其是著录单元在用法即应用级别上分为"必备"、"有条件"和"可选"三种。其中，必备是指如果适合，该著录单元在所有情况下都要求著录；有条件是指在某些情况下（例如当有必要用于识别或被认为对于目录使用者重要时），该著录单元要求著录，否则就为可选；而可选则指该著录单元可由编目机构自己决定是否包括或省略。另外，《ISBD 预备统一版》还对著录项目尤其是对著录单元可否重复的情况作了规定。

　　以上著录项目和/或著录单元及其所用的标识符，用法中的必备（用"M"表示）、有条件（用"C"表示）、可选（用"O"表示）以及可以重复（用"R"表示）的情况详见表 2 - 2：

表 2 - 2　《ISBD 预备统一版》著录项目或著录单元使用一览表

编号	著录项目或著录单元名称	标识符	用法	可否重复
1	题名与责任说明项			
1.1	正题名		M	
1.2	一般资料标识	[ ]	O	

续表

编号	著录项目或著录单元名称	标识符	用法	可否重复
1.3	并列题名	=	C	R
1.4	其他题名信息	:	C	R
1.5	责任说明 第一说明 后续说明	/ ;	M C	R
2	版本项	. - -		
2.1	版本说明		M	
2.2	并列版本说明	=	O	R
2.3	与本版有关的责任说明 第一说明 后续说明	/ ;	M C	R
2.4	附加版本说明	,	M	R
2.5	附加版本说明后的责任说明 第一说明 后续说明	/ ;	M C	R
3	资料或资源类型特殊项	. - -		
3.1	数学数据项	. - -	M	R
3.2	乐谱格式说明项	. - -	M	
3.3	编号项	. - -	M	
4	出版、制作、发行等项	. - -		
4.1	出版、制作和/或发行地 第一地点 后续地点	;	M C	R
4.2	出版、制作和/或发行者名称	:	M	R
4.3	发行者职能说明	[ ]	O	
4.4	出版、制作和/或发行日期	,	M	
4.5	印刷、生产或刻板地	(	C	R
4.6	印刷、生产或刻板者名称	:	C	R
4.7	印刷或生产日期	,)	C	
5	载体形态项	. - -		

编号	著录项目或著录单元名称	标识符	用法	可否重复
5.1	特定资料标识和资料数量		M	
5.2	其他物理细节	:	C	
5.3	尺寸、格式	;	C	
5.4	附件说明	+	O	R
6	丛编项	. - -		
6.1	丛编、分丛编或多部分单行资源的正题名		M	
6.2	丛编、分丛编或多部分单行资源的并列题名	=	C	R
6.3	丛编、分丛编或多部分单行资源的其他题名信息	:	C	R
6.4	与丛编、分丛编或多部分单行资源相关的责任说明 　　第一说明 　　后续说明	 / ;	 C C	 R
6.5	丛编或分丛编的国际标准连续出版物号	,	M	
6.6	丛编、分丛编或多部分单行资源内的编号	;	C	
7	附注项	. - -	C	R
8	标准编号与获得方式项	. - -		
8.1	资源标识号 指纹		M O	
8.2	识别题名	=	C	
8.3	获得方式和/或价格	:	O	R
8.4	限定说明	( )	O	R

　　至于题名与责任说明项第 2 个著录单元 GMD，Tom Delsey 其实早在 1998 年的一份关于 AACR2 第一部分结构的研究中，就对本书第一章表 1 - 2 "AACR2 使用的 GMD" 提出了异议并指出：GMD 术语反映了物理格式、资料类别、载体形式以及符号体系（例如布莱叶盲文）之间的混淆。[①] 2006 年，出席"国际编目规则第四次专家会议"的中国代表也针对世界范围内 GMD 著录的不一致以及混乱现状提出了质疑并建议：会议应将 ISBD 中的 GMD 强制

---

　　① Tom Delsey. The Logical Structure of the Anglo - American Cataloguing Rules. 1998 - 1999. http：//www. rda - jsc. org/docs. html

化，或重新制订一个世界各国均能接受的 GMD 方案；如果重新制订，最好能
够兼顾 FRBR 中的内容表达（Expression），因为一个作品（Work）到底存在
哪些内容表达，目前大家的看法还不一致，操作起来也很混乱。① 但可能是由
于时间的关系，《ISBD 预备统一版》只是声称对 GMD 作进一步的修订问题还
在考虑中。即《ISBD 预备统一版》对 GMD 的类型划分没做大的变动，只是
用附录 C 对本章表 2-1 中的 GMD 重新做了规范和推荐（含其特定资料标识
SMD），并强调表 2-3 中的 GMD 和 SMD 并非是穷尽的。

表 2-3 《ISBD 预备统一版》推荐的 GMD 和 SMD

《ISBD 预备统一版》推荐的 GMD	《ISBD 预备统一版》推荐的 SMD
Cartographic resource（地图资源）	atlas（地图册） diagram（示意图） globe（地球仪） map（地图） model（模型） profile（截面图） remote sensing（遥感图） section（剖面图） view（视图）
Electronic resource（电子资源）	CD-ROM（只读光盘） CD-RW（可写光盘） CD-WO（一次可写光盘） DVD-Audio（DVD-唱片） DVD-Data（DVD-数据） DVD-RW（DVD-可写） DVD-RAM（DVD-多次可读写） DVD-Video（DVD-视盘） electronic chip cartridge（s）（电子芯片盒） electronic disc（s）（电子磁盘） electronic optical disc（s）（电子光盘） electronic tape cassette（s）（电子盒式磁带） electronic tape reel（s）（电子盘式磁带）

① 王松林，谢琴芳，王绍平，顾犇.《中国文献编目规则》与"原则声明"之比较. 中国图书馆
学报，2007，33（1）

《ISBD 预备统一版》推荐的 GMD	《ISBD 预备统一版》推荐的 SMD
Graphic（图形）	art reproduction（艺术复制品） flashcard（闪视片） flipchart（翻阅图） photograph（照片） picture（图片） playing carts（游戏牌） postcard（明信片） poster（招贴） print, or specific graphic process（e. g. woodcut, litho-graph, etching）as appropriate（版印图或适当的特定图形制作方法，如木刻、平板、蚀刻） stereograph card（立体卡） study print（学习图卡） technical drawing（技术图） wallchart（挂图）
Hologram（全息图）	hologram film（全息胶片） hologram plate（全息图刻）
Kit see Multimedia resource（多载体配套文献　见　多媒体资源）	
Microform（缩微品）	aperture card（开窗卡） micropaque（不透明缩微品） microfiche（缩微平片） microfilm cartridge（单轴盒式缩微胶卷） microfilm cassette（双轴盒式缩微胶卷） microfilm reel（盒式缩微胶卷） microfilm ship（缩微条片）
Motion picture（电影）	film cartridge（单轴盒式胶片） film cassette（双轴盒式胶片） film loop（胶片环） film reel（盘式胶片）
Multimedia resource（多媒体资源）	construction set（构建套） game（游戏）

《ISBD 预备统一版》推荐的 GMD	《ISBD 预备统一版》推荐的 SMD
Notated music（乐谱资源）	score（总谱） chorus score（合唱总谱） close score（缩编谱） condensed score（缩写谱） part（s）（分谱） piano（violin，etc.）conductor part（钢琴、小提琴等指挥分谱） study score（研习总谱） vocal score（声乐缩编谱）
Printed text（印刷文字资料）	
Sound recording（录音资料）	sound cartridge（循环录音磁带） sound cassette（盒式录音磁带） sound disc（激光唱片） sound reel（开盘录音带） SACD（超级激光唱片） DVD（DVD）
Videorecording（录像资料）	videocartridge（循环录像带） videocassette（盒式录像带） videodisc（视盘） videoreel（开盘录像带） DVD – Audio（DVD – 唱片） DVD – ROM（DVD – 只读） DVD – Video（DVD – 视盘）
Visual projection（视觉投影）	filmship（长条式幻灯卷片） filmstrip（幻灯条片） microscope slide（显微幻灯片） slide（幻灯片） stereograph reel（立体图卷） transparency（大幅幻灯片）

　　除了上述特点，《ISBD 预备统一版》还对原 ISBD 中的著录信息源与著录的语言和文字等内容统一作了修订，此处不赘言。

二、《ISBD 统一版》的产生背景与特点

（一）《ISBD 统一版》的产生背景

针对前述各国专家对 AACR2 和原 ISBD 中的 GMD 的各种诟病和建议，IS-

BD 评估组 2003 年指定一个资料标识研究组（Material Designation Study Group，以下简称 MDSG）以专门考察适用于多种格式和混合媒介的 GMD/SMD。该工作组一方面意识到 2003 年在法兰克福召开的国际图联国际编目规则第一次专家会议上包括 Tom Delsey 在内的专家对一般资料标识工作组所关心的问题，另一方面也感觉到将 GMD 紧跟在正题名之后著录看上去似乎也打断了著录逻辑顺序和题名信息的先后顺序。于是《ISBD 预备统一版》出版后，MDSG 便起草了一份内容/载体组件的建议草案，并将之提供给 ISBD 评估组讨论。该建议草案考虑了 2006 年 8 月的《RDA/ONIX 资源分类框架》1.0 版及后续的包括 RDA/ONIX 框架的 RDA 草案，①,② 因为这些文献及其他一些文献对研究组的工作都很重要。

继后续修订和一段时间的全球评估后，一个被称为"内容形式和媒介类型项"（Content Form and Media Type Area）的第 0 项文件终于在 2009 年被通过，并被发布在 IFLA 的网站上。③ 与此同时，IFLA 还认为应将此内容迅速地收入《ISBD 预备统一版》中。这就是《ISBD 统一版》产生的最大背景。

至于指导《ISBD 统一版》工作的目标和原则，则与《ISBD 预备统一版》基本一致，此处不赘言。

（二）《ISBD 统一版》的特点

如果说将原各 ISBD 中的概述、著录单元细则和附录的内容予以整合是《ISBD 预备统一版》的最大特点，那么引进第 0 项——内容形式和媒介类型项并用以取代 GMD，从而废除几十年来要求在题名和责任说明项中对 GMD 的著录则是《ISBD 统一版》的最大特点。④ 此外，《ISBD 统一版》较之《ISBD 预备统一版》还有以下一些重大变化：①经过编辑后的文字避免冗余，前后更为一致；②著录项目和著录单元的必备、有条件、可选的层次被简化，即只表示其必备的情况；③构成书目著录对象的著录基础得到了澄清；④更多地关注了多部分单行资源；⑤信息源已按术语和应用的一致性要求进行了修

---

① RDA/ONIX Framework for Resource Categorization. 2006. http：//www. rda－jsc. org/working2. html#chair－10

② RDA：Resource Description & Access. http：//www. rdatoolkit. org/；http：//www. rda－jsc. org/rda. html

③ ISBD Area 0：Content Form and Media Type Area. http：//www. ifla. org/publications/isbd－area－0－content－form－and－media－type－area

④ 王松林，顾犇. 从一般资料标识到内容形式和媒介类型：《ISBD 统一版》的新特点. 中国图书馆学报，2012，38（5）

订；⑥更多地考虑了非罗马字符的要求；⑦去除了不符合 ISBD 古旧单行资源的著录规定；⑧澄清了限定词不同于著录单元；⑨更名了"载体形态项"名称（即将原先的 Physical description area 更名为 Material description area），并允许印刷资源与其他资料著录一致；⑩将"丛编项"（Series area）扩充为"丛编和多部分单行资源项"（Series and multipart monographic resource area）；最后，《ISBD 统一版》在其词汇表中还增加了许多新定义。①

以上这些特点和变化有些也反映在《ISBD 统一版》的内容目次中：

表 2-4 《ISBD 统一版》与《ISBD 预备统一版》内容目次比较

《ISBD 统一版》内容目次	《ISBD 预备统一版》内容目次
A 概述	0 概述
A.1 范围、目的和应用	0.1 范围、目的和应用
A.2 资源的处理	0.2 资源的处理
A.3 ISBD 和标识符概要	0.3 ISBD 和标识符概要
A.4 信息源	0.4 信息源
A.5 著录的语言和文字	0.5 著录的语言和文字
A.6 节略和缩略	0.6 节略和缩略
A.7 大写	0.7 大写
A.8 印刷错误	0.8 样例
A.9 符号等	0.9 印刷错误
A.10 不完整	0.10 符号等
A.11 样例	0.11 不完整
著录单元说明	著录单元说明
0 内容形式和媒介类型项	
1 题名和责任说明项	1 题名和责任说明项
2 版本项	2 版本项
3 资料或资源类型特殊项	3 资料或资源类型特殊项
4 出版、制作、发行等项	4 出版、制作、发行等项
5 载体形态项	5 载体形态项
6 丛编和多部分单行资源项	6 丛编项
7 附注项	7 附注项
8 资源标识号和获得方式项	8 资源标识号和获得方式项

---

① ISBD 评估组推荐；国际图联编目组常设委员会通过；顾犇翻译. 国际标准书目著录（2011 年统一版）. 国家图书馆出版社，2012

《ISBD 统一版》内容目次	《ISBD 预备统一版》内容目次
附录 附录 A：多层次著录 附录 B：双向记录 附录 C：参考文献 附录 D：缩略语 附录 E：词汇表	附录 附录 A：多层次著录 附录 B：双向记录 附录 C：推荐的一般资料标识和特定资料标识 附录 D：缩略语 附录 E：词汇表

表 2-4 著录单元说明中的作为第 0 项的内容形式和媒介类型项，顾名思义，包括"内容形式"和"媒介类型"这两个著录单元。其中，必备的内容形式（Content form）反映资源内容表示的基本形式。根据《ISBD 统一版》的规定，著录时要用表 2-5 中的一个或多个术语，或用编目机构所选择的语言和文字的等同术语著录。

表 2-5　《ISBD 统一版》中的内容形式术语

内容形式术语	术语的定义和范围
dataset（数据集）	用于计算机处理的数字编码数据表示的内容；例如数值数据、环境数据等被应用软件用来计算平均数、相关度等或者生成模型等，它们一般不以其原始形式进行显示。不包括以数字方式记录的音乐［见 music］、语言［见 spoken word］、声音［见 sounds］、计算机复制的图像［见 image］和文字资料［见 text］。
image（图像）	通过线条、形状、阴影等表示的内容；图像可以是静止的或运动的，可以是二维的或三维的；例如艺术复制品、地图、凸出的地形地图、照片、遥感影像、立体图、电影和版画。
movement（运动）	通过运动（即改变物体或人的位置的动作或过程）表示的内容；例如舞谱、舞台动作或编舞，但是不包括电影等运动的图像［见 image］。
multiple content forms（多内容形式）	在三种或更多种形式适用时的混合内容。
music（音乐）	通过有序的音调或声音，以前后相继方式、以组合方式和以时间关系表示的内容，用以产生出一部作品；音乐可以是书写的（乐谱）、演出的、或者被记录成模拟的或数字的格式，可以是有节奏、旋律或和声的人声、乐器或者机械声音；例如总谱或分谱等书写的音乐以及音乐会演奏、歌剧和录音棚录音等录制的音乐。

内容形式术语	术语的定义和范围
object（实物）	或者通过自然出现的实体、或者通过人造或机器制造的物品表示的内容；也称为三维结构或三维实物，人工物品例如雕塑、模型、游戏、硬币、玩具、建筑、设备、衣物、文物等；自然出现的实体例如化石、岩石、昆虫、生物样品幻灯片等；地图资料实物包括三维形式的球仪、地形模型以及用于从侧面观看的横截面，但是不包括凸出的地形地图（见 image）。
other content form（其他内容形式）	如果对于所著录资源的内容以上所列术语没有适合者，则著录该术语。
program（程序）	通过用于计算机处理或执行的数字编码指令所表示的内容；例如操作系统、应用软件等。
sounds（声音）	通过动物、鸟、自然呈现的噪声源产生的声音或者由人声或数字（或模拟）媒介模仿的此类声音表示的内容；例如鸟鸣、动物嚎叫的录音和声音效果，但是不包括录制的音乐［见 music］和录制的人类讲话［见 spoken word］。
spoken word（口述）	通过人声谈话的声音表示出来的内容；例如有声图书、无线电广播、口述历史录音、戏剧的录音，不管是用模拟格式还是用数字格式录音的。
text（文字资料）	通过书写单词、符号和数字表示的内容；例如图书（印刷的或电子的）、书信、期刊数据库、缩微复制的报纸等。

　　《ISBD 统一版》的第 0 项规定：①对于资源中没有主要部分（即所有部分都同等显著或重要）的混合型内容资源，应按字母顺序，记录适用于被著录资源的所有术语（对于有三种或者更多形式适用的、由混合内容组成的资源，可以著录术语 multiple content forms）；②对于其中一个部分是资源的主要部分而其他内容很少或者是附带的混合型内容资源（例如印刷图书带有一些插图，但是不足以认为是主要的；再如一部录制的歌剧带有一些口述的内容），非主要的内容形式可以忽略。

　　《ISBD 统一版》的第 0 项还规定：在内容形式后还可附加内容限定（Content qualification，有则必备），以表示所著录资源的类型，以及是否有运动、维度和感官性质。其中，内容限定"类型"包括 cartographic（地图型）、notated（记谱型）和 performed（表演型）；仅与 image 内容形式一起使用的内容限定"运动"包括 moving（运动）和 still（静止）；也仅与 image 内容形式一起使用的内容限定"维度"包括 2 – dimensional（2 维）和 3 – dimensional（3 维）；表示资源出版时其内容设计被感知的"人类感官"内容限定包括 aural（听觉）、gustatory（味觉）、olfactory（嗅觉）、tactile（触觉）和 visual（视觉）。

《ISBD 统一版》的第 0 项的第二个必备著录单元——媒介类型（Media type）用于记录承载资源内容的载体的类别（类别通常反映储存媒介的格式和载体的存放以及要求表示、观看、运行资源内容的中介设备的类型），著录时要用表 2 – 6 中的一个或多个术语，或者用使用编目机构所选择的语言和文字中的等同术语著录。

表 2 – 6　《ISBD 统一版》中的媒介类型术语

媒介类型术语	术语的定义和范围
audio（音频）	对于音频播放器使用的资源 用于储存录音的媒介，设计要用转盘、卡式磁带播放器、激光唱片播放器、MP3 播放器或 iPod 等回放设备；既包括储存数字编码声音的载体，也包括储存模拟声音的载体。
electronic（电子）	对于计算机使用的资源 用于储存电子文件的媒介，设计要用计算机来使用；既包括通过远程文件服务器访问的媒介，也包括计算机磁带和磁盘等直接访问的媒介。
microform（缩微）	对于缩微阅读器使用的资源 用于储存人类肉眼不可阅读的缩小尺寸图像的媒介，设计要用缩微胶卷阅读器或者缩微平片阅读器来使用；包括透明的和不透明的缩微媒介。
microscopic（显微）	对于显微镜使用的资源 用于储存微型物体的媒介，设计要用显微镜等设备来揭示肉眼不可见的细节。
multiple media（多媒介）	对于由混合媒介组成、三种或更多媒介类型适用的资源
other media（其他媒介）	如果本表格所列术语都不适用于所著录资源要求用来承载、使用或感知其内容的载体类型和中介设备，则用该术语。
projected（投影）	对于投影仪使用的资源 用于储存运动或静止图像的媒介，设计要用电影胶片投影仪、幻灯投影仪等投影设备来使用；包括设计用于投射二维和三维图像的媒介。

媒介类型术语	术语的定义和范围
stereographic（立体）	对于立体画观看器使用的资源 用于储存成对静止图像的媒介，设计要用立体镜或立体画观看器等设备来使用，以产生三维效果。
unmediated（无中介）	对于不需要中介设备的媒介
video（视频）	对于视频播放器使用的资源 用于储存运动或静止图像的媒介，设计要用卡式录像带播放器或 DVD 播放器等设备来使用；包括储存数字编码的和模拟的图像的媒介。

　　同样，《ISBD 统一版》的第 0 项也规定：①对于混合型媒介的资源，如果其中没有资源的主要部分（即资源的所有部分都同样显著或者重要），应记录所有适用于该资源的术语（对于有三种或者更多媒介类型适用的、由混合型媒介组成的资源，可以著录术语 multiple media）；②对于其中一个部分是资源的主要部分而其他媒介类型很少或是附带的混合型媒介作品，非主要的媒介类型可以忽略。如果不需要用中介设备来使用或者感知资源，则用术语 unmediated 来记录。

　　最后需要强调的是，既然《ISBD 统一版》是将内容形式和媒介类型项作为第 0 项处理的，那么它在纸质目录上就需在其首要位置著录（至于 MARC 中的相应字段、子字段的增删，还需进一步的研究），并使用相应的标识符。现从《ISBD 统一版》上抽取一例（一种多媒体资源的物理上独立的单元著录）加以说明：

Text（visual）：unmediated ＋ Spoken word：audio
　　Minnesota politics and government：a history resource unit ／ Educational Services Division, Minnesota Historical Society. －－［St. Paul：Minnesota Historical Society, 1976］. －－ 2 cases in 1；34 cm
People serving people ／ Judy A. Poseley. －－ 30 p. ：ill. ；28 cm
　　Voices of Minnesota politicians. －－ 1 sound disc：33 1/3 rpm, mono；30 cm

---

《ISBD 统一版》用内容形式和媒介类型取代 GMD 的做法，不仅可以改变世界范围内 GMD 著录的不一致以及混乱之状况，而且也可以为制订基于 FRBR 的编目条例奠定重要基础。即如果说《ISBD 统一版》中的"媒介类型"主要针对 FRBR 中的载体表现（Manifestation）类型，那么《ISBD 统一版》中的内容形式主要针对 FRBR 中的内容表达（Expression）类型。其实，《ISBD 统一版》中的内容形式和媒介类型设置，还与 DC 元数据标准中的 Type（类型）和 Format（格式）这两个元素存在着紧密的关联（如《ISBD 统一版》著录单元内容形式中的 dataset、image、object、sounds 和 text 等术语，就与 DC 元数据标准元素 Type 中的 Dataset、Image、Physical Object、Sound 和 Text 等术语基本一致）。这些均都充分说明《ISBD 统一版》正在不断地向 FRBR 以及 DC 这样的现代元数据标准靠拢和看齐，也是为何我国要据此来起草《信息资源的内容形式和媒体类型标识》国家标准的根本原因。①

---

① 全国信息与文献标准化技术委员会简报．2013（2）

第三章　中文编目检索点的选取及其标目

　　我国 CNMARC 书目记录中的数据元素内容除了包含本书第二章 ISBD 中的著录项目和著录单元内容或《中国文献编目规则》第一部分中的著录数据元素内容外，另还涉及描述性编目和主题编目中的检索点选取及其标目形式的选择内容（即检索数据元素内容）。本章在对中、西文编目检索点及标目进行概述的基础上，重点论述中文描述性编目和主题编目中的检索点选取及其标目形式的选择，并对手检目录中的标目参照与控制作一介绍。

第一节　检索点及标目概述

　　中、西方的文献编目中原先只有"标目"概念，如前述基于巴黎《编目原则》而编制的 AACR。但随着文献编目标准化的进展及计算机在编目领域中的逐步应用，后又出现了"检索点"概念，以至于在此之后出版的 AACR2 和《中国文献编目规则》的第二部分均都先讲"检索点"后讲"标目"问题。

一、检索点及其著录位置

（一）检索点

　　检索点（Access point）通常是文献形式或内容的某一特征。如 AACR2 认为，检索点是指可能用于查找和识别书目记录的名称、术语、代码等，[1] 而且这个定义在 1988 年及其之后的 AACR2 修订本中均无变化；《中国文献编目规则》和《中国文献编目规则（第二版）》对检索点的定义与 AACR2 的上述定义大致相同，即检索点是书目记录中用作检索标识的名称、术语、代码或编

---

　　① American Library Association … [et al.] Anglo – American cataloguing rules. 2nd ed. Chicago：The Association，1978

号等。①,②

　　上述检索点的定义既适用于手检目录也适用于机读目录，但因这两种目录性质上的不同，导致它们在使用检索点时的数量也存在较大的差别。如在手检目录里，说是文献的任何一个名称、术语、代码或编号都可成为检索点，但考虑到读者传统的检索习惯和文献机构所设的目录种类，手检目录中的检索点一般只限于文献的题名、责任者、主题词和分类号这四类。当然，一种文献的某一类检索点可有多个，但其数量也应有所控制。如《中国文献编目规则（第二版）》对个人名称、团体/会议名称检索点的数量是这么规定的：①对著作内容负有单独责任的个人名称、团体/会议名称应选作检索点，无论其名称是以责任说明的方式出现在文献中还是由编目员通过考证所得；②一部著作由多个（个人、团体或会议）责任者以同一责任方式完成，三个或三个以下的等同责任者原则上均应选作检索点，但若超过三个，则选第一个责任者或其中最具代表性的一个或多个责任者为检索点；③若一部著作由多个（个人、团体或会议）责任者以不同的责任方式完成，其责任者名称均应选作检索点，但所选的责任方式原则上不超过四种。当然对于上述规定，各文献机构也可根据自身的情况进行适当的调整。

　　（二）检索点的著录位置

　　手检目录中的检索点不像机读目录那样可以由记录中的数据元素来充当（只要程序设计考虑到），它必须将各种选取出来的检索点按照规定依次著录在单元卡下方的排检项（中编）或根查项（西编），以便为下一步标目做准备。具体而言，中文单元卡排检项中的题名、责任者、主题词和分类号这四类检索点，著录时之前要分别使用大写的罗马数字"Ⅰ."、"Ⅱ."、"Ⅲ."、"Ⅳ."作标识；若同一类的检索点有两个及其以上，著录时还应在前面再用加圈的阿拉伯数字作次第。另外，题名与责任者检索点的形式若与著录正文中的题名与责任者的形式一致，还可只著录其第一字，后用三点省略号替代。例：

①　黄俊贵主编．中国文献编目规则．广东人民出版社，1996
②　富平，黄俊贵主编．中国文献编目规则．2 版．北京图书馆出版社，2005

　　白宫风雨荡政坛：中国资深记者对美国政治的观察与解读/朱幸
福，杨岩松著. ——北京：大众文艺出版社，2000
　　648 页，[4] 页图版：图；20 cm
　　ISBN 7 - 80094 - 863 - 3：CNY34. 80
　　Ⅰ.①白… 　②中… 　Ⅱ.①朱… 　②杨… 　Ⅲ. 政治—研究—美
国—现代 　Ⅳ. D771. 20

　　上例单元卡中的检索点共有六个。其中，"白…"和"中…"分别代表
该书"白宫风雨荡政坛"和"中国资深记者对美国政治的观察与解读"这两
个题名检索点；"朱…"和"杨…"分别代表该书"朱幸福"和"杨岩松"
这两个责任者检索点；而"政治—研究—美国—现代"和"D771. 20"则分
别代表该书主题词和分类号这两个检索点。

　　而西文单元卡根查项著录的检索点则由以下两部分内容组成，即主题附
加检索点和责任者及题名附加检索点（至于西编中的主要标目，它既是一种
标目，同时也是一种检索点，或称已经标目化的检索点）。所以在设有西文主
题款目和/或目录的文献机构里，其单元卡的根查项首先需要著录受编文献的
主题附加检索点，并在每个主题附加检索点前用阿拉伯数字作标识；而其单
元卡根查项中的各责任者及题名等附加检索点，前面则用大写的罗马数字作
标识，且按以下顺序排列：个人名称、团体名称、名称/题名、题名、丛编
名。由于西文单元卡著录正文中的个人名称和团体名称均采用照录的方式，
所以在将它们作为责任者附加检索点著录于根查项时，还应像其主要标目那
样按其标目的规范形式著录（若是个人名称，需要将文献上的欧美人的先名
后姓倒置成先姓后名，必要时还需在后面再加著其生卒年等附加成分；若是
从属标目的从属团体或政府团体名称，需要将文献上的主体或母体机关名称
和/或其他上级层次名称在后面出现的顺序予以倒置，必要时还需在后面再加
著其地理名称等附加成分。中编类似的规范详见本章第二节）。另为节省篇
幅，西编根查项中的题名、丛编名若与单元卡著录正文中的正题名、正丛编
名一致，还可分别使用"Title."、"Series."字样替代，而除此之外的题名、
丛编名则需完整著录，并分别前冠"Title："、"Series："字样。例：

Gorman, Michael, 1941 –

　　The concise AACR2. – – 1988 revision / prepared by Michael Gorman.
– – Chicago [etc.]：ALA [etc.], 1989.

　　xi, 162 p.；23 cm.

　　Includes index.

　　ISBN 0 – 8389 – 3362 – 9（alk. paper）

　　1. Anglo – American cataloging rules.　2. Descriptive Cataloging – –
Rules.　I. Title.　II. Title：Anglo – American cataloguing rules（2nd
ed., 1988 revision）

　　如前所述，检索点的概念既适用于手检目录也适用于机读目录。但由于机读目录具有"一条记录、多种款目"之特征，所以机读目录只要对一种文献进行详尽的著录，就能满足读者/用户多方面的检索。从此意义上讲，机读目录中的许多著录字段和/或子字段，同时也是一个个检索点。不仅题名、责任者名称、主题词、分类号可以作为检索点，就连文献的标准编号等也可成为重要的检索途径。这与上述手检目录存在明显的区别，也是机读目录通常将检索点定义为"用于排列与存取文献或记录的数据单元"的根本原因。

二、标目及其著录位置

（一）标目

　　在机读目录里，一种文献原则上只有一条记录与之对应，所有可检信息如果汇集在记录的可检字段中，计算机就可对任何一个可检信息进行检索。其次，在机读目录中还可使用组配方法进行检索，如责任者名称与题名、出版/制作者名称与出版/制作期等。因此，在机读目录中不存在什么标目不标目的问题。所谓"标目"（Heading），AACR2 认为，是指置于目录款目之首并提供一个检索点的名称、词或短语，① 而且这个定义在 1988 年及其之后的 AACR2 修订本中也均无变化；《中国文献编目规则》和《中国文献编目规则

　　① American Library Association … [et al.] Anglo – American cataloguing rules. 2nd ed. Chicago：The Association, 1978

（第二版）》对标目的定义也与 AACR2 的上述定义大致相同，即标目是编制文献目录时，按照一定规则约定的、作为目录款目排序和检索依据的名称、词或词组、代码或编号等。①，②

从上两个定义尤其从 AACR2 定义中的"置于目录款目之首"的情况来看，标目显然是针对手检目录而设的一个概念。即在手工编目的情况下，中、西文编目单元卡中著录的各类检索点实际处于潜标目状态，而要将它们成为检索文献的一个个入口，则还需将它们分别著录于相应的标目位置。换言之，手工编目最先编制出来的单元卡上虽然载有各种检索点的排检项（中编）或根查项（西编），但还不能用来直接排检（西编主要款目除外），若需排检还需将其排检项或根查项中的一个个检索点依次著录到相应的标目位置上，以形成具有特定排列和检索途径的款目——排检用款目。而有了各种排检用款目，再依一定的字顺及目录组织规则，就能形成性质各异的目录。

由上可见，标目是手工编目中从文献著录到目录组织之间的一项十分必要而又十分重要的环节，其作用归纳起来主要有三点：①决定款目的性质。如前所述，手工编目检索点的类型主要有题名、责任者、主题词和分类号，通过标目将其置入相应的标目位置，即能形成相应的题名款目、责任者款目、主题款目和分类款目。②确定款目在目录中的位置。手工编目组织目录的依据是款目的标目，即款目一旦有了标目，就可按照特定文字的特定字顺及有关目录组织或文献机构所采用的主题法/分类法将其组织成不同目录。③向读者提供检索文献的入口。标目是手工编目根据读者的手检习惯与需求从文献中选取出来并代表文献某一特征的名称、词或词组、代码或编号，因而款目一旦有了标目，也就能为广大读者提供相应的文献检索途径了。除此之外，标目还有前述对检索点进行规范的作用，难怪标目以及后述的参照（Reference）在《〈国际编目原则声明〉词汇表》中已分别被规范检索点（Authorized access point）、受控检索点（Controlled access point）以及名称的变异形式（Variant form of name）所替代。③

---

① 黄俊贵主编．中国文献编目规则．广东人民出版社，1996

② 富平，黄俊贵主编．中国文献编目规则．2 版．北京图书馆出版社，2005

③ IFLA Cataloguing Principles：the Statement of International Cataloguing Principles（ICP）and its Glossary in 20 Languages．http：//www. ifla. org/en/publications/statement – of – international – cataloguing – principles

（二）标目的著录位置

如第一章第二节所述，中文编目目前使用的是可以克服西编主附标目制主要标目选取困惑的交替标目制。在中文手工编目中，交替标目制的具体做法是将著录在排检项中题名、责任者和主题词等检索点，根据需要轮流著录在单元卡上方且较正题名突出一字的位置（若遇换行，再往右缩进一字即与之下著录正文中的正题名首字齐）。例：

政治—研究—美国—现代
　白宫风雨荡政坛：中国资深记者对美国政治的观察与解读/朱幸福，杨岩松著．－－北京：大众文艺出版社，2000
　　648 页，［4］页图版：图；20 cm
　　ISBN 7 – 80094 – 863 – 3：CNY34.80
　　Ⅰ．①白… ②中… Ⅱ．①朱… ②杨… Ⅲ．政治—研究—美国—现代 Ⅳ．D771.20

以上款目著录正文之上的"政治—研究—美国—现代"主题检索点的标目位置，同样适用于题名和责任者检索点的标目（与西文手工编目一样，中编款目题名和责任者检索点的标目也可采用在单元卡有关著录单元下划线的方法，与正题名形式相同的题名检索点作为标目有时甚至不用任何处理就可直接进行目录组织）。而除此之外的分类号检索点，中编应将之著录于款目的左中部，但由于单元卡左上方的索取号中一般已含该文献的主要分类号，故可省略著录（但与文献主要分类号不同的附加分类号和分析分类号，还是应在款目左中部的位置著录）。

采用主附标目制的西编，由于其主要标目的选取原则是"著者（含团体）—题名"原则，所以已相应形成了两种略有不同的单元卡著录格式，即以著者（含团体）为主要标目的段落式单元卡著录格式和以题名为主要标目的悬行式单元卡著录格式。主附标目制的第二步，是将上述两种单元卡根查项中的主题、著者、题名等检索点分别著录在单元卡的主要标目之上（即著录在主要标目的上一行缩进两格的位置，若遇移行，需再缩进两格），从而形成各种主题、著者、题名等附加款目和分析款目。例：

ANGLO – AMERICAN CATALOGING RULES

Gorman, Michael, 1941 –

The concise AACR2. – –1988 revision/prepared by Michael Gorman.

– –Chicago [etc.]: ALA [etc.], 1989.

xi, 162 p. ; 23 cm.

Includes index.

ISBN 0 – 8389 – 3362 –9（alk. paper）

1. Anglo – American cataloging rules.　2. Descriptive Cataloging – –

Rules.　I. Title.　II. Title：Anglo – American cataloguing rules（2nd

ed. , 1988 revision）

这是一张以著者为主要标目的主题附加款目（为加区分，西编中的主题附加款目要全部大写，如上例中的 ANGLO – AMERICAN CATALOGING RULES）。在使用单元卡时，编目人员对著录正文中的题名等附加标目通常也采用划线的方法。划线方法看似简便，但因著录正文中的题名、责任者名称有时与统一题名、统一名称的形式有所不同，所以有时还难以采用划线的方法或采用划线方法倒不利于款目的排检。另外，划线方法明显不太适合于西编中的主题等附加款目的标目。

三、标目的现存价值

通过以上论述可以得出结论：①检索点是检索点，标目是标目，两者之间虽然有着千丝万缕的联系，但实属文献编目中的两个不同范畴；②一条款目上的标目只有一个，且类别有限，而一条款目上尤其是一条记录上的检索点可有多个，且类别也比标目类别丰富得多；③由于文献编目与文献检索的不断计算机化和网络化，作为检索线索的记录项目范围也将随之扩大，相反，标目的作用会随手工编目的不断萎缩而逐渐弱化乃至最终完全消失。①,② 难怪与没有"检索点"而只有"标目"概念的 AACR 相反，如今的《国际编目原则声明》中已经没了"标目"而只有用以检索和识别书目数据或规范数据

---

① 王松林. 检索点与标目新探. 图书馆学刊, 1993（5）
② 王松林. 再论标目与检索点. 图书馆杂志, 2004（5）

的一个名称、术语、代码等的"检索点"之概念。①

本书认为，标目确实是针对手检目录而设的一个概念，但是即使手检目录今后彻底离开历史舞台，标目除了上述对检索点进行规范的作用外，巴黎《编目原则》中的与之相关的"统一标目"概念仍将继续发挥作用。所谓统一标目（Uniform heading），是指同一著作具有不同的题名，或在同一个人或团体具有不同的名称或名称形式时，必须根据一定的原则和方法从中确定一个及以上的固定的题名或名称或名称形式为其受控形式。从此定义看，统一标目的对象实质包括题名的统一标目（即统一题名）和责任者的统一标目（即统一名称，含个人责任者统一名称和团体责任者统一名称等），具体详见本章第二节。

上述统一标目的作用是便于在目录中汇集同一著作的不同版本或文本以及同一责任者的不同著作，因此它是提高文献机构目录检准率及检全率的重要因素。根据巴黎《原则声明》及"读者至上"的编目原则，确定统一标目的原则是：统一标目通常是经过编目的著作中各种版本上使用的题名或名称（或名称形式）；或是公认的权威性参考文献中提到的题名或名称（或名称形式）。② 中编中的统一标目的确定原则大致也是如此，即一般以常用、惯用、通用为基本原则；当难以或无法确定其常用、惯用、通用时，统一题名一般选取最初使用的题名，而统一名称一般则取最近使用的名称。③

第二节　中文描述性编目的检索点选取及其标目形式的选择

描述性编目（Descriptive cataloging）主要是对受编文献的物质形态进行分析、选择和记录的过程。④ 用《国际编目原则声明》的话来说，描述性编目

① IFLA Cataloguing Principles：the Statement of International Cataloguing Principles（ICP）and its Glossary in 20 Languages. http：//www. ifla. org/en/publications/statement – of – international – cataloguing – principles
② 全国第一中心图书馆委员会西文图书卡片联合编辑组编译. 1961 年国际编目原则会议论文选译. 中国科学院图书馆, 1962
③ 王松林编著. 信息资源编目（修订本）. 北京图书馆出版社, 2005
④ 王松林编著. 现代文献编目. 书目文献出版社, 1996

是编目工作的一个部分，用于提供描述性数据和非主题检索点。① 本节主要根据《中国文献编目规则》第二部分标目法的内容，论述中文描述性编目中的题名、个人责任者以及团体（含会议）责任者检索点的选取及标目形式的选择。

一、题名检索点的选取及标目形式的选择

（一）题名检索点的选取

在本书第一章第二节中提到，在实行交替标目制的中文编目中也存在题名主要款目与题名附加款目之现象，这是根据题名中的检索点本身的主次而分的，也即题名检索点的选取客观上存在着主次之分。如在中文手工编目中，如果题名与责任说明项中的正题名是一单纯题名，那它就是该款目的题名主要检索点；如果题名与责任说明项中的正题名含有交替题名，或由共同题名与从属题名一起构成，或由几个合订题名一起构成，那么交替题名前的那个题名、共同题名及列于首位的那个合订题名应是该款目的题名主要检索点。题名主要检索点应著录于单元卡排检项题名检索点的首位。

在中文手工编目中，题名次要检索点主要包括：①款目中具有检索意义的副题名（含在题名与责任说明项和附注项著录的副题名）；②交替题名（含在题名与责任说明项和附注项著录的交替题名）；③从属题名（含在题名与责任说明项和附注项著录的从属题名）；④题名与责任说明项中非列于首位的合订题名以及著录在附注项中的合订题名（以它们作检索点标目后款目可起分析著录的作用）；⑤丛编项中的丛编名（以它们作检索点标目后款目可起综合著录的作用）；⑥附注项中的目次名、附录名（以它们作检索点标目后款目也可起分析著录的作用）；⑦著录于附注项中除题名原文以外的其他题名（如书脊题名、封面题名或其他别名）。题名次要检索点会有多个，而且分析检索点的数量也可不限，著录单元卡排检项时应将它们依次著录于题名主要检索点之后。

《中国文献编目规则》原来规定，并列题名原则上不选做检索点和用做标目。其实，将并列题名选做检索点并以它做标目的款目不仅可以排入中文字顺目录，以使读者能从外文角度进行检索，而且也可排入外文字顺目录，以

---

① IFLA Cataloguing Principles：the Statement of International Cataloguing Principles（ICP）and its Glossary in 20 Languages. http：//www. ifla. org/en/publications/statement – of – international – cataloguing – principles

告诉读者馆里已经藏有该文献的中文本（如果该文献是一译本）。所以《中国文献编目规则（第二版）》现在规定，不仅题名与责任说明项中的并列题名可以选做检索点和用做标目，而且连著录在附注项中的并列题名也可选做检索点和用做标目。我国台湾地区的《中国编目规则》也是如此，例：

國際標準書目著錄發展史研究／方仁撰. -- 台北市：文史哲出版社.
 -- 民 74［1985］
［16］, 252 面；21 公分
英文書名：The ISBDs history, 1969–1982
指導教授：王振鵠
碩士論文 -- 中國文化大學史學研究所，民 72［1983］
附錄：提要，巴黎原則，中英名詞對照表及參考書目
Ⅰ. 方仁撰 Ⅱ. 題名：The ISBDs history

（二）题名标目形式的选择

前述题名检索点（无论是题名的主要检索点还是题名的次要检索点）选取出来后在将它们著录于单元卡排检项前，还存在一个标目形式的选择问题。一般情况下，中文文献的题名标目形式即采用著录正文部分的题名，但有些古典名著和宗教经典等文献往往具有不同的题名。如受编文献是一根据曹雪芹的未定稿而出版的《石头记》，选取题名检索点时毫无疑问我们将"石头记"选作检索点，但同时我们又知道乾隆五十六年即 1791 年程伟元、高鹗第一次以活字版排印该书时将它改名为《红楼梦》，清末书坊印行时曾又题作《金玉缘》等，于是这个题名检索点就会出现标目形式的选择问题，即前述统一标目中的统一题名问题。

《中国文献编目规则》中原来没有统一题名之概念，《中国文献编目规则（第二版）》后来效仿 AACR2 的做法并将之定义为：①用于汇集不同题名的同一著作的特定题名；②用于区分相同题名的不同著作的特定题名；③用于排列一个个人或团体的多种著作所采用的通用总题名。① 以上三个定义中的第一

---

① 富平，黄俊贵主编. 中国文献编目规则. 2 版. 北京图书馆出版社，2005

个定义一般用于图书等文献，其作用是集中属于同一著作但使用不同题名的版本和文本；第二个定义一般用于连续出版物等文献，其作用是确定一种连续出版物的识别题名；第三个定义用于排列某个著者、作曲者或机关团体的若干著作或作品选（如全集、一些特殊文学或音乐体裁的作品等）所采用的通用集合题名，其作用是集中同一责任者的同一类型文献。中编图书统一题名的选择主要涉及：

①对原文为中文的各学科名著、古典著作、宗教经典等文献，以其较著名或常用的题名为统一题名（如前述《石头记》应以"红楼梦"为统一题名；再如《三国志演义》、《三国志通俗演义》等，取"三国演义"为统一题名）。

②对原文为外文的名著译本，则以其较著称或规范的题名为统一题名（如《天方夜谈》、《一千零一夜》等，以"天方夜谭"为统一题名；再如《简爱自传》、《孤女飘零记》等，以"简爱"为统一题名）。

根据上述两种情况选择出来的统一题名，必要时需对其原题名做一题名单纯参照（详见本章第四节），以使读者从文献本名也能检索到该文献。中文题名标目形式的选择除了上述统一题名的问题外，另为达到集中检索之目的，有时还需对某些题名的标目形式进行必要的规范，后者主要涉及：

①凡题名前说明著作形式特征的字样，如说明一般著作刊刻或抄写年代的字样以及说明著作出版装帧形式的字样，不作为标目的组成部分（如《元刊梦溪笔谈》和《袖珍英汉词典》，其标目形式应分别是"梦溪笔谈"和"英汉词典"）。

②分散著录时，将连续出版物题名中随期/逐年而变的年份、届次等挪后著录。其中，年份若是非公元纪年则依原题，若是公元纪年则可采用阿拉伯数字（如《1991年中国国情报告》和《一九八九年上海文化年鉴》，可分别以"中国国情报告. 1991"和"上海文化年鉴. 1989"为标目）。

根据上述两种情况规范出来的题名标目，必要时需做一条题名说明参照（详见本章第四节）。

二、个人责任者检索点的选取及标目形式的选择

（一）个人责任者检索点的选取

在《中国文献编目规则》中，个人责任者检索点的选取规定主要有：①凡著作的创作者，即对著作的知识和艺术内容负有主创责任的著者、主编、

画家、书法家、雕刻家、摄影者、作词者、作曲者、地图绘制者、文件制订者、信息资源制作者、影视作品编导者、主要演员、作品口述者等,均应选作检索点;②凡对著作的知识和艺术形式进行加工整理或再创作的责任者,如注释者、翻译者、编辑者、编译者、校点者、校订者、修订者、整理者、绘图者、监制者、记录者等,可视其作用大小选取部分或全部作为检索点。另外《中国文献编目规则》还规定:①著作出版机构及其责任编辑、封面设计者、书籍装帧者等一般不选作检索点,但珍本、善本或特殊文献的刻书者、出版发行者等可视其影响大小和实际需要选部分或全部作为检索点;②著作的收藏者、校阅者等一般不选作检索点,但珍本、善本或特殊文献的收藏者、批校题跋者可视其影响大小和实际需要选部分或全部作为检索点。

按照以上规定选取出来的个人责任者检索点也分个人责任者主要检索点和个人责任者次要检索点。在中文手工编目中,个人责任者主要检索点的一般情况是:①题名与责任说明项中的第一责任说明为一个人;②题名与责任说明项中列于第一责任说明首位的那个个人;③版本项中的与本版有关的第一责任说明为一个人或列于版本项与本版有关的第一责任说明首位的那个个人;④题名与责任说明项中没有责任说明,但通过其他来源获得并著录于附注项中的第一个个人。个人责任者主要检索点应著录于单元卡排检项责任者检索点的首位。

在中文手工编目中,个人责任者次要检索点的情况主要有:①题名与责任说明项或附注项中除责任者主要检索点以外的个人(含题名与责任说明项中第二合订文献的责任者,以及著录于附注项中的其他合订文献的责任者,以他们作检索点标目后款目可起分析著录的作用);②版本项中的与本版有关的其他个人责任者;③丛编项中的丛编个人责任者(以他们作检索点标目后款目可起综合著录的作用);④附注项中的目次个人责任者和附录个人责任者(以他们作检索点标目后款目也可起分析著录的作用)。个人责任者次要检索点会有多个,而且分析检索点的数量也可不限,著录单元卡排检项时应将它们依次著录于责任者主要检索点之后。

(二)个人责任者标目形式的选择

众所周知,我国汉族、回族和朝鲜族人出的文献,一般以姓 + 名的形式署名。其中,姓又有单姓和复姓之分,名又有单名和双名之别。我国蒙古族人名有的称姓有的不称姓,称姓时姓和名之间以中圆点连接(如"巴·布林贝赫"),而我国藏族、维吾尔族、哈萨克等近 20 个民族的人名只称名不称姓

（一般父子连名，即子名在前，父名在后，间或加入家庭名、封号、职业称谓等）。至于外国人姓名，日本、朝鲜、韩国、越南、新加坡、柬埔寨、匈牙利等国及世界各国的华人姓名，其形式与我国汉族人姓名相同（其中，柬埔寨人姓名之间也用中圆点连接，如"诺罗敦·西哈努克"，而匈牙利人汉译姓名仅以姓氏表示），而西方语言及东方语言中的印欧语系国家，以及南岛语系国家的个人责任者姓名，仅以汉译姓氏及姓名原文表示。

中编个人责任者的统一名称由主要成分和附加成分组成。其中，主要成分的类型和选择范围包括：①普通汉语个人责任者统一名称的主要成分包括其规范姓名、字、号、别名、笔名、艺名、网名等形式；②少数民族个人责任者统一名称的主要成分包括其汉化姓名或汉字音译姓名；③中国古代普通个人责任者统一名称的主要成分包括其本名、字、号或惯用称谓；④中国古代帝王将相个人责任者统一名称的主要成分包括其本名、帝号、谥号、庙号；⑤外国个人责任者中译名称的统一名称的主要成分包括其中译姓氏、中译姓名、汉化姓名及惯用译名；⑥佛道个人责任者统一名称的主要成分包括其本名、字、号及法名、法号、道名、道号、尊称等。

至于确定以上各类个人责任者统一名称主要成分的原则主要有：①一个人具有多个名称，应择其最为人熟知的名称形式（如周树人自1898年开始写作，至1936年逝世歇笔，近40年间先后使用的笔名达140多个，其中又以笔名"鲁迅"发表的作品影响为大，所以应用"鲁迅"为统一名称形式）；②一个人具有多个名称，但无法确定何者最为人熟知，应按在本人著作中最常见的名称、参考工具中最常见的名称、本人最近使用的名称顺序选取（如《经历》一书的著者署名"韬奋"，经查考，该韬奋即我国著名的新闻学家邹韬奋，所以该书应以"邹韬奋"为统一名称形式）；③一个人一般只有一个规范的标目形式，但个别著者若在不同的历史时期或不同的专业领域以不同的名称题署文献而且都很知名，可分别建立标目（如张光年作为文学评论家发表作品通常以其本名署名，以诗人身份发表作品则以光未然署名，而且两者都很知名，因此可分别建立标目）。由于个人责任者统一名称的情况复杂，具体详见《中国文献编目规则（第二版）》的22.2.4"各类个人名称标目的具体规定"。

使用上述原则选取出来的个人责任者的统一名称，有时还会出现异人同名之现象。为此，《中国文献编目规则（第二版）》在确定了个人责任者统一名称的主要成分后，还要求著录用于修饰和区分个人责任者主要成分的附加成分。个人责任者统一名称的附加成分包括个人责任者的生卒年、朝代、国别、民族、性别、外国人姓名原文、学科、职业、称号、籍贯、所属单位及其他由编目员推断的信息等。上述各类附加成分著录在个人责任者统一名称的主要成分之前和/或之后，并用圆括号括起。若一主要成分的附加成分内容较多，可视出现的位置将其一并著录在一个圆括号内，并在各附加成分之间间一空格。例：

　　叶兆言（1957 – ）

　　（清）章学诚（1738 – 1801）

　　（美）杨二车娜姆（女 1970？ – ）

　　（美）爱因斯坦（Einstein，Albert 1879 – 1955）

　　按照上述附加成分以及前述①、②条个人责任者统一名称主要成分确定原则确定的个人责任者标目，必要时还需对其原名称做一单纯参照，以将读者从不用作标目的责任者名称引向用作标目的责任者名称；按照上述附加成分以及前述第③条个人责任者统一名称主要成分确定原则确定的个人责任者标目，必要时还需对其做一相关参照（详见本章第四节），以使读者扩大检索范围和产生联系。

三、团体责任者检索点的选取及标目形式的选择

（一）团体责任者检索点的选取

　　中编团体责任者包括党政机关、科研机构、文化教育部门、企事业单位、群众团体、国际组织及各种会议、展览会等。据此，《中国文献编目规则（第二版）》将团体责任者细分成一般团体名称和会议名称两大类。除会议名称在与会议相关的决议、决定或以会议录形式出现的报告、文件、论文集、资料汇编等文献中选作检索点外，一般团体名称可在以下类型的文献中选作检索点，即：①记载团体内部管理及行政事务的文献（如某团体的工作计划、年度总结、财务报告、人事资料等）；②记载团体集体思想的文献（如党政纲领、宣言、报告、声明等）；③记载团体集体活动的文献（如会议录、调查与考察报告、展览会及各种活动的记录资料等）；④属于国家机构团体的出版物（如声明、公报、法律、法规、条例、条约、协议、协定、制度、规定、标准、司法判例等）；⑤记载演出团体集体活动的视频、音频资料以及演出的文字资料等；⑥出自一个团体的测绘制图资料（该团体不只是负责文献的出版或发行，如还对文献的绘制等负责）；⑦以团体署名的学术著作以及百科全书、辞典、年鉴、手册、书目等大型工具书；⑧以国家党政领导人署名的党

政机关出版物。团体/会议名称在以上文献中一般以颁布者、批准者、起草者，主办者、主编者、编辑者，主持者、策划者、测绘者等形式出现。

按照以上规定选取出来的团体责任者也分团体责任者主要检索点和团体责任者次要检索点。在中文手工编目中，团体责任者主要检索点的一般情况和著录位置，与个人责任者主要检索点同；团体责任者次要检索点的情况和著录位置，与个人责任者次要检索点同。需要指出的是，团体责任者名称若由一文献的题名后加"编写组"、"编委会"或"编辑部"等形式构成，一般不将它们选作检索点和做标目，尽管著录时可以照录。例：

急腹症 X 线诊断学/《急腹症 X 线诊断学》编写组编

图书馆杂志/《图书馆杂志》编辑部

但若上举两例的责任者名称冠有机构名称，如"第二军医大学《急腹症 X 线诊断学》编写组编"、"上海图书馆《图书馆杂志》编辑部"，则可将其选作检索点和做标目。其次，题名与责任说明项中若含会议名称或有"本社编"等字样，可将其中的会议名称或具体的出版者名称选作检索点并做标目。

（二）团体责任者标目形式的选择

如前所述，统一标目中的统一名称除了涉及文献的个人责任者，也涉及文献的团体责任者。《中国文献编目规则（第二版）》对团体统一名称确定的原则，也与前述个人责任者统一名称的主要成分的确定原则大同小异，即：①团体机构同时具有两个及其以上的名称，应选择其中最著称者为统一名称；②对一机构的两个及其以上的名称无法确定其著称者，则依团体责任者在其出版物中最常用的名称、各种参考信息源中最常用的名称顺序选取其统一名称；③对同一团体履行不同职能所使用的不同名称或机构改名，应分别建立统一名称（如"北京图书馆"现改为"国家图书馆"，凡以这两个不同责任者名称出版的文献，应分别选择"北京图书馆"和"国家图书馆"为其统一名称）。具体细则详见《中国文献编目规则（第二版）》23.2.4"会议名称标目"，以及 23.2.3"各类型团体机构名称标目"（含中央国家机构名称标目，地方国家机构名称标目，政党组织与政治团体名称标目，国家军事机构名称标目，群众团体、科教文卫机构及企事业单位名称标目，中国宗教团体及寺庙、道观、教堂名称标目，历史上的团体机构名称标目，国际组织或外国团体名称标目，以及职务名称标目等）。

为消除和/或区分同名现象，团体责任者的统一名称与个人责任者的统一名称一样，必要时也可加著其附加部分。其中，一般团体统一名称的附加成分主要包括在主要成分之前用圆括号著录的朝代或国别，在主要成分之后用圆括号著录的地理名称、时间限定和其他说明词语（当一个圆括号内的附加成分有两个及其以上时，其间间以冒号）。例：

（元）司农司

（美）读者文摘编辑部

法门寺（西安）

日本经济研究所（上海：1980 － ）

国家主席（1993 － 2003：江泽民）

团体中的会议统一名称，其附加成分主要包括会议的届次、日期和地点等，而且均在主要成分之后用圆括号括起著录。例：

香港国际电影节（11：1987）

世界大学生运动会（11：1981：都灵）

全国人民代表大会全体会议（10 届 2 次：2004：北京）

同样，按照上述附加成分以及前述①、②条团体统一名称确定原则确定的团体责任者标目，必要时还需对其原名称做一单纯参照，以将读者从不用作标目的团体名称指向用作标目的团体名称；按照上述附加成分以及前述第③条团体统一名称确定原则确定的团体责任者标目，必要时还需对其做一相关参照，以使读者扩大检索范围和产生联系。与个人责任者标目有所不同的是，团体责任者在有些情况下还需对其标目做一说明参照。

第三节　中文主题编目的检索点选取

主题编目（Subject cataloging）主要通过分析受编文献所论述的主题内容来揭示其内容特征，它以主题标引和文献分类及编制相应款目的工作为重点。① 用《国际编目原则声明》的话来说，主题编目也是编目工作的一个部分，但用于提供受控的主题词和/或分类号。② 由于中文主题编目的检索点均取自规范的主题词表和分类法，所以本节主要论述中文主题编目检索点的选取；又由于检索点的选取在中文主题编目中通常称之为"标引"，所以本节主

---

① 王松林编著．现代文献编目．书目文献出版社，1996

② IFLA Cataloguing Principles：the Statement of International Cataloguing Principles（ICP）and its Glossary in 20 Languages．http：//www. ifla. org/en/publications/statement － of － international － cataloguing － principles

要论述中文主题编目中的文献主题标引和文献分类标引。

一、中文主题编目中的文献主题标引

（一）文献主题标引的工作流程

中文主题编目中文献主题标引的工作流程，主要包括查重、主题分析、选择标引方式、主题概念转换、确定主题标识、标引记录和标引结果审核。

● 查重的目的一是可以参考、利用文献相同研究对象与主题概念的原主题标识，二是防止同一主题概念出现多种表达和/或组配方式，以减少标引的误差，保证文献标引的一致性，提高文献标引的效率。

● 主题分析的目的是查明文献中的内容和专业性质，确定其情报价值和适用范围，其基本步骤包括：文献审读、主题概念的提炼、隐含主题的分析以及主题概念的取舍。

● 选择标引方式是指针对文献的情报价值和文献机构服务对象的需要，成本、效益等方面的考虑，以及为控制文献标引深度而采取的一种揭示文献内容的方式，具体可以概括为：整体标引（也称浅标引）、全面标引（也称深标引）、补充标引（也称分析标引）和重点标引（也称对口标引）等。

● 主题概念转换是指将主题分析阶段用自然语言表述的文献主题及标引方式，转用规范的叙词语言来表达，具体分主题概念的直接转换和主题概念的分解转换两种。其中，主题概念的直接转换指分析出来的主题概念可以直接转换成词表中相应的主题词；而主题概念的分解转换则指先将复杂的主题概念根据叙词表组配的要求分解成若干个基本概念，然后从词表中选取出与这些基本概念相对应的主题词，再按标引组配的规则将它们组合起来表达该复杂的主题概念。

● 确定主题标识即把主题概念转换出来的结果用书面形式表达出来，对选定的主题词进行分组、组配、拟定标题。

● 标引记录包括两方面的内容，即标引结果的著录（即把标引结果按照有关格式规定的要求进行著录）和对标引中遇到的重要问题及处理结果的记录（如主题词的增、删、改记录，自由词标引记录等）。

● 标引结果审核指为保证文献标引的质量、减少标引的误差，必须对标引的各个环节及最后的标引结果进行审核。标引结果审核一般按文献主题标引工作的步骤进行，具体包括：主题概念的提炼是否准确、全面，是否遗漏了隐含概念，标引方式的选择是否符合检索系统及文献类型的要求，选用的

查重

是否有相同文献的主题概念 —有→ 能否套用或参考该主题标引 —能→ 套用相同概念的标引用词

是否有相同文献的主题概念 —无→ 审读文献、确定主题概念

能否套用或参考该主题标引 —否→ 审读文献、确定主题概念

考虑第一概念进行概念转换

该概念能否用专指词标引 —否→ 该概念能否用组配词标引 —否→ 能否用上位词、靠词标引 —否→ 考虑新增词或自由词标引

该概念能否用专指词标引 —能→ 该词是否正式主题词 —否→ 选用正式主题词

该概念能否用组配词标引 —能→ 选择组配词

该词是否正式主题词 —是→ 是否有更确切的表达词

是否有更确切的表达词 —否→ 审核并著录标引结果 —否→ 是否还有待标引的概念

能否用上位词、靠词标引 —能→ 审核并著录标引结果

是否有更确切的表达词 —有→ 选用更确切的主题词 → 审核并著录标引结果

是否还有待标引的概念 —无→ 结束

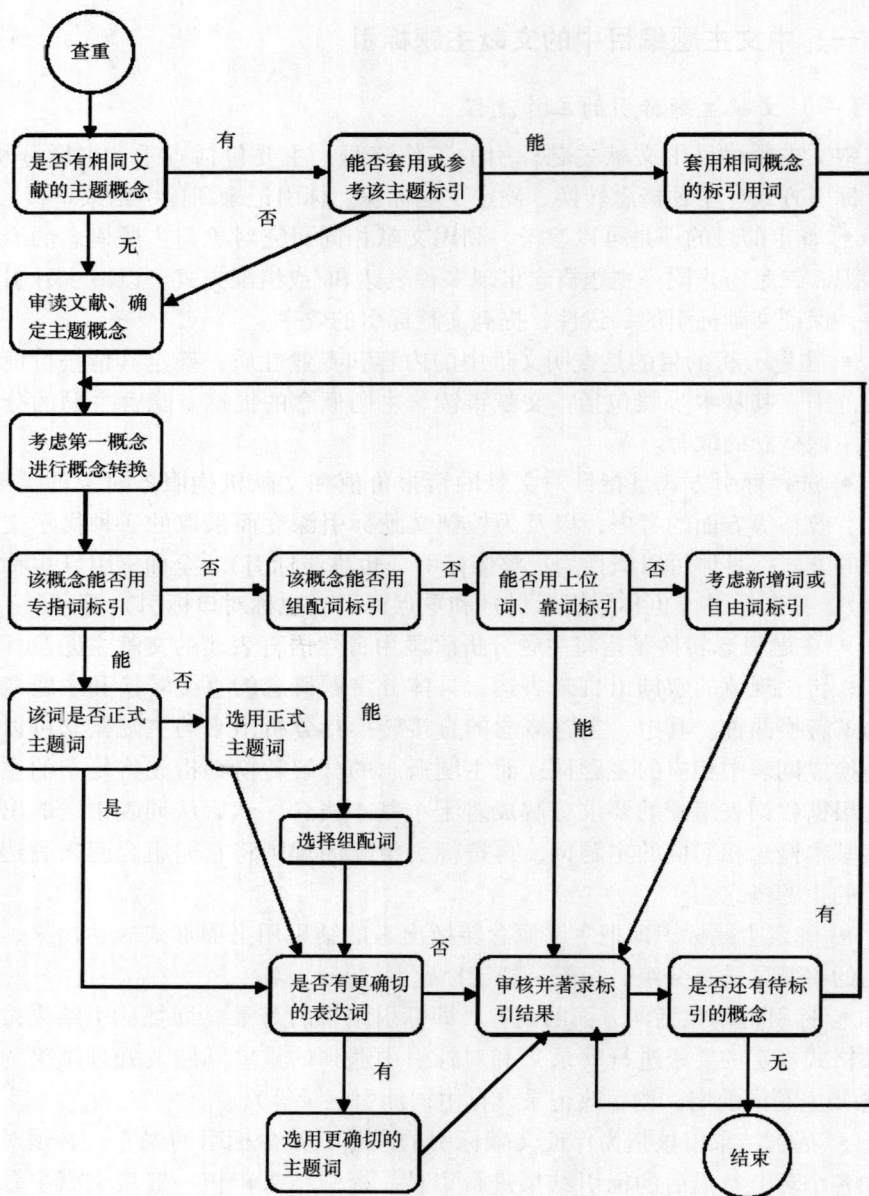

图 3 – 1　文献主题标引工作流程

主题词是否确切地表达了文献主题概念，主题概念的转换与主题标识的确定是否符合标引组配规定的要求，是否存在过度标引与标引不一致的问题，以及标引的记录是否准确等。①

（二）文献主题标引的工具

在中文主题编目文献主题标引中，除了各种专业叙词表（叙词表在我国又称主题词表）外，作为"748 工程"（汉字信息处理系统工程）配套项目并于 1979–1980 年出版的《汉语主题词表》，可谓是我国第一部影响最大的综合性叙词表。但由于《汉语主题词表》的篇幅过大、使用不太方便，这在一定程度上影响了它在我国主题编目文献主题标引中的推广和使用。而在《汉语主题词表》基础上编制的《中国分类主题词表》（以下简称《中分表》）一方面包含了前者的所有主题词，另一方面也使前者随着《中国图书馆分类法》的普遍使用而不断扩大其影响。

上述已经替代《汉语主题词表》功能的《中分表》是中文文献主题标引事实上的国内标准，也是我国一部非常成功的分类主题对照索引式一体化词表。《中分表》第 1 版于 1994 年编制成功，其第 2 版 2005 年出版时还一并研制开发了《中分表》第 2 版电子版及其编辑、维护管理系统。《中分表》第 2 版的印刷版与其第 1 版的印刷版一样，也含以下 2 卷，即第 1 卷"分类号 –主题词对应表"（共 2 册）和第 2 卷"主题词 – 分类号对应表"（共 4 册）。其中，第 1 卷的印刷版与其电子版的内容完全相同；而第 2 卷的印刷版则由于篇幅所限，省略了其电子版的部分内容，如主题词英译名、名称主题词（包括人名、团体机构名、题名）、类目对应的主题词串，并在主题词款目中不设"属"项和"分"项，而在族首词下采用等级关系全显示。②

《中分表》第 1 卷"分类号 – 主题词对应表"的印刷版是从分类体系到主题词对照的完整索引，含有《中国图书馆分类法》的 22 个大类、8 个通用复分表、大类中的专用复分表及其对应的主题词、主题词串、对应的注释和说明。即《中分表》的"分类号 – 主题词"对应款目由下列要素构成：①分类号、类名、类目注释；②对应的主题词和主题词串（非交替类的交替词改为双竖线，主题词串组配符号一律用"\"表示）。从此意义上讲，《中分表》的"分类号 – 主题词对应表"相当于一部增加了主题词以及主题词组配形式、

①　王松林．联合编目手册．军事科学出版社，2004

②　《中图法》编委会．《中国分类主题词表》（第二版）及其电子版手册．北京图书馆出版社，2006

对应注释与说明的新版《中国图书馆分类法》，以及一部以《中国图书馆分类法》体系组织而成的《汉语主题词表》的分类索引。

《中分表》第 2 卷"主题词－分类号对应表"的印刷版是《中分表》从主题词到分类号的对照索引，含 110，837 个正式主题词和 35，690 个非正式主题词（入口词）。即《中分表》的"主题词－分类号"对应款目由下列要素构成：①主题词；②主题词的含义注释及语义参照（族首词下采取等级关系全显示，族内词语义参照省略"属"、"分"参照）；③对应的《中国图书馆分类法》分类号（包括正式分类号和交替分类号，类目复分用加圈的阿拉伯数字表示）。从此意义上讲，《中分表》的"主题词－分类号对应表"相当于一部以《中国图书馆分类法》类号为范畴号的《汉语主题词表》，以及一部主题词表式的《中国图书馆分类法》类目索引。

总之，《中分表》是一种分类主题一体化的标引工具，既可用于文献分类标引，也可用于文献主题标引，并可以使文献的分类标引与主题标引结合起来一次完成。其次，使用《中分表》进行文献的分类标引或主题标引时，既可从"分类号－主题词对应表"入手，也可从"主题词－分类号对应表"入手。例如若从"主题词－分类号对应表"入手进行主题标引，需要先将文献的主题按主题分析的要求分解成各个主题因素，并正确概括文献的内容、提炼其主题概念，然后在词表中利用检索功能查找相应的主题词；如果"主题词－分类号对应表"中已存在与该文献主题因素相一致的主题词或主题词串，则可将其直接作为标引主题词，否则要进行组配标引、上位标引、靠词标引。再如若从"分类号－主题词对应表"入手进行主题标引，其基本步骤是：首先确定该文献的主要类号、次要类号；其次在分类号所对应的主题词中选择与该主题直接相关的主题词（串）进行主题标引；如果与分类号对应的主题词还不足以描述文献的主题，再从其他角度查找合适的主题词进行标引。需要指出的是，从"分类号－主题词对应表"入手所查出的主题词（串）对于文献的主题往往不够专指，必要时可根据标引专指度要求查出其他主题词并进行组配；对于主题词后带"各国"、"各种"、"按…分"等概括性限定词的，更应根据文献的具体内容替换成专指词进行组配标引。

另外，为各文献机构学习、掌握和使用《中分表》，提高文献主题标引和文献分类标引的质量，《中国图书馆分类法》编委会曾组织编写过《〈中国分类主题词表〉标引手册》。《中分表》第 2 版及其电子版出版后，《中国图书馆分类法》编委会又组织编写了《〈中国分类主题词表〉（第二版）及其电子版手册》。《〈中国分类主题词表〉（第二版）及其电子版手册》全面论述了

《中分表》印刷版和电子版的编制理论、体系结构及功能，同时还结合文献信息机读标引工作的实际，详细分析了利用《中分表》对各类主题、各类文献、各类学科文献进行标引的方法。其次，该手册还附有大量的机读标引实例，是应用《中分表》进行分类－主题一体化标引和检索的规范指南，因而也是编目员手中的必备工具。

（三）　文献主题标引的原则

中文主题编目文献主题标引的规则很多，包括中文文献主题标引的选词规则（含标引词书写规则、标引选词顺序、增词原则等）、中文文献主题标引的组配规则与组配词序（含组配规则、组配词序等）、中文单主题文献的标引规则（含单元主题标引规则、复合主题标引规则等）、中文多主题文献的标引规则（含并列关系多主题标引规则、从属关系多主题标引规则、相互关联多主题标引规则等）、中文各类文献的主题标引规则（含各学科文献的标引规则、各种文献类型的标引规则）等。本节主要论述建立在这些规则之上的主题标引的基本原则。

中文主题编目文献主题标引的基本原则主要有：

● 学科性原则。文献的学科内容、研究对象是文献主题标引的主要依据和对象，文献的空间、时间、类型等一般只作为文献主题标引的次要概念和次要对象。

● 客观性原则。文献主题标引要客观地揭示出文献所研究或所论述的对象的主题概念，编目员应避免主观臆断，不掺杂个人的观点和褒贬。

● 准确性原则。准确性原则要求在文献主题分析时要准确理解文献内容的实质，正确把握文献的中心主题、次要主题、隐含主题，以及它们的情报价值和适用范围。其次，准确性原则还要求编目员要用准确的概念描述主题分析的结果，并用准确的主题词加以转换。

● 全面性原则。全面性原则要求编目员要将文献中有价值的情报内容予以充分地揭示和标引，并根据文献的实际内容、检索系统的性质确定合适的标引深度。

● 专指性原则。专指性原则要求在表达文献主题概念时，应选用词表中与该主题概念的内涵与外延最相符、最专指的主题词进行标引。主题词越专指，描述主题概念越精确，检准率就越高。需要指出的是，当词表中存在相应的专指主题词时，不得使用组配标引或上位词以及下位词标引。

● 实用性原则。实用性原则指文献主题标引时要根据文献机构的学科设置、科研任务，读者用户的需求特点、检索习惯，有重点、有针对性地选择标引方式和标引深度。

- 一致性原则。一致性原则要求应尽量使主题内容相同的文献或不同文献中的相同主题内容取得比较一致的标引结果，以保证相同主题的文献在检索系统中取得相同的检索标识，提高检索效率。其次，还应严格遵守标引程序和规则，保证文献主题分析的一致性，使用标引方式的一致性，主题概念转换的一致性，主题词组配及词序的一致性。最后，分散著录的多卷书、丛书的主题标引要采取相应的查重措施，以保证标引结果、标引风格的一致性。

最后需要强调的是，文献主题标引时，如词表中的正式主题词不能准确完整地描述和表达文献概念时，可用自由词标引来作为补充。自由词可从文献的题名、目次、摘要或正文，以及用户检索词积累数据库、其他词表、参考工具书中选择，必要时甚至也可以由编目员自行拟定，但选用的自由词必须做到概念明确、语义专指、词形简练、实用性强。其次，使用自由词标引后，应该予以记录，并将其反馈到相应的词表管理部门。至于采用自由词标引的有关规定，详见我国 GB/T 3860 – 2009《文献主题标引规则》。①

二、中文主题编目中的文献分类标引

（一）文献分类标引的工作流程

与文献主题标引工作一样，中文主题编目中的文献分类标引工作也是一项十分细致而复杂的思维劳动过程，它要求编目员不仅要有较高的文化水平和广博的知识面，而且还要有很强的工作责任心，特别是要熟悉并掌握分类法的结构体系、编制原理、各具体类的类目设置、类目的涵义、类目间的关系、标记制度的特点及其使用规则等，以做到在全面分析与准确提炼文献主题的基础上正确归类。

中文主题编目文献分类标引工作流程包括文献分类查重，文献内容分析，确定文献主题，归类、给号和分类复核。

- 文献分类查重即对新到馆的文献，利用计算机检索系统在本馆数据库和联合编目数据库查清它与入藏文献的关系，即是否为入藏文献的复本（书名、作者、版次完全相同）或不同版本（包括不同的译本、不同的版次、多卷书的不同卷次或续编、不同的载体形式等）。如果是复本，则将该文献的索

---

① GB/T 3860 – 2009 文献主题标引规则. 中国标准出版社，2009

书号抄上，然后予以加工处理即可；如果是不同版本的文献，除了抄上原文献的分类号外，还要在书次号后加上版本号；如果经查重确认是新文献的，则要对其按以下程序进行分类标引。总之，文献分类查重的目的是保证同一主题的文献归入相同的类目，某一文献的不同版本、不同卷册等能集中在一起，以避免分类标引的不一致以及重复劳动。

• 文献分类标引主要是揭示文献的内容，而文献内容又是极其错综复杂的，所以必须首先对文献的内容进行分析，查清文献的研究对象、学科或专业属性、作者的写作目的及其用途等。文献内容分析一般可通过下列几种方法：①分析题名（书名或刊名或篇名）。大部分文献的题名是作者对文献中心内容的概括及写作目的的表达，它对主题分析有着重要的参考价值，但也绝不能仅凭题名的意义来决定文献的类属，因为有的题名不能准确或直接反映文献的中心内容，这在科普读物和文艺作品中尤为多见。②阅读内容提要、浏览目次等。提要、文摘、目次等是了解文献内容的重要依据，通过阅读提要、文摘、序、跋及浏览目次、文内标题、图表、数据、实例、附录、参考文献目录等，可以把握文献的概貌，明确文献的内容范围和重点，弄清作者写作的目的、过程和编写的方法等。③涉猎全文。将全文简略地浏览一遍或有重点地阅读某些篇章，可以进一步了解文献论述的内容范围、重点及其学科属性等。④对于论题生疏，难于把握学科、专业内容的，要通过查阅有关参考工具书、集体讨论或请教专家等方式来解决。

• 在分析查明了文献的中心内容后，还要进一步分析文献内容的主题概念，提炼出文献的主要主题与次要主题、整体主题与局部主题、专业主题与相关主题、显形主题与隐含主题，即要确定最能体现文献本质属性或在内容中起主导作用的主题及需要予以揭示的次要属性主题。

• 确定了文献的主题后即可根据文献主要主题的学科属性及分类标引原则，结合本馆的需求在《中国图书馆分类法》中选定与之相符的类目，并确定相应的主要分类号；根据次要主题或相关主题，给出互见分类号或分析分类号，并作为分类检索标识。给号时，必须注意给号的正确性和完整性，既不能漏掉一个符号，也不能多一个符号，特别是必须按照分类表的类目说明用复分表加复分号。归类、给号时，也可参照利用分类标引的辅助工具——《中国图书馆分类法索引》和《中分表》，由类名或主题查得类号后，再与正表进行核对考证，选定恰当的类号。

• 在确定文献分类号后，一定还要进行复核检查，以保证分类标引的质量。复核的主要内容包括文献主题分析的是否正确充分，归入的类目是否准确，分类号组合是否合理，内容性质相同的文献是否归入同一类目等。如发现分类标引不当或前后不一致，应立即予以改正。使用在版编目（CIP）数据或套录联合编目中心机读数据时，要对其分类号进行审核，以确定本馆是否采用，以及是否增加新的互见分类号或分析分类号等。①

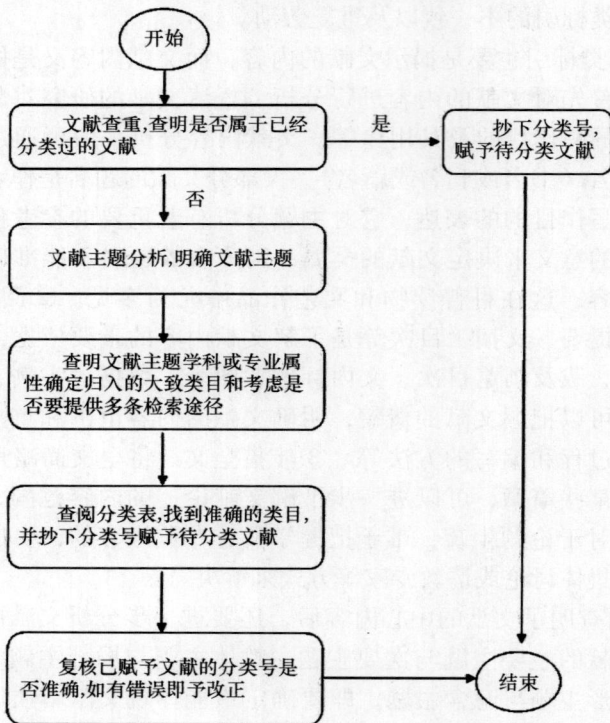

图 3-2　文献分类标引工作流程

（二）文献分类标引的工具

在我国，《科图法》和《人大法》虽然仍在使用，以及也可使用前述《中分表》进行文献的分类标引，但是一个不争的现实是，《中国图书馆分类法》（以下简称《中图法》）已成为我国文献分类法领域事实上的国家标准。即《中图法》目前已普遍应用于我国各类型图书馆，国内的主要大型书目、检索刊物、机读数据库以及 GB/T 5795-2002《中国标准书号》等也都要求

———————————

① 王松林．联合编目手册．军事科学出版社，2004

著录《中图法》的分类号。

　　《中图法》的编制始于 1971 年，并由中国科学技术出版社于 1975 年正式出版（时称《中国图书馆图书分类法》）。《中国图书馆图书分类法》问世后迅速在全国得到推广，并从 1999 年第 4 版起改称《中国图书馆分类法》（简称不变），英文译名为 Chinese Library Classification（缩写为 CLC）。30 多年来，《中图法》不断吸取国外分类法的编制理论和技术，先后进行了四次更新和修订，分别是 1980 年的第 2 版，1990 年的第 3 版，1999 年的第 4 版和 2010 年的第 5 版。

　　《中图法》第 5 版也以哲学、社会科学、自然科学作为人类知识领域的基本构成建立基本序列，并将作为社会主义分类法编制指导思想的"马列主义"（具有特藏性质）和结合文献特殊性设置的"综合性图书"作为基本部类，在此 5 大部类基础上再划分出以下 22 个基本大类：①

　　A 马克思主义、列宁主义、毛泽东思想、邓小平理论

　　B 哲学、宗教

　　C 社会科学总论

　　D 政治、法律

　　E 军事

　　F 经济

　　G 文化、科学、教育、体育

　　H 语言、文字

　　I 文学

　　J 艺术

　　K 历史、地理

　　N 自然科学总论

　　O 数理科学和化学

　　P 天文学、地球科学

　　Q 生物科学

　　R 医药、卫生

　　S 农业科学

　　T 工业技术

---

　　① 国家图书馆《中国图书馆分类法》编辑委员会编. 中国图书馆分类法（第五版）. 国家图书馆出版社，2010

U 交通运输

V 航空、航天

X 环境科学、安全科学

Z 综合性图书

《中图法》第 5 版的简表和主表也在上述 22 个基本大类的基础上进一步细分类目。即《中图法》第 5 版也是在以上 22 个基本大类的基础上，根据各类文献的特点，遵循从总到分、从一般到具体、从理论到实践的方式逐级展开，并根据不同学科门类的特点确立了不同的编制结构，以满足各学科、各专业文献的分类与检索需要。

其次，为了达到类目细分或形成新主题类号，以及为了缩小类表篇幅、增强标引和检索的灵活性，《中图法》第 5 版也普遍使用了分类法中的类号合成技术即组配技术，主要体现在：①编制各种类型的复分表（通用复分表和专类复分表），作为全表或某些类目组配细分的依据。其中，通用复分表在《中图法》第 5 版中共有 8 个，即"总论复分表"、"世界地区表"、"中国地区表"、"国际时代表"、"中国时代表"、"世界种族与民族表"、"中国民族表"和"通用时间、地点和环境、人员表"；专类复分表除在《中图法》第 5 版的主表中大量使用外，另在"总论复分表"和"中国地区表"这两个通用复分表中也各编列了一个。②采用部分类目仿照已列出的类目进行细分。类目之间的仿分更具灵活性，也可增加主类号细分的层次。《中图法》第 5 版运用的仿分有临近类目仿分和仿总论性类目分两种。③主类号之间使用冒号直接组配，合成新的主题，以表达分类表中未列举的较专指或较复杂的检索主题。

另外，为满足不同文献机构、不同文献类型分类标引和检索的需要，《中图法》在其发展过程中还逐渐形成了一个产品系列，包括：①满足不同规模文献机构使用的版本，如《中图法》、《资料法》、《中图法 · 简本》、《中图法 · 儿童图书馆、中小学图书馆版》等；②满足不同文献机构使用的版本，如《中图法 · 教育专业分类法》、《中图法 · 测绘学专业分类表》、《中图法 · 医学专业分类表》等；③满足不同文献类型使用的版本，如《中图法 · 期刊分类表》。除此之外，还有大量的非《中图法》编委会编辑的版本和工具书，这些都对完善《中图法》的外围系列，推动《中图法》的普及应用起了重要作用。

（三）文献分类标引的原则

文献分类标引的原则很多，包括单主题和多主题文献的分类标引原则，各种出版形式、编制体例文献的分类标引原则，新学科、新主题文献的分类标引原则等。本节重点论述贯穿于整个分类标引工作中通用的原则和方法即文献分类的基本原则。

文献分类的基本原则主要有：

- 学科或专业属性原则。文献分类标引首先必须以文献内容的学科或专业属性为主要标准，这是文献分类中最为重要的原则。唯有这样才能把众多的文献纳入既定的科学（知识）分类体系，按学科或专业属性聚类，形成分类法特有的系统检索功能。只有在按文献的学科内容分类不适用时，才能按文献的其他特征（如空间、时间、体裁等）来分类。

- 系统性和逻辑性原则。分类法是一个逻辑性的概念系统，每个类目的内涵和外延都受多种因素的限定，因此分类标引时必须仔细辨析类目的确切含义和范围，而不能孤立地理解其涵义。其次，分类法上下位类的从属属性、同位类的并列属性、类目涵义受类目体系限定的逻辑关系、总论与专论的处理原则等，都应体现在分类标引中。如凡能归入某一类的文献，一定也能归入其上位类。

- 专指性原则。文献分类标引必须符合专指性原则，要把文献分入恰如其分的类目，而不能分入范围大于或小于文献实际内容的类目。只有当分类表中无确切专指类目时，才能将之分入范围较大的类目（即上位类）或与文献内容最密切的相关类目。要区分总论与专论，不要将专论性的文献归入总论类。还要区分一般原理和具体问题，不要将研究具体问题的文献归入阐述一般原理的类目。

- 实用性原则。实用性原则是指文献分类要有针对性，即将文献归入对完成本机构的教学、科研任务最有利的类目。为此要根据文献的具体内容和实际用途（包括潜在的用途），结合本馆的性质、任务、服务范围、学科与专业特点、读者用户群的层次与需求特点等，并运用互见分类、分析分类等多种手段充分揭示文献中符合本馆读者需要的情报内容，在检索系统中提供必要数量的、切合实际需要的检索途径，以使文献发挥最大的作用。

- 一致性原则。文献分类标引必须遵循一致性原则，即要把内容相同的文献集中归入相同的类目，而不要分散于有关各类。遵守文献分类标引工作程序和相应的分类标引原则对保证文献分类标引的一致性是十分必要的，此外还可通过建立分类规范档把某类、某种难以确定类属的主题，人为地集中到某类，以避免编目员与编目员之间、甚至同一个编目员在不同的时间里对同一主题文献归类给号的不一致性。

  • 入"其他"类原则。《中图法》对一些没完全列举子目的类，有时设一"其他"子目，其目的是对未列类目的主题加以概括。所以，当一个文献的主题在分类法中找不到为它专列的相应类号，但可以判断它是某一类目的同位类时，可分入与其同位的"其他"类；只有在未设"其他"类时，才能分入上位类。即入"其他"类要优先于入上位类。

  • 多元标引原则。多元标引原则是指当文献的内容主题涉及多主题、多学科特征属性时，需要在多个学科类目中加以重复反映。即对论述两个或两个以上主题而涉及两个或两个以上类目的文献，除依其论述重点给出主要分类号外，还要以互见分类和分析分类方式对文献中所包含的重要信息或作者所强调的内容予以揭示，给出多个分类号。其中，互见分类又称附加分类，是指一种文献除按其全部内容或重点内容进行分类外，还要对其中的非重点内容，或因分类规则所限没有得以揭示的其他整体性内容进行分类（需作互见分类的文献主要有三种：一是文献内容具有多学科属性，二是文献中有若干个并列的主题，三是因分类法规定按某种形式集中文献，而不能揭示其学科属性者）；而分析分类是指对文献的局部内容所进行的分类，如对整套文献中的某一种或对文献单元中的某一知识单元所进行的分类。总之，多元分类标引可以增加检索途径，使文献得到充分的揭示和利用，因此是提高文献分类标引深度的主要手段。

第四节　标目的参照与控制

  中文手工编目的第一步是文献著录，第二步是款目检索点的选取及其标目，但在目录组织之前，以手检题名和/或责任者目录为例，它还不能解决以下问题：①编目员选用的款目标目一般是经加工过的规范标目（即统一标目），但如果读者不是从统一标目，而是从文献题名页或其他信息源上获取题名和/或责任者形式来查找文献怎么办？②文献的题名和/或责任者形式大多只有一个统一标目形式，但有些文献的题名和/或责任者可能另有其他的统一标目形式，怎样才能把事实上的同一题名和/或责任者形式联系起来？③与标目原则相关的目录组织是依特定文字的特定字顺，以及有关目录组织的规则来进行目录款目排列的，但一般读者可能不知道标目选取的有关原则或款目排列的有关通则怎么办？这些问题（含中文主题、分类目录中的类似问题）以及与之相关的标目规范控制问题就是本节所要论述的问题。

一、标目参照法

（一）参照法的意义与著录格式

参照法（References，简称"参照"，又称"参见法"或"引见法"），是手检目录组织中反映标目、标目之间以及目录组织等原则的手段。如前所述，手检目录中的参照按其性质可分单纯参照、相关参照和说明参照三种。

1. 单纯参照及其著录格式

单纯参照（See references）的作用主要是指引读者从不用作标目的词或类号去查找用作标目的词或类号。其著录格式为：

> 不用作标目的名称或题名或主题词或分类号
> 　见
> 用作标目的名称或题名或主题词或分类号

参照内容不多时，"见"字上下可各空一行。

2. 相关参照及其著录格式

相关参照（See also references）的作用主要是揭示某一标目或目录与另一标目或目录的关系与联系。其著录格式为：

> 用作标目的名称或题名或主题词或分类号
> 　参见
> 另一用作标目的名称或题名或主题词或分类号

参照内容不多时，"参见"字样的上下也可各空一行。

3. 说明参照及其著录格式

说明参照（Explanatory references）的主要作用是说明文献统一标目的有关原则与各种目录组织的有关规定。其著录格式为：

> 说明项目
> 　说明文字

以上三种参照格式与一般书目格式一样，也从卡片的自上往下的 1.5、从左往右的 2.5 厘米处开始著录。

（二）各种参照的具体编制

按其内容，参照也可分为文献题名参照、个人名称参照、团体名称参照、文献主题词参照和文献分类号参照。限于篇幅，本节仅对前三种参照加以说明。①，②

1. 题名参照

按其性质，题名参照可分题名单纯参照、题名相关参照和题名说明参照三种。实践证明，对某些多题名、多版本的文献，若做一张适当的参照既可替代许多附加款目，同时还能给读者用户带来诸多的方便。

2. 个人名称参照

按其性质，个人名称参照也分个人名称单纯参照、个人名称相关参照和个人名称说明参照三种。其中，个人名称单纯参照包括个人不同名称及名称不同形式的参照；个人名称说明参照一般用于同一个个人以三种及以上的名称标目的情况。

3. 团体名称参照

按其性质，团体名称参照也分团体名称单纯参照、团体名称相关参照和团体名称说明参照三种。其中，团体名称单纯参照包括会议的一般名称和特定名称、团体名称的不同形式、词首字母缩略词、数字、缩写词、不同的标目形式等参照；团体名称说明参照一般包括标目范围和数个标目等参照。

以上各类参照的编制除要遵循以读者/用户的检索需要为出发点、以文献的特征为著录对象、以规范的数据库为著录依据等编制原则外，还要注重其实用性和经济性。另外，凡是可以用附加款目替代参照的，应尽可能地采用附加款目之方法。例如李行健、刘叔新编著的《怎样使用词语》修订后出第二版时改名为《词语的知识和应用》，如果馆里这两个版本均已收藏，在对后者编目时与其做一"词语的知识和应用　参见　怎样使用词语"相关参照，不如设一以"怎样使用词语"为标目的附加款目更加实用；如果馆里仅收藏后一版本，对其编目时与其做一"怎样使用词语　见　词语的知识和应用"单纯参照，也不如设一以"怎样使用词语"为标目的附加款目更加实用。因

---

①　黄俊贵主编 . 中国文献编目规则 . 广东人民出版社，1996

②　富平，黄俊贵主编 . 中国文献编目规则 . 2 版 . 北京图书馆出版社，2005

为如前所述，参照不以揭示文献内容和形式特征为目的，且上面没有索取号的记载，所以读者/用户利用它既无法了解该文献的内容和形式特征，更无法"一步到位"地进行索取。何况参照需要另行编制，而附加款目的编制只需多印一张单元卡并对之进行相应标目即可。因而也更经济和实用。

二、标目的规范控制

（一）规范档及其款目著录格式

前面通过各种参照的编制，编目工作有效地解决了不用作标目的词和类号与用作标目的词和类号的查检问题、一统一标目和目录与另一统一标目和目录之间的联系问题，以及怎样向读者/用户提供标目原则和目录组织规则等问题。但是作为编目员，在为读者/用户提供检索方便的同时，也需将所确定的统一标目及其所编制的各种参照记录在案，以便日后对各种标目进行有效的控制。而将这样一批参照记录卡及其相应的参照（含说明参照）按照特定文字的特定字顺及有关目录组织规则单独组织起来，即可形成为统一款目标目而制作备查的文档——规范档。

规范档（Authority file）若按 IFLA 1984 年颁布的《规范与参照款目规则》（Guidelines for Authority and Reference Entries，以下简称 GARE）以及2001 年颁布的《规范记录与参照规则》（Guidelines for Authority Records and References，以下简称 GARR）可分为：①名称规范档（统一作为标目的个人、机关团体名称和标目中使用的行政区域名称及统一题名）；②丛编规范档（统一作为目录标目的丛编题名，并记录丛编或整套著录或分散著录的处理方法）；③主题规范档（统一作为目录标目的主题词）。限于篇幅，本节仅对第一种规范档而且重点是对其中的个人名称和团体名称的规范档进行阐述。

名称规范档由规范款目（或参照记录卡）、参照款目（含单纯参照和相关参照）和一般说明款目（即说明参照）组成。下面根据 GARE 和 GARR，将它们所用的标识符及著录格式介绍如下。①，②

---

① The Standing Committees of the IFLA Section on Cataloguing and the IFLA Section on Information Technology. Guidelines for authority and reference entries. London：IFLA International Programme for UBC，1984

② IFLA Working Group on GARE Revision. Guidelines for authority records and references. München：Saur，2001

1. 规范款目著录格式

规范款目（Authority record）共由七个著录项目组成，具体著录格式如下：

```
    规范标目
        ＝并列标目
    标目附注
        ＜单纯参照根查
        ＜＜相关参照根查
    编目员注释
    编目机关名称；编目条例或标准，日期
    国际标准规范数据号
```

通过规范款目可以看出，它的作用类似于书目款目中的排检项，即将目录中已做的有关单纯参照和相关参照集中起来成为标目工作的情况记录。

2. 参照款目著录格式

参照款目（Reference entry）共由三个著录项目组成，具体又分单纯参照和相关参照两种格式。

（1）单纯参照著录格式

```
    参照标目
    标目附注
        说明语
        ＞ 统一标目
```

（2）相关参照著录格式

```
    参照标目
    标目附注
        说明语
        ＞＞ 统一标目
```

3. 一般说明款目著录格式

一般说明款目（General explanatory records and entries）共由四个著录项目组成，具体著录格式如下：

> 说明标目
> 标目附注
> 编目机关名称；编目条例或标准，日期
> 国际标准规范数据号

（二）　规范与参照款目的具体编制

1. 规范款目的编制

根据著录单元的归类，前述规范款目的七个著录项目分别是规范标目项、标目附注项、单纯参照根查项、相关参照根查项、编目员注释项、数据来源项和国际标准规范数据号项。

（1）规范标目项

规范款目的规范标目项（Authority heading area）包括规范标目（Authority heading）和并列标目（Parallel heading）这两个著录单元，但后者只用于使用一种以上官方语言的国家编目机构，著录时前用等号标识（在单语种规范档内，并列标目也可按非规范标目处理，即作为单纯参照根查记录在规范款目中）。规范标目项中的规范标目即个人名称、团体名称（包括会议名称，下同）或文献题名的统一标目形式。与书目款目中的统一标目一样，规范款目项中的规范标目后也可加著各种附加成分，以区别形式相同但实质不一的个人名称、团体名称或文献题名。

（2）标目附注项

规范款目的标目附注项（Information note area）主要用于说明或解释规范标目与参照根查之间的关系，其内容包括说明或解释两个或两个以上个人名称标目之间的关系、机构及其名称的沿革变化、分卷/册题名标目与文献总题名标目之间的关系等。

（3）单纯参照根查项

规范款目的单纯参照根查项（See reference tracing area）理论上既可著录本馆已做单纯参照的非统一标目的个人名称、团体名称或文献题名，也可著录读者可能进行查找的非统一标目的个人名称、团体名称或文献题名，但作为具体馆的规范档一般只需著录前者，至多再将著者本名、团体原名或文献初版名著录出来。需要注意的是，单纯参照根查前使用小于号"＜"标识。

（4）相关参照根查项

规范款目的相关参照根查项（See also reference tracing area）著录本馆目录中另一用作统一标目的个人名称、团体名称或文献题名，即每一相关参照根查一般都是目录中现用的或保留的另一标目形式。需要注意的是，相关参照根查前使用两个小于号"＜＜"标识。

（5）编目员注释项

规范款目的编目员注释项（Cataloger's note area）著录与确定统一标目有关的信息来源、具体编目规则应用的参照、标目使用的限定、相似个人名称或团体名称标目的区分，以及对名称的形式提供选择等方面的说明，其作用是帮助编目员使用与修订统一标目或确定相关标目。其中，有关信息的来源应充分利用现有的各种工具书（如百科全书、传记和地理词典等）及各种参考资料（如书目、传记书目、书评索引及有关报刊等）。

（6）数据来源项

规范款目的数据来源项（Source area）著录该规范款目的编制机构（Name of national bibliographic agency）、建立统一标目所依据的编目条例或标准（Cataloguing rules or standard），以及款目编制的日期（Date）。其中，编制机构一般使用国际上易于识别的名称形式（如 British Library、Library of Congress），国内编目机构名称的代码可暂用《全国联合目录参加单位代码方案》中的中文简称（中编）或汉语拼音简称（西编）。国外编目条例或标准一般使用其简称，如 Anglo – American cataloguing rules（Second edition）使用 AACR2 替代，国内标准或条例可使用其国标号码或其他规定代码，例如《普通图书著录规则》、《连续出版物著录规则》、《地图资料著录规则》、《非书资料著录规则》、《中国文献编目规则》及《西文文献著录条例》的代码可分别使用 BDM、BDS、BDCM、BDNM、CNCR 和 CRWM，前用分号标识。编制日期可按 ISO 2041 – 1971 或 GB 2801 – 1983 规定的全数字日期表示法著录，前用逗号标识；规范款目内容修改后，应以最新的修改日期取代原来的日期，并在其前加著"改"或"rev."。

（7）国际标准规范数据号项

规范款目的国际标准规范数据号项（International Standard Authority Data Number area）仅著录国际标准规范数据号（International Standard Authority Data Number，简称 ISADN），ISADN 是专为便于国际间规范数据交换与控制之需

分配给规范款目及一般说明款目（见后）的唯一标识号。目前此号尚未分配，今后一旦分配采用，则需在该项著录，即先著录 ISADN，空一格后再著录具体的编号。在 ISADN 没有分配采用前，该项不妨先用来著录由地区或国家编目机构所分配的规范款目号，前冠分配机构代码。例：

茅盾（1896－1981）

原名沈德鸿，字雁冰

　＜朗损［笔名］

　＜玄珠［笔名］

　＜沈余［笔名］

　＜＜沈雁冰

中国现代文学家辞典

上海图书馆；BDM，1994－03－25

ST A94－10678

---

2. 参照款目的编制

　　规范档中的参照款目，如前所述，包括单纯参照和相关参照。这两种参照款目均由参照标目项（Reference heading area）、标目附注项（Information note area）和统一标目项（Authorized heading area）组成。其中，参照标目项和标目附注项的著录内容和著录方法与规范款目头两项的著录内容和著录方法基本相同；而统一标目项中的统一标目前的说明语，若是"见"或"参见"可予省略，其他的则可根据需要著录。其实这种参照与前述书目档（即文献目录）中的单纯参照和相关参照基本相同，只是著录格式不同和使用了另外的标识符（即单个大于号"＞"或两个大于号"＞＞"）。下对前面一例规范款目所做的参照款目各举一例：

　　（1）单纯参照款目

朗损（1896－1981）

原名沈德鸿，字雁冰

　　＞茅盾

（2）相关参照款目

> 茅盾（1896 – 1981）
> 原名沈德鸿，字雁冰
> 　＞＞沈雁冰

　　需要指出的是，规范档中的参照款目还可不用单独编制，而采用在规范款目中反映或与规范款目的根查进行组合。此外，在机读规范档中，参照款目（或记录）还可由规范款目（或记录）自动生成。
　　3. 一般说明款目的编制
　　规范档中的一般说明款目由说明标目项（Explanatory heading area）、标目附注项（Information note area）、数据来源项（Source area）和国际标准规范数据号项〔International Standard Authority Data Number area〕组成。其中，前两项的著录内容和著录方法与前述书目档（即文献目录）中的说明参照完全相同；后两项的著录内容和著录方法与前述规范款目中的后两项完全相同。换言之，一般说明款目是在说明参照的基础上加上规范款目的后两项内容构成的。例：

> 中华人民共和国国务院各部
> 凡中华人民共和国国务院所属各部编著的文献请从该部名称查
> 　起。如中华人民共和国文化部所编著的文献，请从"文"字
> 　查起；中华人民共和国国家教育委员会所编著的文献，请从
> 　第二个"国"字查起。
> 北京图书馆；BDM，1990 – 03 – 17
> BT A23410523

　　（三）规范档的建立及与书目档的联系方式
　　规范款目中的规范标目、参照款目中的参照标目以及一般说明款目中的说明标目，既是各自款目的第一著录项目，同时也是规范档款目的排列依据。如前所述，如果按照特定文字的特定字顺及有关目录组织规则将前述规范款目、参照款目及一般说明款目有序地排列起来，即可形成为统一款目标目而

制作备查的规范档。其实，组织规范档的同时也是检查其款目数据的合法性（Legality of data）、格式的合法性（Legality of format）、数据的准确性（Accuracy of data）、格式的准确性（Accuracy of format）及数据的完备性（Comprehensiveness of data）的契机。另在组织规范档时，还需高度重视款目标目的唯一性问题。因为在为某一个人名称、团体名称或文献题名选择统一标目时，一般难以发现它与其他个人名称、团体名称或文献题名的统一标目形式相同，而在组织规范档时这类问题就很容易发现。而一旦发现此类问题，则应对相应的标目形式进行附加说明，以便最终能将它们区分开来。其中，个人名称和团体名称统一标目的附加说明同前，而对标目形式相同的统一题名在后加著各自的出版者名称则是最能加以区分的方法之一。

　　其次，规范档一旦建立，还需对其进行不断的修订和维护，这方面的工作包括：①对已有的规范款目补充参照根查及编制相应的参照款目；②补充、修订原有规范款目与参照款目中的疏漏和错误；③当原规范名称需要改变时，应及时编制新的规范款目和参照款目。最后需要强调的是，尽管建立规范档的意义和作用十分巨大，但在目前情况下也切忌各文献机构盲目上马、一哄而上。即众多的中、小文献机构完全可以采取"拿来主义"的方针，即使一些大型的文献机构，也可采取"一馆为主、各馆补充"的方针，否则不仅容易造成浪费（建档工作是项耗资耗力非常大的工作），而且弄不好将会适得其反。

　　为统一款目标目而制作备查的规范档与书目档的联系方式，根据美国伊利诺伊州立大学伯格（Robert H. Burger）的归纳，大致存在以下三种：①

　　①书目档与规范档各自组织、各成系统，而且两者之间没有联系，即目录款目的统一标目不一定使用规范档中的规范标目，规范档中的规范标目对于款目的统一标目仅起参考作用，因而规范档不对目录标目起规范控制作用。这种联系方式，稍不注意也会在机读书目档与机读规范档中出现。其实在这两种情况下，规范档都形同虚设，失去了其存在的价值，是我们需要注意的问题之一。

　　②规范款目、参照款目和一般说明款目编制出来后不单独组织成规范档，而是作为公务目录的组成部分将它们组织到公务目录中。但这种联系方法不太适合于分立式公务目录，同时也不利于规范款目的管理与维护，最重要的是不利于其他馆员的使用，因为规范档不仅仅供编目员使用（这是主要的），

---

　　① 罗伯特·H·伯格著. 图书编目规范工作. 商务印书馆, 1993

同时也适合于采访人员、参考人员及特殊读者用户的使用，但若将它与公务目录一起组织无疑其他人员使用起来不很方便。

③规范档与书目档各自组织、各成系统，但两者之间的联系紧密，也即书目档款目中的统一标目必须采用规范档中的规范标目。但规范档单独组织时需要考虑以下两个问题：一是规范档的放置位置要便于所有使用和维护规范档的人员；二要配备足够大的空间，以适应随时间的推移而不断增长的规范档的扩展。另外，规范档应用专门的目录柜存放，并要做到井井有条、方便使用。

以上三种联系方式，在手工编目的情况下应当提倡和推广第三种联系方式，尽管这种联系方式和机读规范档与机读书目档联系相比还存在许多不尽如人意的地方（有关机读规范档的建立及其与机读书目档的连接，详见本书第四章第三节）。

第四章 CNMARC 格式及其 XML 化

　　本书第二章及第三章第二、第三节中所论述的、足以用于编制手检目录的著录和检索数据元素内容，若按我国目前的普遍做法即用 CNMARC 书目格式予以记录，如本书第一章所述，另还涉及其记录结构（实为框架格式）和内容标识符（实为执行格式）这两部分内容。因此本章在概述 MARC 这两种格式的基础上，重点对 CNMARC 书目和规范格式的内容标识符进行论述，并对 MARC 予以整体评价与展望。

第一节　MARC 格式概述

　　MARC（Machine – Readable Catalog，机读目录）是计算机编目的产品，指以代码形式和特定结构记录在计算机存贮载体上的、并用计算机进行识别和处理的目录，而且其所有的执行格式均都建立在其框架格式的基础上。

一、MARC 的框架格式

　　世界上的机读目录最先由美国国会图书馆于 1965 年开始研制。1966 年，由它生产出试验性磁带，并被称之为"MARC Ⅰ"。次年，美国国会图书馆又试验成功经改进过的"MARC Ⅱ"，并于 1969 年将它向全美发行英文图书机读目录磁带。

　　早在 MARC Ⅱ 格式的研制过程中，美国国会图书馆和参与该项工作的英国国家书目公司就已认识到机读目录交换格式的重要性，即机读目录交换格式不仅应有助于实现英美两国之间的目录数据交换，而且还应有助于实现在更大范围内的目录数据交换。为此，上述两家机构除将 MARC Ⅱ 格式各自申请为自己国家的标准外，同时还将该格式提交给国际标准化组织（ISO）。1971 年，美国国家标准学会（American National Standard Institute，简称 ANSI）批准 MARC Ⅱ 格式为美国国家标准，即 ANSI 39.2《文献目录信息交换用磁带格式》（Format for Bibliographic Information Interchange on Magnetic Tape）。1973 年，ISO 在审核 MARC Ⅱ 格式后，也将其定为国际标准，即 ISO 2709（其英文名称与 ANSI 39.2 同）。

ISO 2709 颁布后，许多国家（如澳大利亚、加拿大、丹麦、法国、德国、荷兰、意大利、挪威、瑞典和日本等）及一些国际组织情报系统的机读目录系统，均都采用了这一标准的框架结构。我国与之对应的国家标准是 GB 2901 -82 和 GB 2901 -92（其名称也与 ANSI 39.2 的译名同）。

需要强调的是，ISO 2709 分别在 1981 年、1996 年和 2008 年出了其第二、第三及第四版。出第二版时，ISO 2709 的名称依旧，但从出第三版起已将名称改称为《信息交换格式》（Format for Information Exchange）。考虑到我国现行标准 GB 2901 -92 依据的还是 ISO 2709：1981，以及从 2009 年起也据 ISO 2709：2008 在对 GB 2901 -92 进行修订，所以有必要对 ISO 2709：1996 和 ISO 2709：2008 这两个标准的内容都进行介绍。

ISO 2709：1996 共由四部分内容组成。其第一部分"范围"称：本标准不规定各单一记录的长度和内容，也不规定字段标识符、指示符和子字段标识符的具体含义，因为这些内容均由执行格式规定；本标准只是规定一种通用结构和框架，是专为数据处理系统之间进行交换而非专门为用作系统内部处理格式而设计的。

ISO 2709：1996 第二部分"引用标准"所引用的标准有 ISO/IEC 646：1991《信息技术——ISO 信息技术用七位编码字符集》，以及 ISO/IEC 10646 -1：1993《信息技术——通用多八位编码字符集（UCS）》的第一部分"结构与基本多文种平面"。

ISO 2709：1996 第三部分"定义"分别对记录、字段、子字段标识符、指示符、目次、记录头标、目次列表、分隔符、子字段、子记录、结构和字段标识符进行了定义。

ISO 2709：1996 第四部分"记录的交换格式结构"则给出一条记录的总体结构，并提供四种数据字段的可选结构，即（见图 4-1）：

ISO 2709：2008 也由上述四部分内容组成。其中，ISO 2709：2008 的第一部分"范围"与 ISO 2709：1996 的内容基本一致；ISO 2709：2008 的第二部分"引用标准"除了保留 ISO 2709：1996 中的 ISO/IEC 646：1991《信息技术——ISO 信息技术用七位编码字符集》，以及将 ISO/IEC 10646 -1：1993《信息技术——通用多八位编码字符集（UCS）》的第一部分"结构与基本多文种平面"替换成 ISO/IEC 10646：2003《信息技术——通用多八位编码字符集（UCS）》外，另外还增加了 ISO/IEC 6429：1992《信息技术——编码字符集用控制函数》；ISO 2709：2008 的第三部分"定义"除了对 ISO 2709：1996 中

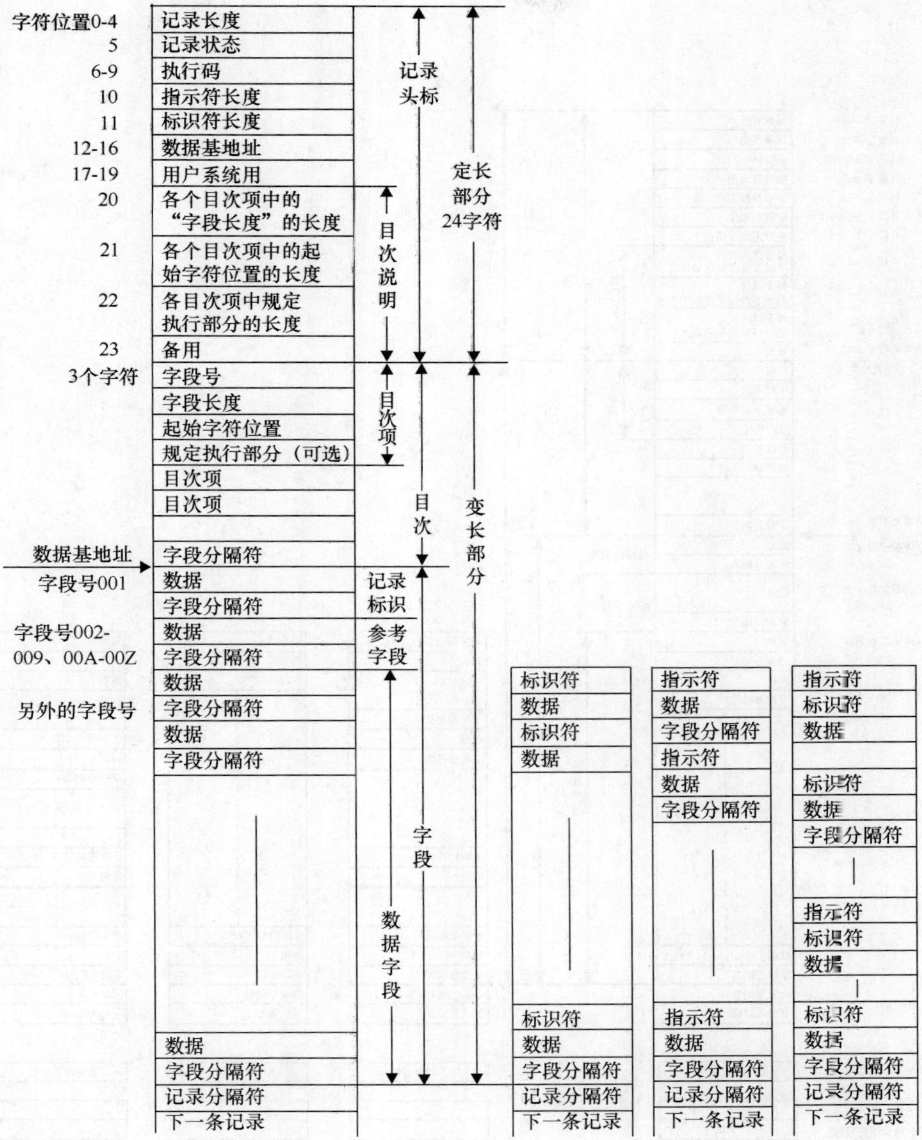
字符位置0-4
记录长度
5
记录状态
6-9
执行码
10
指示符长度
11
标识符长度
12-16
数据基地址
17-19
用户系统用
20
各个目次项中的“字段长度”的长度
21
各个目次项中的起始字符位置的长度
22
各目次项中规定执行部分的长度
23
备用
3个字符
字段号
字段长度
起始字符位置
规定执行部分（可选）
目次项
目次项
数据基地址
字段分隔符
字段号001
数据
字段分隔符
字段号002-009、00A-00Z
数据
字段分隔符
数据
另外的字段号
字段分隔符
数据
字段分隔符
数据
字段分隔符
记录分隔符
下一条记录
记录头标
目次说明
目次项
目次
定长部分24字符
变长部分
记录标识
参考字段
字段
数据字段
标识符
数据
标识符
数据
标识符
数据
字段分隔符
记录分隔符
下一条记录
指示符
数据
字段分隔符
指示符
数据
字段分隔符
指示符
数据
字段分隔符
记录分隔符
下一条记录
指示符
标识符
数据
标识符
数据
字段分隔符
指示符
标识符
数据
标识符
数据
字段分隔符
记录分隔符
下一条记录

图 4－1　ISO 2709：1996 中的记录总体结构

八位字节0-4 — 记录长度
八位字节5 — 记录状态
八位字节6-9 — 执行码
八位字节10 — 指示符长度
八位字节11 — 子字段标识符长度
八位字节12-16 — 数据基地址
八位字节17-19 — 用户系统使用
八位字节20 — 每个目次项字段长度部分的长度
八位字节21 — 每个目次项起始字符位置部分的长度
八位字节22 — 每个目次项执行约定部分的长度
八位字节23 — 备用
3个八位字节 — 字段标识符
字段长度
起始字符位置
执行约定部分（任选）
目次项
目次项

定长部分（24个字符）
记录头标
目次区说明
目次项
目次区

数据基地址 — 字段分隔符
字段标识符001 — 数据
字段分隔符 — 记录标识符
字段标识符002至009 — 数据
00A至00Z — 参考字段
字段分隔符
其他字段标识符 — 数据
字段分隔符
数据
字段分隔符
数据
字段分隔符
记录分隔符
下一条记录

变长部分
字段
数据字段

子字段标识符
数据
字段分隔符
子字段标识符
数据
字段分隔符
子字段标识符
数据
子字段标识符
数据
字段分隔符
记录分隔符
下一条记录

指示符
数据
安段分隔符
子字段标识符
数据
字段分隔符
字段分隔符
记录分隔符
下一条记录

指示符
子字段标识符
数据
子字段标识符
数据
字段分隔符
子字段标识符
数据
子字段标识符
数据
字段分隔符
记录分隔符
下一条记录

数据字段变通格式	第一种变通格式	第二种变通格式	第三种变通格式	第四种变通格式
指示符长度	=0	=0	>0	>0
子字段标识符长度	=0	>0	>0	>0

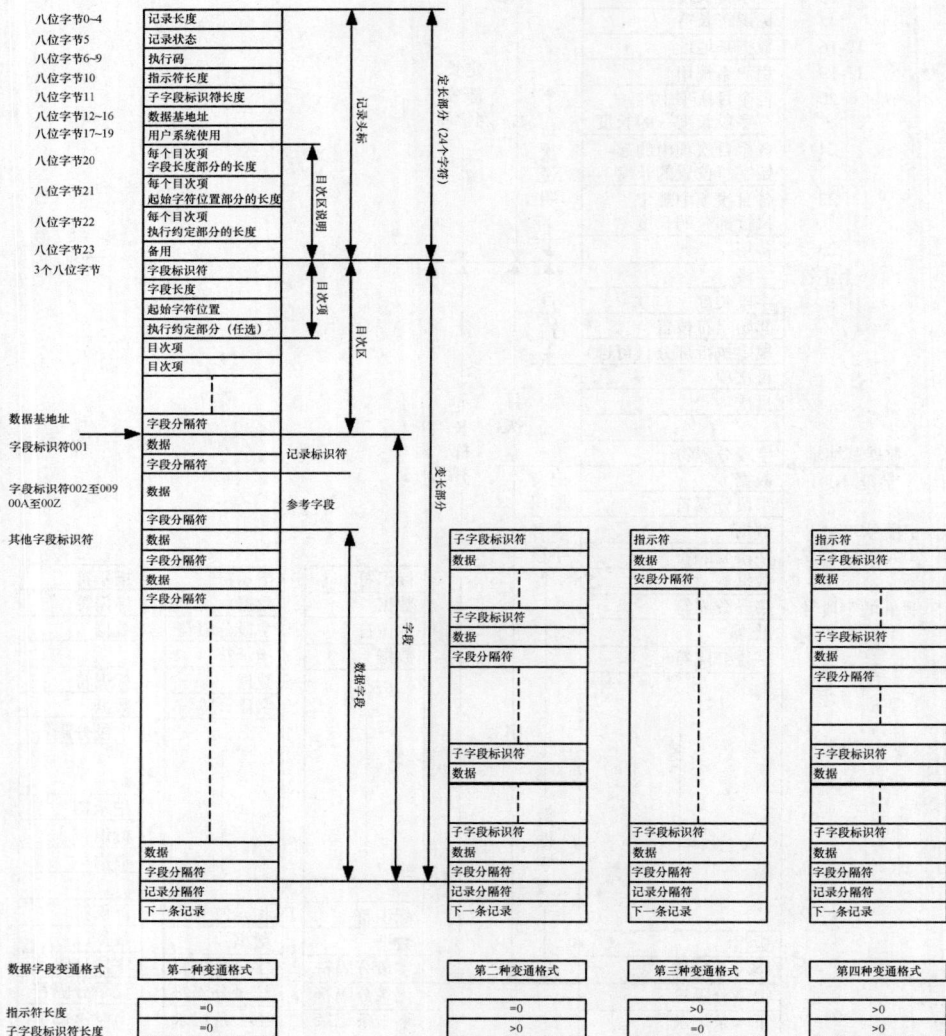

图 4 - 2　ISO 2709：2008 中的记录总体结构

原有的概念进行定义外，另外还对新增的字符、八位字节、数据字段、参考字段以及记录标识符字段等概念进行了定义；ISO 2709：2008 的第四部分"记录的交换格式结构"也给出一条记录的总体结构，也提供四种数据字段的可选结构，所不同的是它为了适应 ISO/IEC 10646 的要求，采用了 8 位 Unicode 传输格式（UTF－8）进行编码，即将长度单位改用了八位字节（octet），而不再采用 ISO 2709：1996 的字符概念。

概言之，①上述 ISO 2709 格式是构成文献著录单位的目录数据的总体组织和安排，这种组织和安排可以构成一条书目记录的总体框架，从而形成文献目录数据著录的框架格式（Framework format，也称 MARC 的物理格式）；②上述 ISO 2709 格式只是在最高层次上提出了一个能为大多数人共同接受的最低标准，即只规定了书目信息机读目录的逻辑组织原则与实施方法，规定了一个机读目录必须由头标区、目次区及可变长数据单元三部分构成，以及规定了头标区中各固定位置的含义、目次区的构成方法及标识符和分隔符的选取；③虽然上述 ISO 2709 格式能适应通用交换格式的要求，符合各类文献的目录记录，但不同类型的文献机构或系统还需根据自己的服务目标制订各自不同的执行格式。

二、MARC 的执行格式

MARC 的执行格式（Implementation format，也称 MARC 的逻辑格式）主要是在 MARC 框架格式的基础上规定其数据字段区的内容标识符。据 IFLA UBCIM 计划（即由 UBC 和 IMP 两项计划合并的"Universal Bibliographic Control and International MARC"）的调查，20 世纪 90 年代中期，在全球 60 个国家图书馆采用的机读目录执行格式中，有近半数的国家图书馆采用的是基于 USMARC 的格式，另有四分之一的国家图书馆采用的是基于 UNIMARC 的格式。直到目前，这个格局也没大的变化。

（一）USMARC 格式

前述 MARC Ⅱ由于主要是由美国国会图书馆研制的，所以又称 LCMARC，1983 年改称 USMARC 后内容也无大的变化。LCMARC 起初只是一种专供图书编目用的 MARC 格式，之后美国国会图书馆又相继开发出用于连续出版物编目的 MARC 格式、用于档案与手稿编目的 MARC 格式、用于计算机文档编目的 MARC 格式、用于测绘制图资料编目的 MARC 格式、用于音乐编目的 MARC 格式，以及用于视觉资料编目的 MARC 格式。自 1980 年起，美国国会图书馆将上述七种书目机读目录格式合成一套活页文献即《书目数据机读目录格式》（MARC Format for Bibliographic Data），并于 1987 年发行了其新版。需要说明的是，这两个版本的《书目数据机读目录格式》虽然在形式上是将前述七种格式合并了，但对不同出版物的具体规定仍然各自为政，以致存在格式之间不一、内容重复交叉等问题；另外，随着非常规形式、多媒体资料的日益增多，使用原有的格式已难以在一份记录中对之予以全面的反映。于是经过广泛深入的调查和讨论，美国图书馆协会机读书目信息委员会（Machine – Readable Bibliographic Information Committee，简称 MARBI）接受了格式一体化（Format Integration）的建议，并决定对原来的格式进行全面的修订。1991 年，美国图书馆界开始实施格式一体化。一体化后的 USMARC 在经美国图书馆协会 MARBI 和加拿大机读目录委员会（Canadian Committee on MARC）1998 年 6 月至 2000 年 7 月多次会议的修订后，最后正式更名为 MARC21。如前述 USMARC 一样，MARC21 也是一个系列执行格式，具体包括：

MARC21 Format for Authority Data（《MARC21 规范数据格式》）；

MARC21 Format for Bibliographic Data（《MARC21 书目数据格式》）；

MARC21 Format for Classification Data（《MARC21 分类数据格式》）；

MARC21 Format for Community Information（《MARC21 团体信息格式》）；

MARC21 Format for Holding Data（《MARC21 馆藏数据格式》）。

需要强调的是，上述 MARC21 格式并非一种新的 MARC 格式，而是原来 USMARC 与 CAN/MARC 进行统一与协调的产物。之后，MARC21 格式又与 UKMARC 格式进行统一与协调，导致英国也于 2001 年 8 月起开始全面采用 MARC21 格式。

（二）UNIMARC 格式

如第二章第一节所述，20 世纪 70 年代，IFLA 及其机构已将自己的工作重点开始转移到世界书目控制计划（Universal Bibliographic Control）上来。在这方面，IFLA 虽然做了许多工作，也颁布了多部 ISBD，但仍存在一些尚待解决的问题，其中一个十分重要的问题就是缺少一个标准化的内容标识符来赋予机读目录记录的数据标识（之前由于不同的机构均都根据不同的需要来确定各自的标识，从而导致各个系统机读目录格式的内容标识符各不相同）。为此，1971 年 IFLA 决定制订一个内容标识符的国际标准，并为此还专门组织了一个工作组。1976 年，由 Henriette D. Arram 和 Lucia J. Rather 起草的 UNI-MARC 格式文件提交该工作组作最后的审定。次年，UNIMARC 第一版正式问世，并取名为《UNIMARC：Universal MARC Format》（以下简称 UNIMARC）。

　　UNIMARC 的框架结构同样采用 ISO 2709 标准。与 USMARC 所不同的是，UNIMARC 一开始就想发展为用于所有类型资料的书目记录格式，尽管它的前两版（第二版是于 1980 年出版的）只是集中解决对专著和连续出版物的机编问题。之后，为了扩展至其他各类文献，UNIMARC 1987 年还出了新版。此外，新版 UNIMARC 还将原先分别单独出版的格式与手册合辑，统一取名为《UNIMARC 书目格式手册》（UNIMARC Manual：Bibliographic Format）。需要指出的是，早在 1980 年 UNIMARC 二版推出后，世界上就有一些国家将其已有的机读目录格式转换成 UNIMARC 格式（如美国国会图书馆在 1986 年起就开始并行发行 USMARC 和 UNIMARC 机读目录磁带），一些国家甚至将 UNIMARC 格式直接作为自己国家的机读目录格式。因此，1987 年的新版 UNIMARC 称："UNIMARC 也可作为发展新机读书目格式的模型"。需要指出的是，上述《UNIMARC 书目格式手册》1994 年还出了第二版。之后，IFLA 还对 UNIMARC 书目格式作过多次补充和修订，并还正式出版了与之配套使用的《UNIMARC/规范格式》、《UNIMARC/分类格式》及《UNIMARC/馆藏格式》等。[①]

　　如前所述，MARC 的执行格式主要是在 MARC 的框架格式基础上规定其数据字段区的内容标识符，所以 UNIMARC 格式与前述 USMARC 及 MARC21 格式的根本区别，主要在于其数据字段区中所用的内容标识符不同。在均衍生自 UNIMARC 相应格式的 CNMARC 书目和规范格式的数据字段区中所用的内容标识符，也指以识别数据元素或提供有关数据元素附加信息的编码，包括字段标识符、指示符和子字段标识符。[②],[③] 其中，字段标识符（Tag）是指用于标识各个字段的一组三位数字符号（也称字段号），如 001、010、100 等。由于 CNMARC 书目和规范格式均衍生自 UNIMARC 的相应格式，所以为加区分，CNMARC 书目和规范格式均规定，国内使用字段（即国内各系统在 UNIMARC 书目和规范格式基础上追加的字段）均使用含"9"的字段标识符（包括 − −9、−9− 和 9− − 字段，不过 CNMARC 书目格式尤其是 CNMARC 规范格式目前还未定义任何 9− − 字段）。指示符（Indicator）是指与变长数

　　① 蒋敏．UNIMARC 的发展及未来趋势//变革时代的文献编目：第二届全国文献编目工作研讨会论文集．国家图书馆出版社，2010

　　② 国家图书馆编．新版中国机读目录格式使用手册．北京图书馆出版社，2004

　　③ 中国国家图书馆起草．中华人民共和国文化行业标准．中国机读规范格式（WH/T 15—2002）．文化部印刷厂印刷，2002

据字段连用的两位字符（数字或符号），用于提供字段内容、记录该字段与其他字段的相互关系或某些数据处理时所需操作的附加信息，如##、1#、#0 等。子字段标识符（Subfield identifier）是指由两位字符组成的代码，用以标识变长字段中的不同子字段（CNMARC 书目和规范格式中的 \$9 也是在 UNIMARC 书目和规范格式基础上追加的本地子字段）。子字段标识符中的第一位字符为 ISO 2709 中规定的专用符号"IS1"（ISO 646（1/15 位），文本格式中表现为"\$"），第二位字符为字母或数字，如 \$ a、\$ b、\$1 等。

需要指出的是，本章第二节和第三节只是重点论述 CNMARC 书目和规范格式所用的内容标识符。有关 USMARC 及 MARC21 书目和规范格式所用的内容标识符部分可参本书第七章。

第二节 CNMARC 书目格式的内容标识符

如第一章所述，MARC 的内容标识符取决于编目条例和/或编目规则中的数据元素内容，所以本书在第二章及第三章第二、第三节中所论述的著录和检索数据元素内容自然就成了 CNMARC 书目格式的内容标识符标识基础。当然，CNMARC 书目格式的内容标识符另还涉及其自身所特有的一些数据元素内容。至于本书第三章第四节中所论述的的内容，则与 CNMARC 规范格式的内容标识符相关，具体详见本章第三节。

一、CNMARC 书目格式著录数据元素的内容标识符

CNMARC 书目格式著录数据元素的内容标识符主要包括 CNMARC 书目格式的著录信息块以及附注块的内容标识符。CNMARC 书目格式这两个功能块字段的内容标识符主要依据 ISBD 的著录内容来设置，所以只要了解 ISBD 的著录内容即可对号入座地对这两个功能块字段予以录入，但一般不在子字段的交界处或子字段的末尾处录入其著录用标识符。

（一）CNMARC 书目格式著录信息块的内容标识符

CNMARC 书目格式的著录信息块字段包括除 ISBD 附注项和标准编号与获得方式项以外的所有著录用字段。

1. 题名与责任说明字段

CNMARC 书目格式用于录入题名与责任说明方面信息的字段只有 200 一个。该字段为必备字段，不可重复。其指示符 2 未定义，指示符 1 定义为题

名检索意义指示符。其子字段共设 $a（正题名）、$b（一般资料标识）和 $c（其他责任者的正题名）等 13 个。

尽管 200 字段的指示符 1 赋 "1" 可以解决本字段第一个 $a 子字段的正题名检索问题，但若要对其他题名（包括各种并列题名、分辑题名及其他题名信息等）及 200 字段中录入的各种知识责任者进行检索，则需在后使用相应的 4－－、5－－和 7－－字段录入。

2. 版本说明字段

CNMARC 书目格式用于录入版本说明方面信息的字段只有 205 一个。该字段可重复，两个指示符均未定义，其子字段共设 $a（版本说明）、$b（附加版本说明）和 $d（并列版本说明）等 5 个。

若需对 205 字段中的各种知识责任者进行检索，也可在后使用相应的 7－－字段录入。

3. 文献特殊细节字段

CNMARC 书目格式根据所录文献的类型（所录文献的类型在该记录的头标区 06 字符位予以确定：赋 "a" 表示文字资料印刷品，赋 "b" 表示文字资料手稿，赋 "c" 代表乐谱印刷品，赋 "d" 表示乐谱手稿，赋 "e" 表示测绘制图资料印刷品，赋 "f" 表示测绘制图资料手稿，赋 "g" 表示放映和视频资料，赋 "i" 表示非音乐性录音资料，赋 "j" 表示音乐性录音资料，赋 "k" 表示二维图形，赋 "l" 表示电子资料，赋 "m" 表示多媒体，赋 "r" 表示三维制品和教具，赋 "u" 表示拓片），将文献特殊细节字段细分为 206、207 和 208 三个字段（原先的 230 文献特殊细节项：电子资源特征字段将随着 ISBD 对该著录项目的取消而废除，因此本节不予介绍）。

（1）206 字段

CNMARC 书目格式的 206 字段为文献特殊细节项：测绘制图资料——数学数据。该字段对测绘制图资料为必备字段，可重复，两个指示符均未定义，唯一一个 $a（数学数据说明）子字段用于录入测绘制图资料的比例尺、投影、坐标、平分点和纪元的文字说明。

206 字段只是用于款目内容的显示，而要对之相关内容进行检索，则可通过 120、122、123 和 131 编码数据字段。

（2）207 字段

CNMARC 书目格式的 207 字段为文献特殊细节项：连续出版物卷期编号。该字段不可重复。其指示符 1 未定义，指示符 2 定义为编号格式化指示符。其子字段设 $a（编号：年代或卷期标识）和 $z（编号信息来源）。

（3）208 字段

CNMARC 书目格式的 208 字段为文献特殊细节项：印刷乐谱的特定说明。该字段不可重复，两个指示符均未定义，子字段设 $a（印刷乐谱特定细节说明）和 $d（并列印刷乐谱特定细节说明）。

4. 出版发行字段

CNMARC 书目格式用于录入出版发行方面信息的字段有两个，即 210 和 211 字段。其中，210 字段为出版发行字段。该字段不可重复，两个指示符均未定义，子字段共设 $a（出版、发行地）、$b（出版者、发行者地址）和 $c（出版者、发行者名称）等 8 个。需要强调的是：若要提供出版地/制作地检索点，可用 620 字段录入出版地/制作地名称；若要提供出版者/制作者检索点，可用相应的 7－－字段录入出版者/制作者名称。

CNMARC 书目格式的 211 字段为预定出版日期字段，主要用于由出版者提供的信息生成预编记录。该字段不可重复，两个指示符均未定义，唯一一个 $a（预定出版时间）子字段采用八位阿拉伯数字录入，形式为 YYYYMM-DD。若月份和/或日期不详，则在月份和/或日期的字符位填空位。含有 211 字段的预编记录（该记录头标区只赋记录状态代码 "n"）若被编目系统所采用，应将原 211 字段删除并使用 210 字段录入编目实体出版发行方面的信息（此时还需将记录头标区的记录状态由 "n" 改为 "p"，并补录或修改记录头标区里的其他字符位代码）。

5. 载体形态字段

CNMARC 书目格式用于录入载体形态方面信息的字段只有 215 一个。该字段可重复，两个指示符均未定义，子字段设 $a（特定资料标识和文献数量）、$c（其他形态细节）、$d（尺寸）和 $e（附件）。

6. 丛编字段

CNMARC 书目格式用于录入丛编方面信息的字段只有 225 一个。该字段可重复。其指示符 2 未定义，指示符 1 定义为题名形式指示符。其子字段共设 $a（丛编题名）、$d（丛编并列题名）、$e（丛编其他题名信息）等 9 个。

需要注意的是：225 字段 $a 和 $i 子字段的丛编题名和分丛编题名可通过录入相应的 4－－字段检索，而 $f 子字段的个人或团体名称可通过录入相应的 7－－字段或嵌入在 4－－字段中的 7－－字段检索。

（二）CNMARC 书目格式附注块的内容标识符

现代手工编目中的附注内容在 CNMARC 书目格式中绝大部分采用相应的

3－－字段录入。CNMARC 书目格式的 3－－字段除少数附注（如 327 内容附注）外，大多没有预先规定的格式（即以自由行文的方式录入）。由于 3－－字段一般不做检索点，所以在 3－－字段录入的题名和/或责任者名称如果需要检索，需再通过录入相应的 4－－、5－－和/或 7－－字段（如果系统具备全文检索的功能，有些 3－－字段的内容也可不通过录入相应的 4－－、5－－和/或 7－－字段而自动建立索引进行检索）。此外，4－－字段和某些 5－－字段还有自动生成附注的功能（通过字段的指示符），此时也可不用录入相应的 3－－字段。

1. 通用附注字段

CNMARC 书目格式的通用附注字段共有两组，一组是 300－315 字段。其中，300 为一般性附注字段，301 为标识号附注字段，302 为编码信息附注字段，303 为著录信息的一般性附注字段，304 为题名与责任说明附注字段，305 为版本与书目史附注字段，306 为出版发行附注字段，307 为载体形态附注字段，308 为丛编附注字段，310 为装订及获得方式附注字段，311 为连接字段附注字段，312 为相关题名附注字段，313 为主题附注字段，314 为知识责任附注字段，315 为资料（或出版物类型）特殊细节附注字段。这些附注字段的共同点在于它们均可重复，两个指示符均未定义，且都只设一个 $a（附注内容）子字段。因此《新版中国机读目录格式使用手册》认为，如果不加细分，也可只用一个 300 字段来取代上述 301－315 中的任何一个附注字段。

CNMARC 书目格式的另一组通用附注字段包括 320 文献内书目/索引附注、324 原作版本附注、325 复制品附注、327 内容附注、330 提要或文摘附注、332 引文附注、333 使用对象附注、334 获奖附注、345 采访信息附注和 393 系统外字符附注等字段。下面只对这一组中最常用的几个通用附注字段作一论述。

（1）320 字段

CNMARC 书目格式的 320 字段用于录入文献内含有书目和/或索引的附注，有时也包括书目和/或索引所在的位置。该字段可重复，两个指示符均未定义，子字段只设一个 $a（附注内容）。

（2）327 字段

CNMARC 书目格式的 327 字段用于录入文献的目次内容。该字段可重复。其指示符 1 定义为完整程度指示符，指示符 2 定义为结构指示符。其子字段设 $a（附注内容）、$b（一级子章节）和 $c（二级子章节）等 11 个。

（3）330 字段

CNMARC 书目格式的 330 字段用于录入编目实体的提要或文摘附注。该字段可重复，两个指示符均未定义，子字段只设一个 $a（附注内容）。

2. 专用附注字段

CNMARC 书目格式的专用附注字段共有 10 个。这些附注字段，有的专用于古籍（如 316 现有副本附注、317 出处附注和 318 保护操作附注字段），有的专用于连续出版物（如 321 文献外索引、摘要和参考书目附注和 326 出版周期附注字段），有的适用于投影和音像资料（如 322 制作者附注和 323 演出者附注字段），有的适用于学位论文（如 328 学位论文附注），有的适用于电子资源（如 336 电子资源类型附注和 337 系统要求附注字段）。使用以上专用附注字段时，可参考《新版中国机读目录格式使用手册》有关内容。

二、CNMARC 书目格式检索数据元素的内容标识符

CNMARC 书目格式检索数据元素的内容标识符主要包括 CNMARC 书目格式的相关题名块、主题分析块以及知识责任块的内容标识符。这些功能块中的字段，大多带有 $3（规范记录号）子字段，说明通过它能与相应的规范记录链接。但若不用通过 $3 子字段或根本没有建立相应的规范记录，则应严格按照 CNMARC 书目格式检索数据元素的内容标识符予以录入。

（一）CNMARC 书目格式相关题名块的内容标识符

CNMARC 书目格式中的 4－－字段除用于连接记录或文献外，也可作为相应题名的检索点，但 CNMARC 书目格式的 5－－字段却专门用于检索除 200 字段第一个 $a 正题名以外而又通常出现在编目实体上的、与所编文献相关的各种题名（无检索意义的相关题名不用 4－－和 5－－字段而在相关的 3－－字段做附注即可）。与后述 4－－字段一样，CNMARC 书目格式中的 5－－字段除用于题名检索外，一般还可自动生成相应的题名附注（其导语可根据相应的字段标识符生成）。[①]

1. 统一题名字段

CNMARC 书目格式的统一题名字段共设 3 个，即 500 统一题名、501 作品集统一题名和 503 统一惯用标目字段，且均可重复。中文文献一般只用 500 字段即可，使用 501 和 503 字段的文献/信息机构可参考《新版中国机读目录

格式使用手册》。

　　500 字段的指示符 1 定义为题名检索意义指示符，指示符 2 定义为主款目指示符。我国统一题名若用 500 字段录入，其指示符 1 和指示符 2 一般赋"1"和"0"，即统一题名做检索点而不做主款目。500 字段的子字段共设 ＄a（统一题名）、＄b（一般资料标识）和 ＄n（分辑号）等 21 个。

　　2. 不同题名字段

　　CNMARC 书目格式的不同题名字段共设 8 个，即 510 并列正题名、512 封面题名、513 附加题名页题名、514 卷端题名、515 逐页题名、516 书脊题名、517 其他题名和 518 现代标准拼写题名字段。

　　上述 510 – 517 字段均可重复，其指示符 2 均未定义，指示符 1 均定义为题名检索意义指示符，所不同的是这些字段的子字段设置各有差异。需要说明的是：凡不能使用 510 – 516 字段录入的各种题名，如果需要检索均可使用 517 字段录入（包括各种副题名、分卷题名、装订题名、书套题名、函套题名和文献组成部分题名等）；由于其他题名情况复杂，使用 517 字段时有必要用 312 相关题名附注字段标示其题名类型。

　　源自 UNIMARC 书目格式的 518 字段一般用于外文早期的出版物（即外文古籍）。针对我国港澳台及广大海外地区现在仍用繁体字出版中文文献的现实以及客观著录的要求，不妨在 2 – – 字段用繁体字录入原用繁体字形式出现的题名等信息，然后再用 518 字段录入其标准简化汉字题名（如果 518 字段的内容与 500/＄a 子字段的内容相同，也可不用 518 字段）。518 字段可重复。其指示符 2 未定义，指示符 1 也定义为题名检索意义指示符。其子字段只设 ＄a（现代标准书写的题名）和 ＄9（现代标准拼写题名的汉语拼音）。

　　3. 其他相关题名字段

　　CNMARC 书目格式的其他相关题名字段共设 7 个，其中有 3 个字段专用于连续出版物，4 个字段适用于一般性文献。但这 7 个字段均可重复。

　　（1）适用于一般性文献的其他相关题名字段

　　CNMARC 书目格式适用于一般性文献的其他相关题名字段有 532 展开题名、540 编目员补充的附加题名、541 编目员补充的翻译题名和 545 分部/分栏题名字段。

　　正题名和/或识别题名有时含有导致排序问题的首字母缩略词、缩写词、数字或符号。由于它们不能正确地生或输出或增加记录的内容，所以应用 CNMARC 书目格式的 532 字段予以展于排序和检索。该字段的指示符 1 也定义为题名检索意义指示符，指示符 2 定义为展开类型指示符。其子字段只设

＄a（展开题名）和＄z（题名语种）。

CNMARC 书目格式的 540 字段用于录入编目实体上未出现、也不是统一题名的关键词题名或通俗题名。其指示符 2 未定义，指示符 1 也定义为题名检索意义指示符。其子字段也只设＄a（附加题名）和＄9（附加题名汉语拼音）。

CNMARC 书目格式的 541 字段用于录入编目员对编目实体上出现的题名进行翻译的译名。其指示符 2 未定义，指示符 1 也定义为题名检索意义指示符。其子字段共设＄a（翻译题名）、＄e（其他题名信息）和＄h（分辑号）等 6 个。

CNMARC 书目格式的 545 字段用于录入编目实体所属的分部/分栏题名（即单篇分析题名）。其指示符 2 未定义，指示符 1 也定义为题名检索意义指示符。其子字段只设＄a（分部/分栏题名）和＄9（分部/分栏题名汉语拼音）。

（2）专用于连续出版物的其他相关题名字段

CNMARC 书目格式专用于连续出版物的其他相关题名字段有 520 曾用题名、530 识别题名和 531 缩略题名。其中，520 字段适用于以前更名连续出版物的"新见旧"著录。即当更名连续出版物作为一个编目实体处理时，在反映现题名的记录上使用 520 字段录入该连续出版物的前题名。换言之，现时对更名连续出版物如果采用"重新著录"的方法可不使用 520 字段（即用后述 4 − − 字段）。如果使用 520 字段，其指示符和子字段的设置可参阅《新版中国机读目录格式使用手册》。

CNMARC 书目格式的 530 字段，其作用相当于前述 500 字段（识别题名即连续出版物的统一题名）。其指示符 2 未定义，指示符 1 定义为正题名异/同指示符。其子字段共设＄a（识别题名）、＄b（修饰信息）和＄j（与识别题名相关的卷号或日期）等 5 个。

CNMARC 书目格式的 531 字段用于录入连续出版物识别题名的缩略形式（其结构与 ISSN 国际中心制定的条例及 ISO 4 的规定相符）。根据 ISSN 中国中心的规定，中文连续出版物不做缩略题名（即可不用 531 字段），而在中国出版的西文连续出版物做缩略题名（即用 531 字段）。使用 531 字段时，请参阅《新版中国机读目录格式使用手册》。

（二）CNMARC 书目格式主题分析块的内容标识符

CNMARC 书目格式的主题分析块字段主要用于录入从不同主题词表和分

类法中选取出来的、用以描述文献主题内容的数据，其共同特点也是字段均可重复。

1. 主题标目字段

CNMARC 书目格式主题标目字段共设 12 个，即 600 个人名称主题，601 团体名称主题，602 家族名称主题，604 名称/题名主题，605 题名主题，606 论题名称主题，607 地理名称主题，608 形式、类型或物理特性标目，610 非控主题词，615 主题范畴（暂定），616 商标主题和 620 出版地/制作地检索点字段。其中又以 606 字段最为常用。

CNMARC 书目格式的 606 字段用于录入用作主题标目的普通名词或短语。其指示符 2 未定义，指示符 1 定义为主题词级别。其子字段共设 $a（款目要素）、$j（形式复分）和 $x（论题复分）等 7 个。

以个人名称作为主题款目要素时，CNMARC 书目格式采用的是 600 字段。该字段的指示符 1 未定义，指示符 2 定义为名称形式指示符。其子字段除有 606 字段 $j–$3 的子字段外，另外设有 $a（款目要素）、$b（名称的其他部分）和 $c（年代以外的名称附加）等 7 个。

以团体名称作为主题款目要素时，CNMARC 书目格式采用的是 601 字段。该字段的指示符 1 定义为会议指示符，指示符 2 定义为名称形式指示符。其子字段除有 606 字段 $j–$3 的子字段外，另外设有 $a（款目要素）、$b（次级部分）和 $c（名称附加或限定）等 8 个。

以家族名称作为主题款目要素时，CNMARC 书目格式采用的是 602 字段。该字段的两个指示符均未定义，其子字段除有 606 字段 $j–$3 的子字段外，另外设有 $a（款目要素）和 $f（年代）。

以文献题名作为主题款目要素时，CNMARC 书目格式根据有无著者分别采用 604（有著者）和 605 字段（无著者）。其中，604 字段的两个指示符均未定义，其子字段的设置与 4－－字段的嵌入字段技术同；605 字段的两个指示符也未定义，其子字段除有 606 字段 $j–$3 的子字段外，另外设有 $a（款目要素）、$h（分辑号）和 $i（分辑名）等 12 个。

以地理名称作为主题款目要素时，CNMARC 书目格式采用的是 607 字段。该字段的两个指示符均未定义，其子字段设置与 606 字段完全相同。

以商标名称作为主题款目要素时，CNMARC 书目格式采用 616 字段。该字段的两个指示符均未定义，其子字段除有 606 字段 $j–$3 的子字段外，另外设有 $a（款目要素）、$f（日期）和 $c（限定）。

以文献类型作为主题款目要素，即将前述 600–607 和 616 字段中的 $j

（形式复分）内容作为款目要素时，CNMARC 书目格式采用的是 608 字段。考虑到我国现有主题词表（如《汉语主题词表》）中缺乏文献类型方面的主题词，以及所有文献若都以文献类型提供检索点将会造成检索结果数量巨大的弊端，建议只将 608 字段用于那些具有版本特色的馆藏文献（如古籍善本等）。该字段的两个指示符均未定义，其子字段设置除与 606 字段一样外，还多设一个通常用于古籍的＄5（使用本字段的机构）子字段。

　　另外，以文献的出版地和/或制作地作为主题款目要素，CNMARC 书目格式采用的是 620 字段。该字段的两个指示符均未定义，子字段共设＄a（国家）、＄b（国家直辖行政区）和＄c（中级行政区）等 5 个。从其子字段的设置情况看，620 字段的作用与 102 字段同，只不过 102 字段对出版地/制作地采用的是代码形式，而 620 字段对出版地/制作地采用的是文字形式。

　　以上 600－608、616 和 620 字段的录入均要遵循一定的规范主题词表，但规范主题词表存在的弊端之一就是其内容的滞后性。针对日新月异的社会发展和科技进步，以及用户擅长使用关键词进行检索的特点，CNMARC 书目格式规定可用 610 字段，或在使用 600－608、616 和 620 字段的同时再用 610 字段录入非控主题词。610 字段的指示符 2 未定义，指示符 1 也定义为主题词的级别，只是比 606 字段的指示符 1 少一赋值"#"（无适用信息）。其子字段只设一个＄a（主题词）。

　　2. 主题分析字段

　　CNMARC 书目格式的主题分析字段共设 2 个，即 660 地区代码和 661 年代范围代码。其中，660 字段与前述 607 字段相关，即当一条记录有 607 字段时，可再用 660 字段将其款目要素使用代码形式予以录入。国际上地区代码目前比较通用的是美国国会图书馆拟定的七位字符代码（内含中国地区代码），使用时详见《新版中国机读目录格式使用手册》附录 D。

　　CNMARC 书目格式的 661 字段与 122 字段相关，即 122 字段对纪元、年、月、日和时采用格式化方式（共 11 位字符，至少包含由纪元和年构成的 5 位字符）录入，而 661 字段则可再用代码形式录入 122 字段中的纪元和年。国际上年代范围代码目前比较通用的是美国国会图书馆拟定的四位字符代码（含公元前和公元后的年代代码），使用时详见《新版中国机读目录格式使用手册》附录 E。

　　3. 分类号字段

　　CNMARC 书目格式的分类号字段共设 7 个，即 675 国际十进分类法分类号、676 杜威十进分类法分类号、680 美国国会图书馆分类法分类号、686 国外其他分类法分类号、690 中国图书馆分类法分类号（简称《中图法》分类号）、692 中国科学院图书馆分类法分类号（简称《科图法》分类号）和 696 国内其他分类法分类号字段。其中，675 - 686 这 4 个字段国内机构一般不用，如果出于国际数据交换而使用这些字段，可参阅《新版中国机读目录格式使用手册》。

国内目前普遍使用的两大分类法即《中图法》和《科图法》分类号所用的 690 和 692 字段均可重复，两个指示符均未定义，其子字段的设置也完全相同，即 ＄a（分类号）、＄v（版次）和 ＄3（分类记录号）。

我国其他分类法（如《人大法》、《四部分类法》及《北京图书馆普通古籍分类表》等）分类号所用的 696 字段也可重复，两个指示符也未定义，其子字段共设 ＄a（分类号）、＄b（书次号）和 ＄c（分类复分）等 5 个。

（三）CNMARC 书目格式知识责任块的内容标识符

如前所述，世界各国文献机构的标目制度大致可分主附标目制和交替标目制两种。为适应这两种不同的标目制度，UNIMARC 书目格式以及由其衍生的 CNMARC 书目格式对个人名称、团体名称和家族名称均分别设置了主要知识责任字段（即 700、710 和 720 字段）、等同知识责任字段（即 701、711 和 721 字段），以及次要知识责任字段（即 702、712 和 722 字段）。

在实行交替标目制的书目机构中，记录肯定不用以上 7 - 0 字段，而将著作主要知识责任者（包括撰、写、著、主编、编译等责任者）使用以上 7 - 1 字段录入，其他次要知识责任者（包括译、改写、点校、插图、改编、校注、译注等责任者）使用以上 7 - 2 字段录入。但在实行主附标目制的书目机构中，文献若符合个人名称或团体名称或家族名称做主要标目，则首先采用以上 7 - 0 字段（而且一条记录中只能使用一个 7 - 0 字段）；若有等同知识责任，则用以上 7 - 1 字段录入；次要知识责任，均用以上 7 - 2 字段录入。但若文献符合题名做主要标目（题名主要标目录入在 500 或 200 字段中），在知识责任块则不用 7 - 0 字段，而是根据情况选择或根本不用任何 7 - 1 和/或 7 - 2 字段。

需要注意的是，在 CNMARC 书目格式 7 - - 字段录入的著作主要知识责任者和次要知识责任者不一定与 200 字段录入的第一责任说明和其他责任说明中的知识责任者相一致。

1. 个人名称字段

CNMARC 书目格式中的个人名称共设 3 个字段，即 700 个人名称——主要知识责任、701 个人名称——等同知识责任和 702 个人名称——次要知识责任。其中，除 700 字段不可重复外，701 和 702 字段均可重复。这 3 个字段的指示符定义情况，与前述 600 字段完全相同，即指示符 1 未定义，指示符 2 也定义为名称形式指示符。这 3 个字段的子字段共设 $ a（款目要素）、$ b（名称的其余部分）和 $ c（年代以外的名称附加）等 9 个。由于中文编目目前采用的是交替标目制，所以一般只用 701 和 702 两个字段，这两个字段比 700 字段还多设一个 $ 9（款目要素汉语拼音）子字段，另外 702 字段再多设一个通常用于古籍的 $ 5（使用本字段的机构）子字段。

2. 团体名称字段

CNMARC 书目格式中的团体名称字段原来也设 3 个，即 710 团体名称——主要知识责任、711 团体名称——等同知识责任和 712 团体名称——次要知识责任字段。其中，除 710 字段不可重复外，711 和 712 字段均可重复。这 3 个字段的指示符定义情况与 601 字段完全相同，即指示符 1 定义为会议指示符，指示符 2 定义为名称形式指示符。这 3 个字段的子字段共设 $ a（款目要素）、$ b（次级部分）和 $ c（名称附加或限定）等 11 个。由于中文编目目前采用的是交替标目制，所以一般只用 711 和 712 两个字段，这两个字段比 710 字段还多设一个 $ 9（款目要素汉语拼音）子字段，另外 712 字段再多设一个通常用于古籍的 $ 5（使用本字段的机构）子字段。

需要指出的是，《新版中国机读目录格式使用手册》在 71 - 团体名称字段中还新增了一个 716 商标名称字段。该字段可重复，两个指示符均未定义，子字段设 $ a（款目要素）、$ f（日期）、$ c（限定）和 $ 3（规范记录号）。716 字段虽然没设 $ 4（关系词代码）子字段，但它所处的字段位置足以表达商标名称与所录文献的关系。

3. 家族名称字段

CNMARC 书目格式中的家族名称也设 3 个字段，即 720 家族名称——主要知识责任，721 家族名称——等同知识责任和 722 家族名称——次要知识责任字段。其中，除 720 字段不可重复外，721 和 722 字段均可重复。这 3 个字段的指示符，与 602 字段一样均未定义。子字段共设 $ a（款目要素）、$ f（年代）、$ 3（规范记录号）和 $ 4（关系词代码）。由于中文编目目前采用的是交替标目制，所以一般只用 721 和 722 字段（主要出现在家谱、档案、手稿和古籍等文献中），这两个字段比 720 字段还多设一个 $ 9（款目要素汉语拼音）子字段，另外 722 字段再多设一个通常用于古籍的 $ 5（使用本字段的机构）子字段。

上述字段均用于录入经过标目规范（或根据编目条例规定）的责任者名称（包括用 7－－字段录入的出版者名称）。如果责任者名称未经标目规范（或不按编目条例规定），则用下面 730 名称——知识责任字段录入。

4. 730 名称——知识责任字段

730 名称——知识责任字段的作用有点类似于 610 字段，即 730 字段主要用于录入取自文献本身但又未经标目规范的责任者名称。该字段可重复。其指示符 2 未定义，指示符 1 定义为名称形式指示符。其子字段设置也较简单，即 ＄a（款目要素）、＄4（关系词代码）和 ＄9（款目要素汉语拼音）。需要强调的是，730 字段用于系统内部记录不规范的名称形式，在与不要求规范的机构进行数据交换时，可根据该字段指示符 1 的值，分别将数据转录到前述 70－、71－和 72－字段中去。

三、CNMARC 书目格式其他数据元素的内容标识符

CNMARC 书目格式其他数据元素内容标识符包括其标识块、编码信息块、连接款目块以及国际使用块的内容标识符。这些内容标识符中的数据元素，如前所述，有些也具有检索功能或与其他数据元素组合起来进行检索的功能。

（一）CNMARC 书目格式标识块的内容标识符

CNMARC 书目格式的标识块共设 20 个字段，分别用于录入记录标识/参考信息、文献标准号及其他号码信息。其中除 001 字段为每条记录所必备外，其他标识块字段只在编目实体具有相应的数据时才予使用。

1. 记录标识/参考信息字段

CNMARC 书目格式的记录标识和参考信息字段各有 1 个，即 001 和 005，其共同点是都不使用指示符和子字段标识符（这与 CNMARC 书目格式的 010－999 字段明显不同）。其中，001 记录标识号字段用于录入与记录唯一相关的标识符号（即编制本书目记录机构的记录控制号；如果编目机构套录别的系统记录，可将源记录上的 001 字段内容转录至 035 其他系统控制号字段）。该字段可由用户自定义，甚至还可使用文献标准号、国家书目号为其标识号，但不可重复。

CNMARC 书目格式的 005 记录处理时间标识字段用于录入记录的最后处理日期和时间，以便系统判断所处理记录的版本情况。该字段也不可重复，但可由系统自动生成。其中，日期和时间分别以 ISO 8601－1988 标准的 YYYYMMDD 和 HHMMSS. T 的形式记录。

2. 文献标准号记录字段

CNMARC 书目格式的文献标准号记录字段录入现代手工编目的标准编号与获得方式项的著录信息，具体包括 010 国际标准书号、011 国际标准连续出版物号、013 国际标准音乐号、015 国际标准技术报告号和 016 国际标准音像编码等字段。这些字段的共同特点是字段本身可以重复、两个指示符均未定义，且设置的子字段也基本相同。

3. 其他号记录字段

CNMARC 书目格式的其他号记录字段录入除记录标识/参考信息和文献标准号以外的其他号码信息，具体包括 020 国家书目号、021 版权登记号、022 政府出版物号、092 订购号和 094 标准号等字段。这些字段的共同特点是字段可以重复、两个指示符均未定义，且所设子字段也基本相同。

以上标识字段尤其是文献标准号记录字段除了具有文献描述的功能，也有文献检索的功能。①

（二）CNMARC 书目格式编码信息块的内容标识符

CNMARC 书目格式的编码信息块共设 27 个字段，主要是将著录信息块字段中所反映的文献信息，使用编码化的数据元素予以揭示。正因为编码信息块字段使用的是编码数据元素，所以其子字段大多是定长的，即编码信息块字段数据大多以字符位置定义。其中，100 和 101 字段为一般文献所必备。如果编目机构不能在给定的 1－－字段中提供任何编码信息，则可不用该 1－－字段；如果编目机构在一编码信息字段中提供的数据不完整，则在该字段的相应处填填充符"｜"。由于编码信息块字段是 MARC 区别于其他目录的重要部分，其中的许多编码数据元素还直接影响到数据查重、数据合并以及限制性检索，所以这部分的内容应是建立和维护书目数据库的重点。②

1. 通用编码信息字段

在 CNMARC 书目格式中，一般文献均使用的编码信息字段有 100、101、102、106 和 122 字段。其中，100 通用处理数据字段不可重复，两个指示符均未定义，唯一一个 $a（通用处理数据）子字段后设入档时间、出版时间类型和出版年 1 等 12 个数据元素，定长为 36 个字符。需要指出的是，当 100 字段中的出版日期和文献内容的年代范围相同时，可同时使用或用以取代 122

① 冯会勤，高志鹏．文献代码语言及其检索方法研究．图书馆学刊，2010（1）
② 王松林．CNMARC 格式代码信息研究．图书馆学研究，2001（2）

文献内容涵盖期间编码数据字段（见前 651 字段说明）。

CNMARC 书目格式的 101 文献语种字段用于录入文献整体及其组成部分或题名的语种代码，以及该文献为译作时用于录入其原作的语种代码。该字段不可重复。其指示符 2 未定义，指示符 1 定义为翻译指示符。其子字段共设 $a（正文、声道等语种）、$b（中间语种）和 $c（原著语种）等 11 个。

CNMARC 书目格式的 102 出版或制作国别字段用于录入一个或多个出版或制作该文献的国家或地区的代码。该字段不可重复，两个指示符均未定义，其子字段设 $a（出版或制作国代码）、$b（非国际标准出版地区代码）、$c（国际标准出版地区代码）和 $2（非国际标准出版地区代码来源）。

CNMARC 书目格式的 106 文字资料——形态特征编码数据字段用于录入文字资料（含盲文本）物理形态的编码数据。该字段不可重复，两个指示符均未定义，唯——个 $a（文字资料代码数据）子字段后要求选用下列一个代码：d（大型印刷品，宽度大于 35 厘米），e（报纸形式），f（盲文本），g（微型印刷品，宽度小于 5 厘米），h（手写本），i（多媒体，如带有缩微平片补编的普通印刷出版物），j（小型印刷品，宽度小于 10 厘米），r（普通印刷品）或 z（其他形式）。

2. 专用编码信息字段

专用编码信息字段在 CNMARC 书目格式编码信息块中为某一类型文献所专用。如专著性印刷型语言文字资料专用 105 编码数据字段，连续出版物专用 110 编码数据字段，投影、录像制品和电影片专用 115 编码数据字段，书画刻印作品专用 116 编码数据字段，三维制品和实物专用 117 数据编码字段，测绘制图资料专用 120 编码数据字段（一般性数据，必备）、121 编码数据字段（形态特征）、123 编码数据字段（比例尺与坐标，必备）、124 编码数据字段（特殊资料标识）和 131 编码数据字段（大地、坐标网格与垂直测量），录音与印刷乐谱专用 125 编码数据字段、126 编码数据字段（录音资料——形态特征）、127 编码数据字段（录音与乐谱播放时间）和 128 编码数据字段（音乐演奏与乐谱），缩微制品专用 130 编码数据字段（形态特征），电子资源专用 135 编码数据字段，外国古籍专用 140 编码数据字段（一般性数据）和 141 编码数据字段（藏本形态特征），拓片专用 191 编码数据字段，民族音乐专用 192 编码数据字段，中国古籍专用 193 编码数据字段（一般性数据）和 194 编码数据字段（藏本形态特征）。使用上述字段时，可参阅《新版中国机读目录格式使用手册》。

CNMARC 书目格式的编码数据字段在固定的字符位填写特定的代码，虽然这会给计算机的运作带来极大的便利，但要每个编目员熟悉和/或记住每一字段的每一代码的含义实在是一件难以做到的事，好在现时的编目软件上大多提供相应的字段模板，录入时可利用其模板信息进行编辑和修改。

（三）CNMARC 书目格式连接款目块的内容标识符

如前所述，CNMARC 书目格式中的 4 - - 字段主要用于实现一条记录与另一记录或另一部文献的连接。所以从 CNMARC 书目格式的字段连接对象情况看，4 - - 字段一是用于连接实记录，二是用于连接虚记录。所谓用于连接实记录，就是用于连接与编目实体有关的其他实体的记录。由于文档中已存在被连实体的记录，此时的 4 - - 字段理论上一般只需连接被连实体的 001 记录标识号字段即可。但从字段构成的完整性看，此类连接字段还应包含下列必需的被连实体的数据，即 500 统一题名或 200/ $ a 正题名（无 500 字段时），7 - - 主要知识责任（若有此项）及 206 资料特殊细节项：测绘制图资料的数学数据。

所谓用于连接虚记录，就是当无被连接实体的记录时用于标识被连实体本身。由于文档中不存在被连实体的记录，此类 4 - - 字段除需连接被连实体的 500 统一题名或 200/ $ a 正题名（无 500 字段时）、7 - - 主要知识责任（若有此项）及 206 资料特殊细节项：测绘制图资料的数学数据外，还应尽可能多地包含下列可供选择的被连实体数据，即 0 - - 标准编号（含 010、011、013、016 等字段），040 CODEN，101 文献语种，102 出版或制作国别，123 编码数据字段：测绘制图资料——比例尺与坐标，130 编码数据字段：缩微制品——形态特征，200/ $ a 正题名（有 500 字段时）、$ f 第一责任说明、$ h 分辑号、$ i 分辑名、$ v 卷标识，205 版本说明项，210 出版发行项，215 载体形态项，225 丛编项，510 并列正题名，530 识别题名等。

从 CNMARC 书目格式的字段连接技术情况看，4 - - 字段一是采用嵌入字段技术，二是采用标准子字段技术。虽然后一种新技术实现起来更加容易，但考虑到我国文献机构在此之前大多采用的是前一种技术，所以本节也只介绍嵌入字段这一种技术。所谓嵌入字段技术，就是通过 $ 1（连接数据）子字段连接被连实体的字段标识号、指示符和子字段代码及其完整数据。例如：

　　461 #0 $ 100177 - 10346 $ 12001# $ a 欧洲各国 $ v 第 2 卷

无论采用嵌入字段技术还是采用标准子字段技术，CNMARC 书目格式的连接字段的指示符 1 均未定义，指示符 2 均定义为附注指示符：赋 "0" 表示不做附注，赋 "1" 表示做附注（显示或打印记录时，特定的字段标识号可转换成描述被连实体和编目实体的确切关系文字，其具体措词可根据接受记录机构的实际做法决定）。

从 CNMARC 书目格式的字段连接内容情况看，4－－字段一是用于连接丛编、补编等（包括 410、411，以及 421、422、423 等字段），① 二是用于连接先前款目和后继款目（包括 430、431、432、433、434、435、436、437，以及 440、441、442、443、444、445、446、447、448 等字段），② 三是用于连接其他版本（包括 451、452、453、454、455、456 等字段），四是用于连接其他关系（包括 470、481、482 和 488 等字段）。另需强调的是，CNMARC 书目格式的 4－－字段一般都可重复，只有个别字段理论上不能重复（如 455 复制自字段）。

对于 CNMARC 书目格式的连接款目块字段，也须像前述编码信息块字段那样重视。因为如果说编码信息块字段使目录变得机器可读，那么使传统线性目录成为现代网状结构的则是连接款目块字段。当然，在具备全文检索功能的软件系统中，CNMARC 书目格式 4－－字段的功能也许会弱化。③

（四）CNMARC 书目格式国际使用块的内容标识符

《新版中国机读目录格式使用手册》的国际使用块共设 6 个 8－－字段，其中有些 8－－字段适用于所有形式的计算机编目，而有些 8－－字段一般只适用于联机联合编目。

1. 适用于所有形式的计算机编目的 8－－字段

适用于所有形式的计算机编目的 8－－字段，CNMARC 书目格式有 801、802、830 和 856 这 4 个字段。其中，801 记录来源字段是一必备字段，主要用于编制数据的机构、将数据转换成机读形式的机构、修改原始记录或数据的机构以及发行当前记录的机构。该字段可重复，其指示符 1 未定义，指示符 2 定义为功能指示符。其子字段共设 $a（国家代码）、$b（机构代码）和 $c（处理日期）等 5 个。

CNMARC 书目格式的 802 ISSN 中心字段用于录入负责分配 ISSN 和识别题名的 ISSN 国家中心的代码。该字段不可重复，两个指示符均未定义，唯一一个 $a（ISSN 中心代码）子字段用于录入 ISSN 国家中心代码（ISSN 中国中心

① 王松林. 论 CNMARC 格式中的 41－和 46－字段的联系与区别. 图书馆界，2000（4）
② 王松林. 如何使用和巧用 CNMARC 中表示年代关系的连接字段. 当代图书馆，2002（2）
③ 黄梦洁，朱青青，孙凤玲. 两岸中文图书机读目录格式比较研究//变革时代的文献编目：第二届全国文献编目工作研讨会论文集. 国家图书馆出版社，2010

的代码是 "22")。

CNMARC 书目格式的 830 编目员一般附注字段用于录入有关该记录书目方面、历史方面或其他方面的注释。该字段可重复，两个指示符均未定义，唯一一个 $a（附注内容）子字段用于录入注释内容。

CNMARC 书目格式的 856 电子资源地址与检索字段主要用于远程存取的电子资源。该字段可选、可重复，其指示符 2 未定义，指示符 1 定义为检索方法。其子字段共设 $a（主机名称）、$b（检索号码即主机访问号）和 $c（压缩信息）等 26 个。其中，$u（统一资源标识）子字段在 856 字段中最为重要。一是因为它是链接网络资源的重要途径，二是因为它可替代其他子字段（$n 和 $z 子字段除外）。当然，$u 子字段也可与其他子字段一起在 856 字段中使用。

2. 适用于联机联合编目的 8－－字段

适用于联机联合编目的 8－－字段，CNMARC 书目格式有 850 和 886 两个字段。其中，850 馆藏机构代码字段用于录入收藏文献的机构代码。该字段可重复，指示符 1 和指示符 2 均未定义。子字段只设一个 $a（机构代码）。

CNMARC 书目格式的 886 无法被包含的源格式数据字段用于希望保留源格式记录中的数据元素但又没有对应字段时。该字段可重复。其指示符 2 没有定义，指示符 1 定义为字段类型指示符。其子字段设 $a（源格式字段标识符）、$b（源格式字段指示符和子字段）和 $2（系统代码）。

第三节　CNMARC 规范格式的内容标识符

如前所述，CNMARC 规范格式的内容标识符主要涉及本书第三章第四节规范记录与参照的规则内容，即规范记录与参照规则中的标目及其附注块以及参照根查块等数据元素内容。限于篇幅，本节主要对 CNMARC 规范格式中的字段标识符，以及由此建立起来的机读规范档与机读书目档的对应关系和连接方式进行论述。至于 CNMARC 规范格式中的指示符和子字段标识符，尤其在其 2－－、3－－、4－－、5－－和 7－－字段中使用的 $0（说明语）、$2（主题系统代码）、$3（规范款目记录号）、$5（根查控制）、$6（字段连接数据）、$7（文字）和 $8（编目语种）等有别于一般子字段并要先于它们录入的控制子字段（Control subfields），使用时请参照《中华人民共和

国文化行业标准. 中国机读规范格式》及新版 UNIMARC 规范格式。①，②

一、CNMARC 规范格式标目及其附注块等数据元素的字段标识符

CNMARC 规范格式标目及其附注块等数据元素的字段标识符主要包括其标目块、标目附注块以及分类号块的字段标识符。③

（一）CNMARC 规范格式标目块的字段标识符

CNMARC 规范格式的 2 − − 标目块字段用于录入记录的规范标目、参照标目或一般说明标目（所录记录的类型在该记录的头标区 06 字符位予以确定：赋"x"表示该记录是条规范款目记录，赋"y"表示该记录是条参照款目记录，赋"z"表示该记录是条一般说明款目记录）。而对另一文字或语种的 2 − − 字段标目，则可重复使用 2 − − 字段录入；但是若要连接到另一文字或语种的记录，则应将另一文字或语种的标目放在 7 − − 连接标目块的相应字段中录入（见后）。

CNMARC 规范格式的标目块共设 10 个必备字段，即 200、210、215、220、230、235、240、245、250 和 260 字段（上述字段中一般只用 $8 和 $8 这两个控制子字段）。由于适用于复合标目（Composite headings）的 235 标目——作品集的统一题名、240 标目——名称/题名以及 245 标目——名称/作品集的统一题名字段并不适合中文机读规范档，所以本节只对其中的 200、210、215、220、230、250 和 260 字段进行论述。

CNMARC 规范格式的 200 标目——个人名称字段、210 标目——团体名称字段、215 标目——区域或地理名称字段、220 标目——家族名称字段、230 标目——统一题名字段、250 标目——学科主题字段和 260 标目——出版地/制作地检索点字段，均对应于本书第三章第四节中的规范款目、参照款目和一般说明款目中的第一著录项目，同时也与 CNMARC 书目格式中的 70 − 或 600、71 − 或 601、607、72 − 或 602、500、606 和 620 字段相对应，所以分别限于录入一个个人名称标目（使用 200 字段时需要注意与后述的 106 和 120 字段配合使用）、一个团体或会议名称标目（使用 210 字段时需要注意与后述

① 中国国家图书馆起草. 中华人民共和国文化行业标准. 中国机读规范格式（WH/T 15—2002）. 文化部印刷厂印刷，2002

② International Federation of Library Associations and Institutions. UNIMARC manual：authorities format 2001. Concise version. http：//www. ifla. org/VI/3/P2001/guideindex. htm

③ 王松林编著. 信息资源编目（修订本）. 北京图书馆出版社，2005

的 106 和 150 字段配合使用)、一个区域或地理名称标目(使用 215 字段时需要注意与后述的 123 和 160 字段配合使用)、一个家族名称标目(使用 220 字段时需要注意与后述的 106 字段配合使用)、一个统一题名标目(使用 230 字段时需要注意与后述的 154 字段配合使用)、一个学科主题标目(使用 250 字段时需要注意与后述的 152 字段配合使用)和一个出版地/制作地检索点。

　　需要注意的是,新版 UNIMARC 规范格式的标目块另还增设了 216 标目——商标(该字段对应于 CNMARC 书目格式的 616 和 716 字段)和 280 标目——形式、类型或物理特性(该字段对应于 CNMARC 书目格式的 608 字段)这 2 个字段。限于篇幅,本节不作介绍。

　　(二)CNMARC 规范格式标目附注块的字段标识符

　　标目附注字段在不同的记录中所起的作用是不同的,如在规范款目记录中使用标目附注字段是为了提供标目的历史信息,或在由根查生成的简单参照不能充分解释标目和根查之间的关系时使用;在参照款目记录中使用标目附注字段是为了解释参照标目和由它指引到的统一标目之间的关系;而在一般说明款目记录中使用标目附注字段则是为了说明构成或排列统一标目时所用的规则,以使用户可按一般说明标目所提供的形式找到这种类型的统一标目。需要强调的是,主要用来指导编目员的附注在 8 – – 和 9 – – 字段中录入(目前 CNMARC 规范格式还未开启 9 – – 字段)。

　　CNMARC 规范格式的标目附注块共设 5 个字段,即 300、305、310、320 和 330 字段(上述字段中一般只用 $6 和 $7 这两个控制子字段,而新版 UNIMARC 规范格式还允许使用 $3 控制子字段),而且这些字段里的附注均可采用自由行文形式,以便打印和/或显示给用户。

　　CNMARC 规范格式的 300 一般信息附注(可重复)字段,对应于本书第三章第四节中的规范款目和参照款目中的第二著录项目,主要是为补充解释 2 – – 字段标目与其他实体之间的关系、描述标目的历史变革及介绍有关标目的情况等。

　　CNMARC 规范格式的 305 相关参照附注(可重复)字段,只对应于本书第三章第四节中的规范款目中的第二著录项目。即当仅根据规范款目记录中一个或几个 5 – – 相关参照根查字段的内容不能构成一个完整的相关参照时,则在规范款目记录中使用 305 字段。但 305 字段的附注通常是用来补充而不是替代记录中的 5 – – 相关参照根查,因此在有 305 字段的规范款目记录中应有一个或几个 5 – – 相关参照根查,除非 305 字段附注不直接参照其他统一标目而只是提供示例（后者录入 825 字段）。

　　CNMARC 规范格式的 310 单纯参照附注（可重复）字段，只对应于本书第三章第四节中的单纯参照款目中的第二著录项目。即当仅根据规范款目记录中的一个或几个单纯参照根查字段的内容不能生成一个完整的单纯参照时，则在单纯参照款目记录中使用 310 字段。如前所述，单纯参照记录中的 2－－字段非规范标目需在所参照的每个标目的规范款目记录中作一 4－－单纯参照根查；但若这个附注只是提供一些示例，则在规范款目记录中不用 4－－单纯参照根查，而用后面的 825 字段录入。

　　CNMARC 规范格式的 320 一般说明参照附注（不可重复）字段，只对应于第三章第四节中的一般说明款目中的第二著录项目。与前不同的是，一般说明款目记录中的以解释标目的选择方法、组织原则和使用惯例的说明参照附注不需在任何规范款目记录中做根查。

　　CNMARC 规范格式的 330 字段一般范围附注（可重复）字段，其性质与 300 字段相同，只是它专门用于描述 2－－字段中标目的范围（范围描述也可以对一些含混的词语进行定义，或用于解释近义词及用户须知等内容）。

　　需要注意的是，新版 UNIMARC 规范格式的标目附注块另还增设了 340 传记和活动附注以及 356 地理附注这 2 个字段。其中，340 字段既可在规范款目中也可在参照款目中反映 200 等字段所录实体的传记和活动。限于篇幅，本节不作介绍。

　　（三）CNMARC 规范格式分类号块的字段标识符

　　CNMARC 规范格式的 6－－分类号块用于录入与记录 2－－字段标目主题内容相对应的分类号，共设 6 个字段，即 675、676、680、686、690 和 692 字段（除在 675－680 字段中使用 $3 控制子字段、在 686 字段中使用 $2 控制子字段外，690 和 692 这两个字段均不使用任何控制子字段），而且均与 CNMARC 书目格式中的分类号字段同。

　　CNMARC 规范格式的 675－680 字段国内几乎不用（如果出于国际数据交换而使用这些字段，请参阅《新版中国机读目录格式使用手册》），而其 690《中图法》分类号、692《科图法》分类号和 686 其他分类号这三个字段（均可重复），则分别对应于 CNMARC 书目格式的 690、692 和 696 字段，在此不赘言。

　　需要强调的是，CNMARC 规范格式的分类号字段，既可同时录入单个的分类号及范围的起讫号，也可只录入单个的分类号并可辅之以文字说明。

二、CNMARC 规范格式参照根查块数据元素的字段标识符

CNMARC 规范格式参照根查块数据元素的字段标识符主要包括其单纯参照根查块和相关参照根查块的字段标识符。①

（一）CNMARC 规范格式单纯参照根查块的字段标识符

与 CNMARC 规范格式的 2－－标目块一样，CNMARC 规范格式的 4－－单纯参照根查块也按标目类型设置字段（所有与其 2－－字段相对应的、可重复的 4－－字段，都有与其相同的指示符和子字段标识符，另可使用所有的控制子字段），但是没有与 235 字段相对应的 435 字段。同理，本节也不介绍不适合中文机读规范档使用的 440 单纯参照根查——名称/题名和 445 单纯参照根查——名称/作品集的统一题名字段。

CNMARC 规范格式的 400 单纯参照根查——个人名称、410 单纯参照根查——机关团体名称、415 单纯参照根查——区域或地理名称、420 单纯参照根查——家族名称、430 单纯参照根查——统一题名、450 单纯参照根查——学科主题和 460 单纯参照根查——出版地/制作地检索点字段，均对应于本书第三章第四节中的规范款目中的第三著录项目，所以分别限于录入一个见自个人名称不同称谓形式的根查（即具有检索意义但非统一标目形式的个人名称）、一个见自机关团体名称不同称谓形式的根查（即具有检索意义但非统一标目形式的团体或会议名称）、一个见自地名或地理区域名称不同称谓形式的根查（即具有检索意义但非统一标目形式的地名或地理区域名称）、一个见自家族名称不同称谓形式的根查（即具有检索意义但非统一标目形式的家族名称）、一个见自统一题名不同称谓形式的根查（即具有检索意义但非统一标目形式的题名）、一个见自学科主题不同表述形式的根查（即具有检索意义但非统一标目形式的学科主题）和一个见自出版地/制作地检索点不同文字形式的根查（即具有检索意义但非统一标目形式的出版地/制作地检索点）。

需要注意的是，与 2－－字段对应，新版 UNIMARC 规范格式在 4－－单纯参照根查块另还增设了 416 单纯参照根查——商标和 480 单纯参照根查——形式、类型或物理特性这 2 个字段。限于篇幅，本节也不作介绍。

（二）CNMARC 规范格式相关参照根查块的字段标识符

与 CNMARC 规范格式的 2－－标目块一样，CNMARC 规范格式的 5－－

---

① 王松林编著. 信息资源编目（修订本）. 北京图书馆出版社，2005

相关参照根查块也依标目类型设置字段（所有与其 2－－字段相对应的、可重复的 5－－字段，都有与其相同的指示符和子字段标识符，另可使用所有的控制子字段），但是没有与 235 字段相对应的 535 字段。同理，本节也不介绍不适合中文机读规范档使用的 540 相关参照根查——名称/题名和 545 相关参照根查——名称/作品集的统一题名这 2 个字段。

　　CNMARC 规范格式的 500 相关参照根查——个人名称、510 相关参照根查——机关团体名称、515 相关参照根查——区域或地理名称、520 相关参照根查——家族名称、530 相关参照根查——统一题名、550 相关参照根查——学科主题和 560 相关参照根查——出版地/制作地检索点字段，均对应于本书第三章第四节中规范款目中的第四著录项目，但分别限于录入一个与 2－－标目相关的统一个人名称标目根查、一个与 2－－标目相关的统一团体或会议名称标目根查、一个与 2－－标目相关的统一地名或地理区域名称标目根查、一个与 2－－标目相关的统一家族名称标目根查、一个与 2－－标目相关的统一题名标目根查、一个与 2－－标目相关的等效学科主题标目根查和一个与 2－－标目相关的出版地/制作地检索点根查。

　　需要注意的是，与 2－－字段对应，新版 UNIMARC 规范格式也在 5－－相关参照根查块增设了 516 相关参照根查——商标和 580 相关参照根查——形式、类型或物理特性这 2 个字段。限于篇幅，本节也不作介绍。

三、CNMARC 规范格式其他数据元素的字段标识符

　　CNMARC 规范格式其他数据元素字段标识符包括其标识块、编码信息块、连接标目块以及来源信息块等的字段标识符。[①]

　　（一）CNMARC 规范格式标识块的字段标识符

　　CNMARC 规范格式的 0－－标识块用于标示本记录的号码或数字，共设 3 个字段，即 001、005 和 015 字段。

　　CNMARC 规范格式的 001 规范记录号（必备）字段和 005 记录处理时间标识字段，与 CNMARC 书目格式的 001 和 005 字段字段一样，字段本身不可重复，字段后面也直接录入建立、使用或发行该记录的机构所分配的记录控制号，以及由计算机生成的记录最近处理日期和时间。

　　CNMARC 规范格式的 015 国际标准规范数据号字段，对应于第三章第四

---

① 王松林编著．信息资源编目（修订本）．北京图书馆出版社，2005

节中的第七著录项目即 ISADN 项。由于此号在国际范围内尚未分配，所以该字段目前待定。

需要注意的是，新版 UNIMARC 规范格式另还新增了一个与 CNMARC 书目格式功能相同的 035 其他系统控制号（可重复）字段。

（二）CNMARC 规范格式编码信息块的字段标识符

CNMARC 规范格式的 1－ －编码信息块用于描述记录或数据各个方面的定长数据元素（多为编码信息），共设 5 个字段，即 100、150、152、154 和 160 字段。

CNMARC 规范格式的 100 通用处理数据（必备，不可重复）字段用于录入所有规范记录的基本编码数据。

CNMARC 规范格式的 150 团体名称的编码数据（不可重复）字段在 2－ －标目字段中的标目是一团体名称、会议名称时使用，用于补充该团体名称、会议名称的有关信息。

CNMARC 规范格式的 152 条例（不可重复）字段用于标示建立 2－ －字段标目及其参照结构所遵循的编目条例或主题系统（部分等同于第三章第四节中的第六著录项目第二著录单元）。

CNMARC 规范格式的 154 统一题名的编码数据字段（不可重复）在 2－ －标目字段中的标目是一统一题名时使用，用于补充该统一题名的有关信息。

CNMARC 规范格式的 160 地理区域代码（不可重复）字段的作用与 CNMARC 书目格式的 660 字段同，即当 2－ －字段记载的标目涉及地理区域，可用 160 字段录入该地理区域的代码。

需要注意的是，新版 UNIMARC 规范格式的编码信息块另还增设了以下 5 个字段，即 101 实体语种、102 实体国别、106 个人/团体/家族名称/商标主题编码数据字段、120 个人名称编码数据字段和 123 区域或地理名称编码数据字段。限于篇幅，本节不作介绍。

（三）CNMARC 规范格式连接标目块的字段标识符

如前所述，交替文字数据和并列形式数据既可同时与原文字或原语种数据记录在一个规范记录中（一般为单文字或单语种规范档），也可同时记录在各个被连记录中（一般为多文字或多语种规范档）。若是前一种情况，则可不用 7－ －字段（交替文字数据和并列形式数据分别记在该规范记录的 2－ －字段和 4－ －字段）；若是后一种情况，则必然要用 7－ －字段予以连接（如果连接对象是一交替文字标目，即不是本记录 100 字段 9－11 字符位所标识的语种标目，在用 7－－字段予以连接时需同时使用 $8 控制子字段；如果连接对象是一并列形式标目，即不是 100 字段 21－22 字符所标识的文字标目，在用 7－－字段予以连接时需同时使用 $7 控制子字段。CNMARC 规范格式 7－－字段另外使用的两个控制子字段分别是 $2 和 $3）。从此意义上讲，CNMARC 规范格式的 7－－字段的作用类似于 CNMARC 书目格式的 4－－字段，只是它所连接的是文字或语种不同的同一著录对象。

　　由于连接的对象均是 2－－字段的交替文字标目或并列形式标目，所以 CNMARC 规范格式连接标目块所设字段均与 2－－字段对应，但是没有与 235 字段相对应的 735 字段。同理，中文机读规范档也不使用 740 连接标目——名称/题名和 745 连接标目——名称/作品集的统一题名字段。其他所用 7－－字段分别是：700 连接标目——个人名称，710 连接标目——机关团体名称，715 连接标目——区域或地理名称，720 连接标目——家族名称，730 连接标目——统一题名，750 连接标目——学科主题，760 连接标目——出版地/制作地检索点。

　　上述每个 7－－字段均可重复，其指示符定义和除控制子字段除外的子字段设置均与相对应的 2－－字段同，也分别对应于本书第三章第四节中的规范款目、参照款目和一般说明款目中的第一著录项目，因此本节不再逐一介绍。

　　需要指出的是，同 4－－ 和 5－－字段一样，为与 2－－字段对应，新版 UNIMARC 规范格式另还增设了 716 连接标目——商标和 780 连接标目——形式、类型或物理特性这 2 个字段。限于篇幅，本节也不作介绍。

　　（四）CNMARC 规范格式来源信息块的字段标识符

　　CNMARC 规范格式的来源信息块用于录入有关对记录负有责任的机构信息及编目员所做的各种说明和注释（后者专供编目人员维护记录时参考），而提供用户阅读的那些附注，如前所述，应在本格式的 3－－标目附注字段中录入。

　　CNMARC 规范格式的来源信息块目前定义了 7 个字段，即 801、810、815、820、825、830 和 835 字段。

　　CNMARC 规范格式的 801 记录来源（必备，可重复）字段对应于 CNMARC 书目格式的 801 字段，主要用于录入负责建立记录的机构及其建立日期（等同于本书第三章第四节中的第六著录项目的第一和第三著录单元）。

　　CNMARC 规范格式的 810 参考数据来源（可重复）字段，对应于本书第三章第四节中的规范款目中的第五著录项目，但限于录入标目出处的书目信息。

CNMARC 规范格式的 815 未获数据来源（不可重复）字段与上述 810 字段对应，但用于录入已查阅的但未获得有关信息的资料信息。

CNMARC 规范格式的 820 使用或范围说明（可重复）字段也对应于本书第三章第四节中的规范款目中的第五著录项目，但限于录入对 2－－字段标目使用限制及有关区分的说明。

CNMARC 规范格式的 825 注例（可重复）字段用于录入 2－－字段里的标目已被用作示例或已在另一记录的附注中引用过的有关说明。

CNMARC 规范格式的 830 编目员注释（可重复）字段也对应于本书第三章第四节中的规范款目中的第五著录项目，但限于录入有关标目的传记、历史或其他信息。该字段也可用于录入使用条例的参照、标目形式选择等的说明（此类数据也可作为其他字段如 810 字段的一部分出现）。

CNMARC 规范格式的 835 已删除标目说明（可重复）字段，只在记录头标区的记录状态为"d"（删除记录）时使用，即 835 字段用于说明 2－－字段标目从机读规范档中被删除的原因。

需要注意的是，为了说明记录头标区 05 字符位的记录状态为"c"（经修改的记录）和为"n"（新记录）的被修改或被新建原因，新版 UNIMARC 规范格式另还增设了一个 836 被替代标目说明字段。此外，为了提供获得电子文献所需的信息及接纳源格式不能转换为本格式字段的需要，新版 UNIMARC 规范格式另还增设了 856 电子资源地址与检索和 886 无法被包含的源格式数据这 2 个字段。限于篇幅，本节对 836 字段不作介绍。至于 856 和 886 字段，可参照本章第二节有关内容。

四、机读规范档与机读书目档的对应关系及连接方式

前文已分别将由 CNMARC 书目和规范格式构建的文档分别称之为机读书目档和机读规范档，本部分主要论述这两个文档之间的对应关系及它们之间的连接方式。

（一）机读规范档与机读书目档的对应关系

前面在论述 CNMARC 规范格式各个字段内容时，本书曾多次提到它们与规范款目、参照款目和一般说明款目的对应关系，并也曾提到 CNMARC 规范格式中的个别字段与 CNMARC 书目格式中的个别字段的联系与区别。CNMARC 规范格式中各规范标目字段与 CNMARC 书目格式中各受控标目字段的对应关系见表 4－1。

表 4 – 1　CNMARC 规范格式规范标目字段与其书目格式受控标目字段的对应关系

CNMARC 规范格式规范标目字段	CNMARC 书目格式受控标目字段
200 个人名称字段	700、701、702 字段 嵌有 700、701、702 的 4 – – 字段 600 字段 嵌有 700、701、702 的 604 字段
210 团体名称字段	710、711、712 字段 嵌有 710、711、712 的 4 – – 字段 601 字段 嵌有 710、711、712 的 604 字段
215 区域或地理名称字段	710、711、712 字段 嵌有 710、711、712 的 4 – – 字段 601、607 字段 嵌有 710、711、712 的 604 字段
216 商标字段	716 字段
220 家族名称字段	720、721、722 字段 嵌有 720、721、722 的 4 – – 字段 602 字段 嵌有 720、721、722 的 604 字段
230 统一题名字段	500 字段 嵌有 500 的 4 – – 字段 605 字段
240 名称/题名字段（含有 200、210、215 或 220 和 230 字段）	嵌有 7 – – 和 500 的 4 – – 字段 7 – –、500 字段 嵌有 7 – – 和 500 的 604 字段
245 名称/作品集的统一题名字段（含有 200、210、215 或 220 和 235 字段）	嵌有 7 – – 和 501 的 4 – – 字段 7 – –、501 字段 嵌有 7 – – 和 501 的 604 字段
250 学科主题字段	606 字段
260 出版地/制作地检索点字段	620 字段
280 形式、类型或物理特性字段	608 字段

　　虽然表 4 – 1 中的不适合中文机读规范档使用的 240 和 245 字段，以及新版 UNIMARC 规范格式增设的 216 和 280 字段本节没有详细介绍，但从详细介绍的 7 个 CNMARC 规范格式的 2 – – 字段情况看，它们几乎涵盖了 CNMARC 书目格式的主要 7 – –、6 – –、500 和 501 及 4 – – 字段，而被涵盖的这些字段又几乎全都是 CNMARC 书目格式中最具检索意义的字段。从此意义上讲，建立和建好机读规范档将直接影响机读书目档的质量与检索。

　　（二）　机读规范档与机读书目档的连接方式

　　本书曾在第三章第四节中论述过手工规范档与手工书目档之间的联系方式，并大力推荐手工书目档款目中的统一标目必须采用手工规范档中的规范标目之做法。在计算机编目的情况下，机读规范档和机读书目档虽然也可分别建档、分别维护，但怎样实现两个文档之间的无缝连接则是我们必须认真考虑和对待的问题之一。

　　如前所述，在 CNMARC 书目格式的所有 7 – – 字段（730 字段除外）、6 – – 字段中的所有主题标目字段、500 和 501 及 4 – – 字段中均设有一个用于连接机读规范档的 $3 子字段（若 4 – – 字段使用嵌入字段技术，可通过 $1 子字段连接 $3 子字段）。这就说明机读书目档可与格式相同的机读规范档一起使用，即书目记录通过标目字段存储的指针（即规范记录号）与相应的规范记录连接。但是这种指针连接目前存在无冗余连接和冗余连接两种方式。

　　所谓无冗余连接，即书目记录和规范记录分别建档，但书目记录里不存储标目的文字，而只存储连接规范记录的指针，即标目只存储在规范文档中。这种设计数据的冗余量小，可大大减少存储空间和索引维护量，且数据库的维护也较简单和方便。即使规范记录里的标目今后发生变更，也不必修改书目记录而只对规范记录进行修改即可。但是它的最大缺点是，当用户通过规范档检索到相关的书目记录时，书目记录中的所有标目，都需通过指针从规范记录中抽出后再组成完整的书目记录显示，致使检索的响应时间较长。

　　所谓冗余连接，是针对无冗余连接的缺陷所提出的另一种连接方式。即书目记录里保留标目的文字，由完整的书目记录构成书目档，而规范记录里的规范标目和非规范标目抽出来构成索引，并在索引中通过规范标目建立与书目档的连接关系。检索记录时，通过规范索引选择统一标目，然后再提取相关的书目记录。这种设计虽然存在一定的数据冗余量，但能缩短检索的响应时间，提高检索的速度。更为重要的是，这种连接方法较适合我国各馆先建书目档后建规范档的实际。具体步骤是：先将未经规范控制的书目记录的标目"标准化"（即通过对空格和标识符的规范来提高书目记录标目与规范记录相匹配的可能性），然后将标准化了的标目同由规范标目以及经相应规范记录生成的其他标目形式所构成的索引记录相比较。如果匹配，则生成一个规范记录和书目记录之间的连接；如果书目记录匹配到的是一规范记录中的一单纯参照标目，则用该规范记录中的规范标目替换原书目记录中的非规范标目。理想状态下，所有的书目记录标目都应匹配到规范的标目，但在实践中并非总是如此，即总有一部分书目记录难以匹配到规范的标目。当所有的书目记录标目都尽可能匹配到相应的规范标目后，它们被插回到书目档。与此同时，将匹配到的规范记录抽出并与书目记录一起装入本地系统的规范控制模块，从而构成本系统特有的规范档。

　　同手工规范档一样，建立机读规范档也是一项工程浩大的工作，好在国家图书馆现已建成并不断扩大中国名称规范数据库及中文主题规范数据库。这些各馆都可充分利用，加之各馆自己制作的数据，相信编制机读规范档将是继编制机读书目档之后掀起的另一个建库高潮。当然，规范控制的工作并非一蹴而就。另外，要使机读书目档和机读规范档的标目总能规范化，还须坚持以下工作：①对新进入机读书目档的目录标目必须做到规范化；②对新发行的以及经修订的规范记录作出及时反映，以便使本馆的规范控制与之保持一致。唯有如此，机读目录的检全率和检准率才能大幅提高，自动化和网络化给我们带来的便利才能充分地体现出来。

第四节　MARC 的评价及其 XML 化

　　由美国国会图书馆于 1965 年研制出来的 MARC 在经 40 多年的不断发展和标准化后，现已成为世界各国图书馆等文献机构集成管理系统中的一个重要组成部分，并已成为它们不可丢弃的一笔重要财富。

一、MARC 的评价

　　MARC 作为现代化信息处理的工具及在书目编撰过程的应用，大大地提高了书目编撰的效率，产生了新的书目、索引、文摘形态以及其他数字化产品，并赋予这些新产品以前所未有的高速、准确的检索功能。[①] 但随着其他现代元数据标准和格式的不断产生，以及网络技术的不断发展，MARC 的局限

---

　　① 彭斐章，陈红艳．改革开放 30 年来目录学实践的回顾与思考．中国图书馆学报，2009（4）

性也开始不断地显现出来。

朱芊认为，MARC 存在以下局限：①MARC 格式结构复杂，且字段大量重复，编制一条机读书目数据不仅需要经过严格的专业训练（编目人员必须掌握著录规则和熟记几百个字段、指示符、子字段及代码的定义），而且还需花费一定的时间；②MARC 人机界面不友好，只适用于图书馆专业人员使用而难以推广到图书馆以外的行业中去；③MARC 的描述手段往往只适用于完整的、静止的信息处理，而不易处理动态的多媒体信息；④MARC 需在专门的软件系统中使用，不太适应互联网环境；⑤MARC 修订程序相当复杂，特别是联机合作编目，一个代码的改变，往往会影响到整个集成网络化系统。①

刘炜则对 MARC 提出如下七点不足：①字段众多，且重复严重，真正对读者有意义的字段（主要指与内容描述有关的字段）很少，因此真正能够做索引的字段不多；②技术超期服役，严重过时，即 MARC 格式设计所依赖的是以磁带为主要存储介质的技术，而在目前各种集成系统的技术实现中早已采用了关系数据库乃至其他更为先进的全文索引技术、面向对象技术甚至 XML 技术（在与其他数据格式进行数据交换时）等；③规范乃至著录规则很不统一，语义含糊，特别是不同国家、不同地区和不同版本的 MARC，即便不是不能互操作，也绝难以进行互操作；④字段、子字段标识和结构复杂，书目记录的描述主体、客体及关系模型不清晰，格式规定琐碎、不统一；⑤数据加工成本巨大，专业门槛高，难以普及，难以成为网络时代人人可用的标准；⑥数据生产的周期较长，时间滞后，不利于服务工作的开展；⑦语义与语法结构捆绑，适应性和灵活性差，难以适应新媒体和新技术发展的需要，具体表现在难以应用于电子资源编目（即使新引入的 856 字段，其著录方式也千差万别、千奇古怪，造成系统实现方式也难统一，况且这个字段随着新的链接机制的应用和普及，其本身的必要性也值得怀疑），以及难以进行无损的元数据映射。②

本书认为，在上述 MARC 诸多的局限性中，最为严重的是 MARC 需在专门的软件系统中运行，且不太适应互联网的环境。即 MARC 与目前各种集成系统的技术实现中早已采用的关系数据库乃至其他更为先进的全文索引技术、面向对象技术甚至 XML 等技术不相融。因此，为适应互联网的环境，必须要

---

① 朱芊. 全国中文机读书目主题标引格式问题分析. 中国图书馆学报, 2002（1）
② 刘炜. 建设 2.0 版的图书馆集成管理系统. 数字图书馆论坛, 2007（4）

使 MARC 所用的独特"方言"能够顺利地转换为互联网上通用的"普通话"。① 当然，怎样迎合 FRBR 模型以及基于它的 RDA 来变革 MARC 也是一个需要十分重视的课题。②

二、MARC 的 XML 化探讨

目前，网上通用的"普通话"即网络置标语言主要有标准通用置标语言（Standard Generalized Markup Language，简称 SGML）、超文本置标语言（Hyper Text Markup Language，简称 HTML）以及可扩展置标语言（eXtensible Markup Language，简称 XML）等。其中，由 W3C 推广采用的 XML 是 SGML 的一个优化子集，因为它仅仅用了 SGML 中文档结构的核心部分，而省去了 SGML 中许多复杂而少用的部分，具有明显的简洁性和灵活性。另外因为 XML 是一种元标记语言，使用者完全可按自己的需要来扩展和定义它的标记，因而具有良好的扩展性。而将大量的 MARC 书目数据从 ISO 2709 格式转换为 XML 格式，则可将书目数据从严格复杂的格式转换为计算机可直接读取的 XML 结构化数据，实现书目数据库和互联网上的非书目数据的集成，从而使现有的大量的 MARC 数据能方便地在数字图书馆中得到应用，提供面向 Web 的有效信息。

但是若要实现 MARC 书目数据从 ISO 2709 格式向 XML 格式的转换，首先要定义作为最普通 Schema 语言的 DTD。③ 为此早在 20 世纪 90 年代的中期，美国国会图书馆的网络发展和 MARC 标准办公室就已针对 MARC 书目数据开始开发 SGML DTD。2001 年，美国国会图书馆的网络发展和 MARC 标准办公室还开发出了一种能在 XML 环境下对 MARC 数据起作用的框架体系（见图 4 -3）。④

MARC21 XML 框架体系的核心是有一个 MARCXML 模式（MARCXML Schema），它能使基于 ISO 2709 的 MARC21 记录与以 XML 编码的 MARC21 记录进行无损的互转。而经 MARCXML 模式转换后的 MARC21（XML）记录则如同一条"总线"，通过它基于 ISO 2709 的 MARC21 记录能与 DC、MODS 记录以及其他的 XML 格式进行互转，并可进行 HTML 输出和 MARC 有效性

---

① 胡小菁，李恺．MARC 四十年的发展及其未来．中国图书馆学报，2010，36（2）
② 王松林．从 FRBR 看编目条例及机读目录格式的变革路向．中国图书馆学报，2004（6）
③ 张翠玲．MARC 格式的 XML 转换研究与实现．图书馆学刊，2013（3）
④ MARC XML Architecture．http：//www．loc．gov/standards/marcxml/marcxml – architecture．html

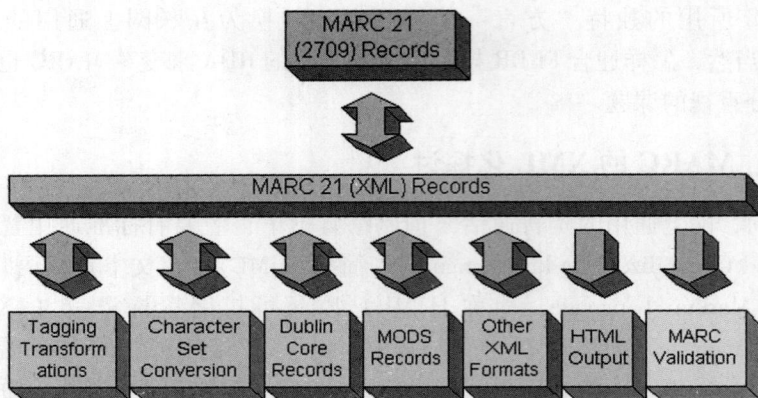

图 4 - 3   MARC21 XML 框架体系

验证。

　　由于 MARCXML 模式与 ISO 2709 信息交换格式联系紧密，2003 年 5 月，ISO TC46/SC4（信息与文献工作/技术协作委员会）在罗马召开会议，通过制定一个通用的、能够满足世界上所有遵循 ISO 2709 的 MARC 格式的MARCXML 模式，并确定该模式为美国国会图书馆 MARCXML 模式和 ISO 2709 信息交换格式的扩展和补充，其目标是在 MARCXML 模式的基础上，使现有的、基于 ISO 2709 的格式能被描述。在一年之后即 2004 年 10 月的华盛顿会议上，丹麦国家图书馆规范部的 Leif Andresen 和丹麦图书馆中心的 Tommy Schomacker 就向 ISO TC46/SC4 推荐了一个在前述 MARCXML 模式基础上修改而成并被称之为 "MarcXchange" 的 XML 模式。① 这与华盛顿会议通过的工作计划一致，即为支持 XML 环境下的 MARC 数据，定义一个用于信息交换且不同于 ISO 2709 格式的另一种基于 XML 的通用可选格式。最终形成的MarcXchange 模式既是 ISO 2709 的扩展，亦可很容易地使数据用于其他的目的（如 DC 元数据等）。2005 年 11 月，ISO TC46/SC4 发布了 ISO/DIS 25577 Information and documentation - - MarcXchange 标准草案。该标准草案还于 2006 年2 月 22 日起开始投票征求意见，并经规范程序后于 2007 年被正式通过。

――――――――――――――

　　①   MarcXchange. http：//www. bs. dk/marcxchange/

三、《CNMARC 的 XML 表示》简介

ISO/DIS 25577 Information and documentation－－MarcXchange 标准草案发布后，全国信息与文献标准化技术委员会第六分委员会就参照它来编制国家标准《CNMARC 的 XML 表示》（主要起草单位为中国国家图书馆）。目前，《CNMARC 的 XML 表示》还是一个征求意见稿，其结构为：定义与术语采用与 ISO 2709 格式相一致的描述；增加与 ISO 2709 术语的文字连接；描述一个通用的 CNMARCXML 结构，并使之适用于采用 ISO 2709 句法但不改变其结构的记录或与原格式相比变化甚微的记录。如对本章图 4－1 这个由记录头标区、地址目次区、数据字段区和记录分隔符四部分组成通用结构，《CNMARC 的 XML 表示》征求意见稿给出了相应的 CNMARCXML 通用结构（见图 4－4）。其中，元素"头标"对应于 ISO 2709 的"记录头标"，元素"控制字段"对应于 ISO 2709 的"记录标识字段"和"参考信息字段"，元素"数据字段"对应于 ISO 2709 的"数据字段"。

在图 4－4 CNMARCXML 通用结构中，所有元素都有一个来自于 MARCXML 的可选属性"id"，具体描述如下：

（1）collection（集合）：一个顶层容器元素，包含零条或多条记录。

（2）record（记录）：一个顶层容器元素，包含组成记录的头标、控制字段和数据字段元素。记录元素具有如下属性：①format（记录格式，可选），MARC 记录的执行格式（如 CNMARC、UNIMARC 等）；②type（记录类型，可选），记录类型的标识（如书目、规范、馆藏、分类和团体信息格式）。

（3）leader（头标）：对应于 ISO 2709 的记录头标，含 24 个字符位。

（4）controlfield（控制字段）：对应于 ISO 2709 的记录标识号字段（001）及参考信息字段（002－009，00A－00Z），它仅适用于没有指示符和子字段的 MARC 字段。控制字段元素具有一个属性，即 tag（字段标识符，必备），用于标识字段（例 001）。

（5）datafield（数据字段）：适用于其他所有字段（字段号从 001－999 及从 00A－ZZZ），包括子字段元素。数据字段元素具有如下属性：①tag（字段标识符，必备），用于标识字段（例 200）；②ind1，ind2（指示符 1，指示符 2，可选），包含指示符值。

（6）subfield（子字段）：对应于 ISO 2709 的子字段。子字段元素具有一个属性，即 code（子字段代码，必备），对应于 ISO 2709 的子字段标识符。

《CNMARC 的 XML 表示》征求意见稿称，上述 CNMARCXML 通用结构具

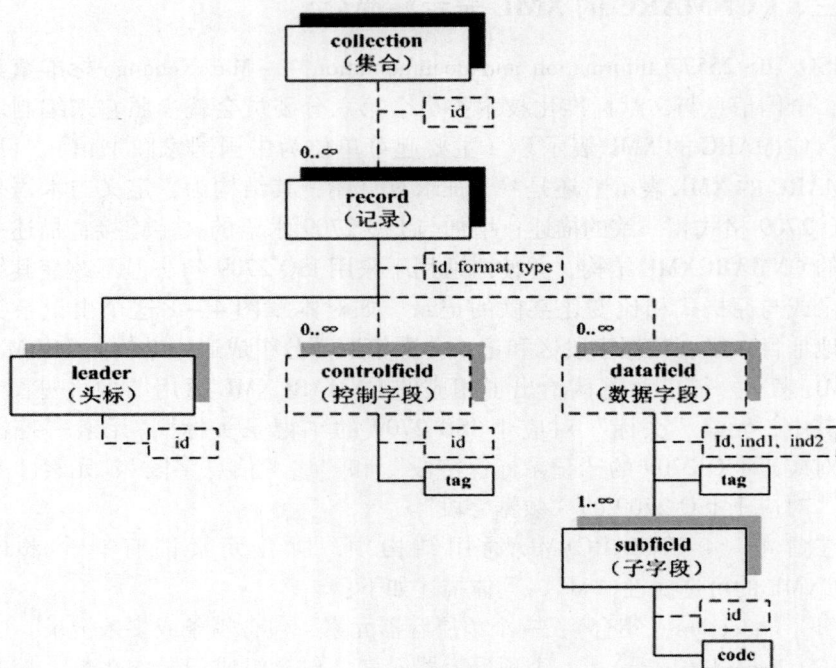

图 4 - 4　CNMARCXML 通用结构

有以下应用前景：

* XML 环境下完整的 CNMARC 记录表示；
* 用 XML 语法对原始资源进行描述；
* 可作为 METS（元数据编码和传输标准）中描述元数据的扩展编码方案；
* 用于 CNMARC 记录的 XML 交换格式；
* 在 Web 服务中通过诸如 SRW（查询/检索 Web 服务）协议传递 CNMARC 记录；
* 用于出版者传输数据；
* 作为各种数据转换或处理的临时格式，如转换、发布、编辑、校验；
* XML 格式的元数据可与电子资源捆绑；
* 作为开放档案元数据收割协议（OAI - PMH）的元数据等；
* 与其他领域的信息体系交互和集成。

　　我们相信，上述《CNMARC 的 XML 表示》征求意见稿中的 CNMARCXML 模式（cnmarcxml. xsd），定能不断地得到优化，从而使我国现有 CNMARC 实例成功地转换成 CNMARCXML 化记录，以适应现在的互联网以及今后的关联数据环境。

第五章　RDA 的实体及其属性

　　如第一章第三节所述，RDA 的十个部分分别对应于 FRBR/FRAD 三组实体的属性、三组实体与第一组实体的关系以及同一组实体间的相关关系。本章针对 FRBR/FRAD 实体的属性即 RDA 的第一至第四部分的内容进行论述，FRBR/FRAD 实体的关系即 RDA 的第五至第十部分的内容详见本书第六章。需要指出的是，RDA 没有"记录"的概念，其实体的属性与关系并不限定属于书目记录还是规范记录，但当前图书馆的编目实践仍立足于特定的记录，因而本章及第六章将从书目记录、规范记录乃至馆藏记录的角度将 RDA 的内容具体化，以便理解与掌握。另外，基于 FRBR/FRAD 的用户任务，以及基于《国际编目原则声明》的原则，构成了 RDA 各部分的功能目标与原则（这是 RDA 不同于先前编目条例的另一个鲜明特点，意在强化编员的自主意识，即在提供描述与检索元素及揭示关系时，要从 FRBR/FRAD 用户任务以及《国际编目规则声明》总原则角度加以判断），因此本章及第六章的每一节均从其"功能目标与原则"开始。

第一节　载体表现和单件及其属性

　　在 RDA 中，资源（即 AACR2 的书目资源）大致是指 FRBR 中的第一组实体。其中，载体表现即目前图书馆编目中的"手头文献"，也就是书目记录的描述对象；单件即一件或一套馆藏，通常为馆藏记录的描述对象，但书目记录中也有可能包含单件的部分信息。

　　RDA 第一部分记录载体表现与单件的属性，是书目记录著录部分的主要记录单元，包括识别载体表现与单件的元素、描述载体的元素以及提供获取与检索信息的元素三部分。① 需要指出的是，RDA 对不同的描述与检索信息规定各自的信息源。由于识别载体表现与单件的元素大多是对资源本身呈现

---

　　① Joint Steering Committee for development of RDA. RDA: Resource Description & Access. 2013 July update. http: //access. rdatoolkit. org/

信息的转录，所以本节将特别述及"信息源"问题。

一、功能目标与原则

数据创建机构及编目员在记录载体表现和单件的属性时，需遵循如下的功能目标与原则。

（一）功能目标

描述载体表现或单件的数据，应有助于用户：

1. "发现"符合用户陈述的检索策略的载体表现和单件；

2. "识别"所描述的资源，即证实所述资源符合所寻找的资源，或者区分两个或多个具有相同或相似特征的资源；

3. "选择"载体的物理特征、存储在载体上的信息的格式与编码均适合用户需求的资源；

4. "获取"资源，即通过购买、借用等得到资源，或者通过与远程计算机联机连接以电子方式访问资源。

（二）原则

为确保采用 RDA 创建的数据能够满足前述功能目标，根据下述原则设计记录载体表现和单件属性部分的指引与条款：

1. 区别性：数据应有助于区分所描述资源与其他资源；

2. 充分性：数据应足以满足用户选择合适资源的需求；

3. 表达性：数据应反映资源本身的表达；

4. 准确性：对于构成资源本身的部分信息源上有歧义、难理解或带误导的表达，数据应提供补充信息，予以更正或澄清；

5. 通用性：对于非转录自资源本身的数据，应反映通常用法。

采用 RDA，从来源转录数据，尽可能确保数据反映资源本身的表达，因为转录本身也可作为区分不同资源的手段。

二、信息源

信息源指准备著录的数据来源。如第一章第三节所述，以前所称的"主要信息源"，在 RDA 中改称"首选信息源"，而且其范围扩大到资源本身，包括：

1. 存储介质以及作为资源整体一部分的包装，均为资源本身的一部分。以音像带为例，存储介质指记录音像的磁带本身，包装指装配磁带的带壳。

2. 容器，如与资源一同发行，也作为资源本身一部分。仍以音像带为例，磁带盒（外壳）属于容器；一套磁带的包装外盒，也属于容器。

3. 附件，在综合著录时也作为资源本身的一部分；若分开著录，则可作为相关资源。当然，在资源本身的不同位置，选择的优先顺序不同。

著录时，首先从首选信息源（资源本身）寻找信息。若找不到相应信息，再从资源以外的其他来源寻找。只有在资源以外查找到的信息，才需做出标记（比如用方括号，或者做附注），说明非来自资源本身。这与以前只要不是来自题名页（或其他类型资源的相应来源）就用方括号标记的规定，有较大的变化。

以下关于信息源选取顺序的说明，适用于识别载体表现和单件元素中的题名、责任说明、版本说明、连续出版物编号、制作说明、出版说明、发行说明、生产说明以及丛编说明下的元素。

（一）首选信息源

资源本身的来源均为首选信息源，按以下顺序选择：

1. 题名页、题名帧或题名屏；

2. 如没有题名页，则按序选择带题名的封面、标题页、报头和版权页；

3. 如没有题名帧或题名屏，则选择打印或固定在资源上的带题名的标签，如视盘标签（不包括文字附件材料或容器）；或者带题名的内嵌文本形式元数据（如 MEPG 视频文件内嵌元数据）；

4. 如果上述来源均没有题名，则从资源本身选取其他带题名的来源；

5. 如果资源不含上述来源，则选择构成资源本身一部分的其他来源。

（二）其他信息源

资源本身以外的来源均为其他信息源。如果识别资源的信息未出现在构成资源本身一部分的来源，按如下来源顺序获取信息：

1. 附件（如"关于"文件）；

2. 未作为资源一部分发行的容器（如拥有者自制函套）；

3. 资源的其他出版说明；

4. 任何其他来源（如参考源）。

如前所述，如果描述信息取自其他信息源，需要用附注或其他方式（标记，比如方括号）指明。

三、识别载体表现和单件的元素

在 RDA 中，表达书目信息特定单元的字符串称为元素，大致对应于 ISBD 中的著录单元。在载体表现和单件的元素中，有一个最小的必备元素集，称为核心元素，相当于 ISBD 详简著录级次中的简要级次（第一级次）的著录单元。

载体表现和单件的元素，是资源生产者用来识别其产品的信息。表 5 - 1 列出 RDA 所有识别载体表现和单件的元素，对核心元素予以特别标示与说明。

表 5 - 1　RDA 识别载体表现和单件的元素

条款号	元素	子元素	说明
2.3	题名		
		正题名	核心元素
		并列正题名	
		其他题名信息	
		并列其他题名信息	
		变异题名	
		先前正题名	
		后续正题名	
		识别题名	
		缩略题名	
2.4	责任说明		
		与正题名相关的责任说明	核心元素（如有多个，仅需首个）
		与正题名相关的并列责任说明	
2.5	版本说明		
		版本标识	核心元素
		并列版本标识	
		与版本相关的责任说明	
		与版本相关的并列责任说明	
		版本修订标识	核心元素
		并列版本修订标识	

条款号	元素	子元素	说明
		版本修订相关责任说明	
		版本修订相关并列责任说明	
2.6	连续出版物编号		
		序列首期或部分的数字/字母标识	核心元素（对首个或唯一序列）
		序列首期或部分的时序标识	核心元素（对首个或唯一序列）
		序列末期或部分的数字/字母标识	核心元素（对最后或唯一序列）
		序列末期或部分的时序标识	核心元素（对最后或唯一序列）
		序列首期或部分的交替数字/字母标识	
		序列首期或部分的交替时序标识	
		序列末期或部分的交替数字/字母标识	
		序列末期或部分的交替时序标识	
2.7	制作说明		（对非出版资源）
		制作地	
		并列制作地	
		制作者名称	
		并列制作者名称	
		制作日期	核心元素
2.8	出版说明		（对出版资源）
		出版地	核心元素（如有多个，仅需首个）
		并列出版地	
		出版者名称	核心元素（如有多个，仅需首个）
		并列出版者名称	
		出版日期	核心元素
2.9	发行说明		（对出版资源）
		发行地	核心元素（出版地不详时；如有多个，仅需首个）
		并列发行地	
		发行者名称	核心元素（出版者不详时；如有多个，仅需首个）
		并列发行者名称	

条款号	元素	子元素	说明
		发行日期	核心元素（出版日期不详时）
2.10	生产说明		（对出版资源）
		生产地	核心元素（出版地与发行地均不详时；如有多个，仅需首个）
		并列生产地	
		生产者名称	核心元素（出版者与发行者均不详时；如有多个，仅需首个）
		并列生产者名称	
		生产日期	核心元素（出版日期、发行日期与版权日期均不详时）
2.11	版权日期		核心元素（出版日期和发行日期均不详时）
2.12	丛编说明		
		丛编正题名	核心元素
		丛编并列正题名	
		丛编其他题名信息	
		丛编并列其他题名信息	
		丛编相关责任说明	
		丛编相关并列责任说明	
		丛编 ISSN	
		丛编编号	核心元素
		子丛编正题名	核心元素
		子丛编并列正题名	
		子丛编其他题名信息	
		子丛编并列其他题名信息	
		子丛编相关责任说明	
		子丛编相关并列责任说明	
		子丛编 ISSN	
		子丛编编号	核心元素
2.13	发行模式		

条款号	元素	子元素	说明
2.14	频率		
2.15	载体表现标识符		核心元素（如有多个，尽可能优先采用国际认可的标识符）
		乐谱出版者编号	
		乐谱版号	
2.16	首选引用格式		
2.17	单件保管历史		
2.18	单件直接获取来源		
2.19	单件标识符		
2.20	载体表现或单件附注		
		题名附注	
		责任说明附注	
		版本说明附注	
		连续出版物编号附注	
		制作说明附注	
		出版说明附注	
		发行说明附注	
		生产说明附注	
		版本日期附注	
		丛编说明附注	
		频率附注	
		作为资源识别基础的期、部分或整体的附注	

识别载体表现和单件的元素，大多是所谓的转录元素，即照录信息源上呈现的内容。如前所述，RDA 强调表达性原则，从来源转录数据，尽可能确保数据反映资源本身的表达。

由于识别载体表现和单件的元素是著录的主要部分，故以下将简要述及所有元素及部分子元素。对常用元素中与 AACR2 或 ISBD 有差异的内容，会特别予以强调。

（一）题名

1. 题名指资源的名称。

2. 核心元素：正题名。

3. 按信息源转录。

4. 若信息源有误，照录而不更正，另做变异题名或用附注说明（在 MARC21 中可以使用 246 变异题名字段，同时显示附注，以 $ i 子字段提供附注提示语）。

如题名页题名：Teusday's tasks

正题名：Teusday's tasks

变异题名：Tuesday's tasks

题名附注：Corrected title：Tuesday's tasks

说明：信息源中"Tuesday"的第 2 和第 3 个字母错位。①

5. 题名有误照录的规定对连续出版物和集成性资源例外，需记录更正后的题名，另用附注说明错误的原题名。

（二）责任说明

1. 责任说明标识对资源的知识或艺术内容的创建负责、或者对其实现作出贡献的个人、家族或团体，并说明其相关职能。

2. 核心元素：与正题名相关的责任说明，如有多个责任说明，仅需首个。

3. 按信息源转录。

（1）照录全部责任者，不限数量。

针对原来"3 的规则"，另外提供可选省略规则：同一责任方式超过 3 个，可省略除首个以外的任何责任者，并说明省略数。

如信息源显示：by Raymond Queneau，Italo Calvino，Paul Fournel，Jacques Jouet，Claude Berge & Harry Mathews

责任说明：by Raymond Queneau，Jacques Jouet［and 4 others］

说明：采用可选省略规则，记录的是第 1 个和第 4 个责任者，最后用方

---

① 本章大部分例子取自 RDA 正文及如下培训资料：LC RDA for Georgia Cataloging Summit，9 – 10 August 2011 – Module 2，part 1. http：//www. rda – jsc. org/docs/Georgia – RDA – module – 2 – part – 1 – rev – 12august2011. ppt.

括号说明省略了其余 4 个。

（2）照录责任者相关说明。原来省略的头衔、所属单位等均照录。

如：Charles F. Hoban, Jr. , Special Assistant, Division of Visual Education, Philadelphia Public Schools

说明：责任说明保留头衔 Special Assistant 和所属单位 Division of Visual Education, Philadelphia Public Schools

另外提供可选省略规则，仍采用原来做法：在不丢失基本信息的情况下，节略责任说明，且不使用"…"表明省略。

如信息源显示：by Dr. Harry Smith

责任说明：by Harry Smith

说明：省略头衔 Dr. 。

（三）版本说明

1. 版本说明标识资源所属的版本。

2. 核心元素：版本标识、版本修订标识。

3. 按信息源形式转录，不改写、不缩写。

如：Third revised edition

如：2nd revised ed.

说明：照录信息源中的序数词和缩写，既不改成缩写形式，也不改成完整拼写形式。

（四）连续出版物编号

1. 连续出版物编号指连续出版物的每一期/部分。

2. 核心元素：序列首期或部分的数字/字母标识、序列首期或部分的时序标识，序列末期或部分的数字/字母标识、序列末期或部分的时序标识。

3. 词语和月份按信息源形式转录。

4. 数字形式由数据创建机构决定。

如信息源显示：tome III

连续出版物编号：tome 3

说明：数据创建机构决定编号采用阿拉伯数字形式。

另外提供交替规则：数字形式按信息源形式转录。

（五）制作说明、出版说明、发行说明、生产说明和版权日期

1. 制作说明标识资源的制作地、制作者和制作日期，针对非出版资源；出版说明标识资源的出版地、出版者和出版日期，出版也包括发布等，联机

资源均视为出版；发行说明标识资源的发行地、发行者和发行日期；生产说明标识资源的生产地、生产者和生产日期，生产指出版物的印刷、复制、铸造等；版权日期指与受版权或类似制度保护的权利声明相关的日期，包括录音版权。

2. 核心元素：

（1）对非出版资源，制作日期为核心元素；

（2）对出版资源，出版地、出版者、出版日期为核心元素，如有多个，仅需首个；

（3）对出版资源，如果出版地、出版者、出版日期不详，发行地、发行者、发行日期为核心元素，如有多个，仅需首个；

（4）对出版资源，如果出版地/发行地、出版者/发行者、出版日期/发行日期/版权日期不详，生产地、生产者、生产日期为核心元素，如有多个，仅需首个；

（5）对出版资源，如果出版日期和发行日期均不详，版权日期为核心元素。

3. 制作、出版、发行、生产地

（1）照录，不添加上一级行政管辖区。

另外为以前做法提供可选附加规则：提供较大行政管辖区作为地名的一部分。

（2）不更正错误，需要时用附注说明。

如信息源上的出版地：Minneapolis，实际出版地：St. Paul

出版地：Minneapolis

出版说明附注：Actually published in St. Paul.

说明：出版地信息错误，照录，另用附注说明。

（3）出版地找不到时尽可能推测，用方括号表明是推测的出版地。无法推测时用：〔Place of publication not identified〕。

如信息源显示：ABC Publishers, 2009
　　　　　　　Distributed by Iverson Company, Seattle

出版地：〔Place of publication not identified〕

出版者：ABC Publishers

出版日期：2009

发行地：Seattle

发行者：distributed by Iverson Company

　　说明：出版地不详，记录发行信息；RDA 中每个元素/子元素都是独立的，不组合为著录项。

　　4. 制作、出版、发行、生产者

　　（1）照录，不缩写，但可以省略机构中间层级。

　　（2）没有出版者时，出版者用：［publisher not identified］。

如信息源显示：Published 2009

printed by B. Ross Printing（Arlington，VA），May 2009

出版地：［United States］

出版者：［publisher not identified］

出版日期：2009

生产地：Arlington，VA

生产者：B. Ross Printing

生产日期：2009

　　说明：推测出版地；出版者不详，无发行信息，记录印刷信息。

　　5. 制作、出版、发行、生产、版权日期

　　（1）日期一般采用年份。

　　（2）如果没有出版日期，用方括号表示推测的日期。推测日期的形式有：

　　A. 确切的年份，如：［2003］

　　B. 相邻的两年，如：［1971 or 1972］

　　C. 可能的年份，如：［1969？］

　　D. 可能的年份范围，如：［between 1846 and 1853？］

　　E. 已知最早或早晚的可能日期，如：［not after August 21，1492］或［not before August 21，1492］

　　（3）如果无法推测，单部分专著的出版日期用：［date of publication not identified］；多部分专著、连续出版物和集成性资源，不记录。

　　（4）版权日期按信息源前置"©"或录音版权"℗"。

如光盘标签信息：ELC Publishers，Chicago，℗2010

出版地：Chicago

出版者：ELC Publishers，

出版日期：［date of publication not identified］

版权日期：℗2010

　　（六）丛编说明

　　1. 丛编说明标识资源所属丛编，以及资源在该丛编内的编号，有时包括标识资源所属子丛编的信息，有时包括与丛编或子丛编相关的责任说明。

2. 核心元素：丛编正题名、丛编编号，子丛编正题名、子丛编编号。

3. 丛编、子丛编的题名规则同题名元素，见"（一）题名"；丛编、子丛编责任说明规则同责任说明元素，见"（二）责任说明"；丛编、子丛编编号规则同连续出版物编号，见"（四）连续出版物编号"。

4. 丛编和子丛编各有 ISSN 号时，同时记录。

另外为以前做法提供可选省略规则：不记录主丛编的 ISSN。

（七）发行模式

1. 发行模式反映资源以单个还是多个部分发行，其更新方式及计划结束时间。

2. 发行模式术语须从 RDA2.13.1.3 的表 2.1 中选取，共 4 种：

single unit（独立单元）

multipart monograph（多部分专著）

serial（连续出版物）

integrating resource（集成性资源）

（八）频率

1. 频率指连续出版物的期或部分，或者集成性资源更新的发行间隔。

2. 频率术语须从 RDA2.14.1.3 的术语单中选取。清单列有 16 种频率，如：

daily（日报）

three times a week（周三刊）

triennial（三年刊）

irregular（不定期）

3. 如果频率在清单中没有，则做"频率附注"予以说明，参见"（十二）载体表现和单件附注"。

（九）载体表现标识符

1. 载体表现标识符指用于区别不同载体表现的字符串。

2. 核心元素。

3. 优先采用国际公认的标识符，如 ISBN、ISSN、ISMN、音乐出版者号、乐谱版号等。

（十）首选引用格式

1. 首选引用格式指创作者、出版者、保管者、文摘索引机构等建议的资源引用形式。

2. 不规定格式，按信息源形式转录。

如：Janus Press Archive, Rare Book and Special Collections Division, Library of Congress

如：W. G. Alma conjuring collection. Photographs

说明：以上两例反映不同机构的特藏，依信息源分别采用倒序和正序方式。

（十一）单件相关属性：单件保管历史、单件直接获取来源和单件标识符

单件保管历史：记录单件以前的拥有或保管者。

单件直接获取来源：记录机构获取与收到单件的情况，比如获赠、购买等。

单件标识符：指用于区别不同单件的字符串，比如馆藏索取号、馆藏条码等。

（十二）载体表现和单件附注

识别载体表现和单件的附注共有 12 个子元素。

1. 题名附注

对于题名来源、查看日期、变异题名、题名更正等信息的附注。

如题名来自题名页、题名屏等以外，做题名附注：Title from container

如并列题名与正题名来源不同，做题名附注：French title from cover

说明：RDA 规定并列题名可取自资源本身的任何来源，不限于题名页（或与正题名相同的来源）。

2. 责任说明附注

对于责任说明中未提及的对资源内容负责者、资源上显示名称的变异形式、责任说明有变化等的附注。

如责任说明照录缩写形式，其他来源有全称：

责任说明：Alra

责任说明附注：Issued by: Abortion Law Reform Association

说明：发行信息中有责任者的全称形式，做责任说明附注。

3. 版本说明附注

对于版本说明来源、与期或部分有关的版本说明、版本说明有变化等的附注。

如不同位置版本说明不同，做版本说明附注：Edition statement on colophon varies：Shohan

如不同卷册版本说明不同，做版本说明附注：Volume 2 does not have an e-
dition statement

4. 连续出版物编号附注

对于首期/部分编号、末期/部分编号、复杂或不规则编号、卷/期/部分
等覆盖时期的附注。

如不规则编号，做连续出版物编号附注：Volume numbering irregular：v.
15 – 18 omitted，v. 20 – 21 repeated

如各期覆盖时间范围，做连续出版物编号附注：Each issue covers：Apr. 1
– Mar. 31

5 – 8. 制作说明附注、出版说明附注、发行说明附注、生产说明附注

对于制作、出版、发行、生产的细节或其变化的附注。

如出版曾经中断，做出版说明附注：Suspended with v. 6，no. 2（July
1992）；resumed with v. 7，no. 1（January 1995）

9. 版权日期附注

提供未记录在版权日期元素中的版权日期信息。

如附件的版权日期不同，用版权日期附注说明：CD – ROM is
copyright 2001

如翻译版和原版的版权日期：

版权日期：© 1987

版权日期附注：French language edition © 1982

说明：资源本身版权日期为 1987 年，据以翻译的原版的版权日期为
1982 年。

10. 丛编说明附注

对于复杂的丛编说明、不正确的丛编编号、丛编说明变化的附注。

如多卷书各册分属不同的丛编，做丛编说明附注：Pts. 1 and 2 in series：
African perspective. Pts. 3 and 4 in series：Third World series. Pt. 5 in both series

11. 频率附注

对于连续出版物的期/部分的发布频率、集成性资源的更新频率、内容的
存续及频率变化细节的附注。

如发布频率不在频率术语表中，做频率附注：Monthly（except Aug.）

如发布频率有变化，依时间顺序说明，做频率附注：Bimonthly，Nov. /
Dec. 1980 – Mar. /Apr. 1992；monthly，May 1992 –

12. 作为识别资源依据的卷期、部分或整体的附注

对于多部分专著或连续出版物，说明著录时所依据的期/部分；对于集成性资源，说明著录时所依据的整体；对于联机资源（属于集成性资源），通常包括描述的访问日期。

如对于多部分专著或连续出版物，不是以首期/部分为描述依据的，记录所依据的期/部分，做识别依据附注：Identification of the resource based on：part 2，published 1998

如对于尚未完成的多部分专著或连续出版物，记录手头最新一期/部分，做识别依据附注：Latest issue consulted：2001/3

说明：通常针对出版周期较长的情况（如本例依据 1991 年第 1 期记录），有助于了解近期的出版情况。

如集成性资源先前整体的情况，做识别依据附注：Former title（as viewed October 6，1999）：Washington newspapers database

说明：集成性资源以最新整体为描述依据，题名有变化，附注说明先前题名及记录的时间。

如联机资源，通常记录访问日期，做识别依据附注：Viewed on January 13，2000

四、描述载体的元素

RDA 描述载体的元素描述载体的物理特征、记录载体中包含或存储的格式或编码的信息。基本上属于"记录"元素，即根据资源的情况，选择 RDA 相应术语表中的术语予以记录。描述载体的元素中，仅载体类型和数量为核心元素。表 5-2 列出 RDA 所有描述载体的元素，对核心元素予以特别标示与说明。

表 5-2　RDA 描述载体的元素

条款号	元素	子元素	说明
3.2	媒介类型		
3.3	载体类型		核心元素
3.4	数量		核心元素（仅当资源完整，或总量已知）
		地图资源的数量	
		乐谱的数量	

条款号	元素	子元素	说明
		静态图像的数量	
		文本的数量	
		三维形式的数量	
3.5	尺寸		
		地图的尺寸	
		静态图像的尺寸	
3.6	基底材料		
		缩微胶卷、缩微平片、照相胶卷与电影胶卷的基底材料	
3.7	应用材料		
		缩微胶卷和缩微平片的感光乳剂	
3.8	衬底		
3.9	制作方法		
		手稿的制作方法	
		触觉资源的制作方法	
3.10	代		
		录音资料的代	
		数字资源的代	
		缩微品的代	
		电影胶片的代	
		录像带的代	
3.11	版面设计		
3.12	图书开本		
3.13	字体大小		
3.14	极性		
3.15	缩率		
3.16	声音特征		
		录音类型	
		录音介质	
		播放速度	

条款号	元素	子元素	说明
		纹槽特征	
		音轨配置	
		录音带配置	
		播放声道配置	
		特殊播放特征	
3.17	电影放映特征		
		呈现格式	
		放映速度	
3.18	视频特征		
		视频格式	
		广播标准	
3.19	数字文件特征		
		文件类型	
		编码格式	
		文件大小	
		分辨率	
		地区编码	
		编码比特率	
		地图内容的数字化呈现	
3.20	设备或系统要求		
3.21	特定单件的载体特征		
		早期印刷资源的特定单件载体特征	
3.22	载体表现或单件附注		
		载体表现数量附注	
		单件数量附注	
		载体表现尺寸附注	
		单件尺寸附注	
		载体特征变化附注	

描述载体的元素提供资源的载体细节，因载体类型而异。以下仅简要述及常见元素，对常见元素中与 AACR2 或 ISBD 有差异的内容，会特别予以强调。

（一）媒介类型和载体类型

为取代 AACR2 的一般资料标识（GMD）及特定资料标识（SMD），RDA 定义了内容类型、媒介类型和载体类型。其中，媒介类型和载体类型属于描述载体的元素，内容类型属于识别作品和内容表达的元素（见本章第二节）。

1. 媒介类型

（1）媒介类型是反映资源内容的浏览、播放、运行等所需中介设备一般类型的分类。

（2）媒介类型有 8 种，所用术语须取自 RDA3.2.1.3 的表 3.1：

audio（视频）

computer（计算机）

microform（缩微）

microscopic（显微）

projected（投影）

stereographic（立体）

unmediated（无中介）

video（视频）

其中"无中介"指不需要借助中介设备直接使用的类型，如普通图书、实物模型等。

（3）可根据情况确定一种或多种类型。

如 DVD 光盘，可同时用于 DVD 播放器和计算机，媒介类型可用：video 和 computer。

如图书配 CD 光盘，CD 作为附件，媒介类型可用：unmediated（代表图书）和 audio（代表 CD）。

（4）如果表中术语均不合适，记录：other（其他）。

（5）如果无法确定，记录：unspecified（未指明）。

如处理回溯记录未见到实物而无法判断时，用"未指明"。

2. 载体类型

（1）载体类型是反映资源存储介质格式和封装载体，并结合浏览、播放、运行资源内容所需设备类型的分类。

（2）核心元素。

（3）载体类型与 8 种媒介类型对应，每种媒介类型下有若干种载体类型，所用术语须取自 RDA3.3.1.3。

（4）常用的载体类型术语如：

audio disc（音频盘）：包括唱片、CD 光盘

computer disc（计算机盘）：包括软盘、光盘

microfiche（缩微平片）

sheet（张）：如地图、海报等

volume（册）：如图书、期刊、乐谱、地图册等

videodisc（视盘）

（二）数量

1. 数量反映构成资源单元（指构成资源的物理或逻辑单元）/子单元（指单元的物理或逻辑细分）的数值与类型。

2. 在资源完整或总量已知的情况下为核心元素。

3. 数量的子单元仅在易确定、且对识别或选择重要时记录。

4. 数量的单元类型通常采用载体类型术语（RDA3.3.1.3），根据情况用单数或复数。

如：2 volumes（xii, 2495 pages）

说明：图书的单元类型采用载体类型术语 volume，子单元为页。

5. 另外提供交替规则：单元类型可以采用通用语（如商标名）。

如光盘，采用载体类型术语：3 audio discs；也可以采用通用语：3 CDs。

6. 部分类型资源的数量单元类型采用不同于载体类型术语的其他专用术语表，包括：

（1）地图，术语表见 RDA3.4.2.2，如：atlas（地图册）；

（2）乐谱，术语表见 RDA3.4.3.2，如：score（总谱）；

（3）静态图像，术语表见 RDA3.4.4.2，如：photograph（照片）；

（4）文本，单册直接记录子单元。无术语表，可采用 RDA3.4.5 样例中术语，如：page（页）、leaf（叶）、column（栏）等；

（5）三维形式，术语表见 RDA3.4.6.2，如：toy（玩具）。

7. 单元类型难以明确说明，采用 various pieces（不同物件），如：48 various pieces。

8. 未完成资源，只记录单元类型，如：volumes。

9. 数量难以确定，可估计，前置"约"（approximately），如：approximately 600 slides。

（三）尺寸

1. 尺寸反映资源载体和容器的度量。

2. 单位符号一般使用厘米（cm）；特定情况下使用毫米（mm）。

3. 数量向上取整，如 17.2 cm 记录为：18 cm。

4. 记录不同类型资源尺寸的规定各异，一些基本规定如：

（1）图书：高度

（2）卡片：高度 × 宽度

（3）圆盘、球体：直径

（4）胶卷：宽度

（5）容器、模型：高度 × 宽度 × 深度

（6）地图、图片：内廓高度 × 宽度；或：直径（圆形）

5. 当有多个不同尺寸或尺寸变化时，记录尺寸范围。

如：24 – 28 cm

如：11 × 15 cm – 12 × 17 cm

（四）字体大小

1. 字体大小指用于代表资源中字符和符号的字体尺寸。

2. 对于为视障者设计的资源，可用 RDA3.13.1.3 清单中术语记录字体大小：

giant print（巨大字印刷本）

large print（大字印刷本）

3. 对于为视障者设计的资源，还可以用"point（点）"附加指明字体的尺寸。

如：giant print（36 point）

（五）设备或系统要求

1. 设备或系统要求指使用、播放模拟、数字等资源所需的设备或系统。

2. 对载体类型或文件类型而言，记录超出其正常或显见范围的设备或系统要求（例如，设备或硬件的型号、操作系统、内存量，或者对播放、查看或运行资源所需的插件或外设）。

如：Requires RTI Series 500 CD – ROM DataDrive

（六）载体表现或单件附注

描述载体的附注共有 5 个子元素。

1. 载体表现数量的附注。举例如下：

（1）具体说明"不同物件"：数量元素中资源的单元或子单元记录为 "various pieces"（不同物件）时，可提供物件的细节。

如：Contains 1 small stage, 5 foreground transparencies, 2 backgrounds, 5 story sheets, and 1 easel

（2）多单元资源未全部发行，但已经不再继续发行时，做附注说明。

如：No more published

（3）更大序列的页码：除在数量元素中记录的单册页码外，还有其所属较大作品的页码时，做附注说明。

如：Pages also numbered 501 – 828

说明：数量记录为：328 pages，同时还标有页码 501 – 828。

（4）书目卷数不同于物理册数。

如：8 bibliographic volumes in 5 physical volumes

说明：数量记录为：5 volumes。

2. 单件数量的附注

数量元素中没有记录，具体单件所具有的数量细节。如馆藏册缺页。

3. 载体表现尺寸的附注

（1）尺寸的细节，提供尺寸元素未记录的附加信息。

如：Printed area measures 30 ×46 cm

说明：尺寸记录的是外观大小，附注说明内容区域的大小。

（2）尺寸的变化

A. 对于多部分专著和连续出版物，说明尺寸变化的细节。

如：Size varies：September 1891 – September 1893：18 × 26 cm；October 1893 – December 1894, 18 ×27 cm

说明：尺寸部分记录为：18 ×26 cm – 18 ×27 cm。

B. 对于集成性资源，尺寸记录的是当前整体的情况，用附注记录先前整体的尺寸及其变化。

4. 单件尺寸的附注

尺寸元素中没有记录，具体单件所具有的附加尺寸信息。

5. 载体特征变化的附注

（1）多部分专著和连续出版物。说明后续卷期/部分的载体类型或其他载体特征发生的变化。

如：Some issues have audiocassette supplements, 1984 – 1997; compact disc supplements, 1998 –

（2）集成性资源。说明不同于当前更新后整体的载体特征。

五、提供获取与检索信息的元素

RDA 提供获取与检索信息的元素，是与文献采访、访问相关的元素。表 5 – 3 列出提供获取与检索信息的元素，其中没有核心元素。

表 5 – 3　RDA 提供获取与检索信息的元素

条款号	元素
4.2	获得方式
4.3	联系信息
4.4	获取限制
4.5	使用限制
4.6	统一资源定位

以下对各元素提供简要说明，对常用元素中与 AACR2 或 ISBD 有差异的内容，会特别予以强调。

（一）获得方式

1. 获得方式指出版发行者等正常提供资源的条件或资源的价格。

2. 对出售资源，记录价格，采用标准货币符号。

如：$6.45 per year

说明：价格单位为标准货币符号（上例为美元 $）。不同于 ISBD 规定的标准货币代码（美元为 USD）。

3. 对非出售资源，简单说明其他方式。

如：Not for sale, for promotion only

（二）联系信息

1. 联系信息指与获取资源相关的机构等信息。

2. 记录出版者、发行者等的联系信息。可以是实际地址，也可以是网址等。

（三）获取限制

1. 获取限制指对资源获取设置的限制。

2. 尽可能明确说明所有获取限制，包括自然的和持续时间的限制。

如开放使用时间：Accessible after 2008

如限订购使用：Restricted to institutions with a subscription

如限特定用户使用：Open to researchers under library restrictions

（四）使用限制

1. 使用限制指对复制、出版、展览等使用设置的限制。

2. 尽可能明确说明所有获取限制，包括自然的和持续时间的限制。

如复制需要得到许可：Reproduction in any form requires written permission of the donor

（五）统一资源定位

1. 统一资源定位（URL）指远程访问资源的地址。

2. URL 包括采用标准网络浏览器联机访问资源时所用的字符串。

如：http：//dx. doi. org/10. 3133/of2007 – 1047

说明：美国地理调查报告（U. S. Geological Survey open – file report 2007 – 1047）访问网址。

第二节　作品和内容表达及其属性

作品和内容表达的属性一般可归于题名规范记录范畴，但在以载体表现为描述对象的书目记录中，也含有作品和内容表达的部分属性，主要是题名检索点、内容类型以及描述内容的元素。

RDA 第二部分记录作品和内容表达的属性，包括识别作品和内容表达的元素和描述内容的元素两部分。[①]

一、功能目标与原则

数据创建机构及编目员在记录作品和内容表达的属性时，需遵循如下的功能目标与原则。

---

① Joint Steering Committee for development of RDA. RDA：Resource Description & Access. 2013 July update. http：//access. rdatoolkit. org/

（一）功能目标

记录反映作品或内容表达属性的数据，应有助于用户：

1. "发现"符合用户陈述的检索策略的作品和内容表达。

2. "识别"由数据表达的作品或内容表达，即证实呈现的作品或内容表达正是所查找的，或者区别两个或多个具有相同或相似题名的作品或内容表达。

3. "理解"用于表达作品的题名与作品的另一个著称题名（如不同语言的题名形式）之间的关系。

4. "理解"为何某特定题名被记录为首选或变异题名。

5. "选择"适合用户在内容特征（如形式、使用对象、语言）方面需求的适当的作品或内容表达。

（二）原则

为确保采用 RDA 创建的数据能够满足前述功能目标，根据下述原则设计记录作品和内容表达属性部分的指引与条款：

1. 区别性：数据应有助于区别本作品/内容表达与其他作品/内容表达，或者其他实体。

2. 表达性：被选为作品首选题名的题名或题名形式，应当依下述顺序选择：

（1）在包含作品原语言的资源中最常见的题名；

（2）在参考资源中出现的题名；

（3）在包含作品的资源中最常见的题名。

二、识别作品和内容表达的元素

RDA 识别作品和内容表达的元素针对选择作品首选题名、记录作品或内容表达的其他识别属性、构建规范检索点等。有作品元素 7 个、内容表达元素 5 个，其他为针对特定类型作品的元素，包括音乐作品元素 5 个、法律作品元素 4 个、宗教作品元素 3 个、官方文告元素 1 个。表 5 - 4 列出 RDA 所有识别作品和内容表达的元素，对核心元素予以特别标示与说明。

表 5 – 4　RDA 识别作品和内容表达的元素

条款号	元素	子元素	说明
6.2	作品的题名		
		作品首选题名	核心元素
		作品变异题名	
6.3	作品的形式		需要区别时的核心元素
6.4	作品的日期		识别条约的核心元素 需要区别时的核心元素
6.5	作品的原始地点		需要区别时的核心元素
6.6	作品的其他区别性特征		需要区别时的核心元素
6.7	作品的历史		
6.8	作品标识符		核心元素
6.9	内容类型		核心元素
6.10	内容表达的日期		需要区别时的核心元素
6.11	内容表达的语言		核心元素
6.12	内容表达的其他区别性特征		需要区别时的核心元素
6.13	内容表达标识符		核心元素
6.14	音乐作品的题名		
		音乐作品首选题名	核心元素
		音乐作品变异题名	
6.15	表演媒介		需要区别时的核心元素
6.16	音乐作品的数字标识		需要区别时的核心元素
6.17	调		需要区别时的核心元素
6.18	音乐作品的内容表达的其他区别性特征		需要区别时的核心元素
6.19	法律作品的题名		
		法律作品首选题名	核心元素
		法律作品变异题名	
6.20	法律作品的日期		识别条约的核心元素 需要区别时的核心元素
6.21	法律作品的其他区别性特征		需要区别时的核心元素
6.22	条约等的签署国		需要区别时的核心元素

续表

条款号	元素	子元素	说明
6.23	宗教作品的题名		
		宗教作品首选题名	核心元素
		宗教作品变异题名	
6.24	宗教作品的内容表达的日期		需要区别时的核心元素
6.25	宗教作品的内容表达的其他区别性特征		需要区别时的核心元素
6.26	官方文告的题名		
		官方文告作品首选题名	核心元素
		官方文告作品变异题名	

以下仅对 7 个作品元素和 5 个内容表达元素提供简要说明。识别作品或内容表达的核心元素针对的是规范记录；需要区别的核心元素用于构建书目记录的规范检索点，在作品首选名称之外添加以区别相同或相似的名称。

（一）作品相关元素

作品的 7 个元素中，作品的首选题名和作品的标识符为核心元素；作品的形式、作品的日期、作品的原始地点和作品的其他区别性特征为特定条件下的核心元素，当需要区别具有相同或相似检索点时附加。

1. 作品的题名

（1）作品的题名指作品的名称，包括作品的首选题名和作品的变异题名 2 个子元素。

（2）核心元素：作品的首选题名。

（3）对于 1500 年以后创作的作品，作品的首选题名取自包含该作品的资源或者参考源，采用作品原语言的著称形式。

如莎士比亚《哈姆莱特》的首选题名：Hamlet

说明：首次出版时的题名为"The tragicall historie of Hamlet, Prince of Denmarke"，现以"Hamlet"著称。

2. 作品的形式

（1）作品的形式指作品所属的类别或类型。

（2）当需要区分相同或相似作品，或者与个人、家族或团体区分时，为核心元素。

（3）采用惯用名称。如 RDA6.3.1.3 样例中的几个名称是：

Play（戏剧）

Choreographic work（舞蹈作品）

Series（丛编）

3. 作品的日期

（1）作品的日期指与作品有关的最早日期，如作品的创作日期，或者首次出版或发布的日期。

（2）当需要区分相同或相似作品，或者与个人、家族或团体区分时，为核心元素。

（3）通常使用年份。

4. 作品的原始地点

（1）作品的原始地点指作品发源的国家或地区。

（2）当需要区分相同或相似作品，或者与个人、家族或团体区分时，为核心元素。

5. 作品的其他区别性特征

（1）作品的其他区别性特征指除作品的形式、作品的日期和作品的原始地点外的特征。

（2）当需要区分相同或相似作品，或者与个人、家族或团体区分时，为核心元素。

（3）根据情况以不同方式区分：

如发行机构名称：New York State Museum

说明：作品首选题名为通用题名"Bulletin"。

如作品内容：Old Saxon poem

说明：作品首选题名为常见的"Genesis"（《创世纪》）。

6. 作品的历史

介绍作品的历史，提供背景信息。

7. 作品标识符

（1）作品标识符指与作品或作品替代品（如规范记录）唯一关联的字符串。

（2）核心元素。

（3）记录时前置负责赋予该标识符的机构的名称或代码。

如：Library and Archives Canada control number：0053E3950E

（二）内容表达相关元素

在内容表达的 5 个元素中，内容类型、内容表达的语言和内容表达的标识符为核心元素，内容表达的日期和内容表达的其他区别性特征为特定条件下的核心元素，用于区别相同或相似的题名或名称。

1. 内容类型

（1）内容类型反映内容被表达、人类感官由此接收的基本交流形式的类别。对于以图像形式表达的内容，内容类型还反映用于感知内容的空间维度（二维或三维），以及是否感知为运动的内容（静态或动态）。

（2）核心元素。

（3）记录内容类型采用 RDA6.9.1.3 表 6.1 中的术语，共 23 种。

内容类型可大致归为地图、计算机、记谱、声音、图像、文本、三维品和触摸，多个类别之间互有交叉（以下"触摸"全部列入其他类中）：

A. 地图：

cartographic dataset（地图数据集）

cartographic image（地图图像）

cartographic moving image（地图动态图像）

cartographic tactile image（地图触摸图像）

cartographic three – dimensional form（地图三维形式）

cartographic tactile three – dimensional form（地图触摸三维形式）

B. 计算机：

computer dataset（计算机数据集）

computer program（计算机程序）

C. 记谱：

notated movement（动作谱/舞谱）

notated music（乐谱）

tactile notated movement（触摸动作谱/舞谱）

tactile notated music（触摸乐谱）

D. 声音：

performed music（表演音乐）

sounds（声音）

spoken word（口头表述）

E. 图像：

still image （静态图像）

tactile image （触摸图像）

three – dimensional moving image （三维动态图像）

two – dimensional moving image （二维动态图像）

F. 文本

tactile text （触摸文本）

text （文本）

G. 三维形式：

tactile three – dimensional form （触摸三维形式）

three – dimensional form （三维形式）

（4）可根据情况确定一种或多种类型。

（5）如果表中术语均不合适，记录：other （其他）。

（6）如果无法确定，记录：unspecified （未指明）。

如处理回溯记录未见到实物而无法判断时，用"未指明"。

2. 内容表达的日期

（1）内容表达的日期指与内容表达有关的最早日期，如文本的撰写日期、动态图像作品的最后编辑日期、电视或广播节目的首次广播日期、乐谱的记谱日期、事件的记录日期等。如果无法确定内容表达的日期，以包含该内容表达的最早载体表现的日期作为内容表达的日期。

（2）当需要区分相同或相似内容表达时，为核心元素。

（3）通常使用年份，除非需要更确切的日期区分不同的内容表达。

3. 内容表达的语言

（1）内容表达的语言指作品被表达的语言。

（2）核心元素。

（3）记录内容表达的语言采用数据创建机构首选语言的适当术语，通常按照标准语言名称术语表。如：English。

4. 内容表达的其他区别性特征

（1）内容表达的其他区别性特征指除内容类型、内容表达的语言和内容表达的日期外的特征。

（2）当需要区分相同或相似内容表达时，为核心元素。

（3）根据情况以不同方式区分：

如不同语言流传版本：Buriat version

说明：史诗《格萨尔王》的布里亚特语版。

如不同出版社版本：Yale University Press

说明：耶鲁大学出版社 2003 年的《莎士比亚全集》。

5. 内容表达的标识符

（1）内容表达的标识符指与内容表达或内容表达替代品（如规范记录）唯一关联的字符串。

（2）核心元素。

（3）记录时前置负责赋予该标识符的机构的名称或代码。

如：Library of Congress control number：n 00024915

三、描述内容的元素

RDA 描述内容的元素是与资源的知识或艺术内容有关的作品和内容表达的属性。这些元素用于满足用户在选择内容方面的需求。表 5 - 5 列出 RDA 所有描述内容的元素，特定的描述内容元素对应于不同的内容类型，仅地图内容的水平比例尺和垂直比例尺为核心元素。

表 5 - 5　RDA 描述内容的元素

条款号	元素	子元素	说明
7.2	内容的性质		
7.3	内容的范围		
7.4	地图内容的坐标		
		经度和纬度	
		坐标	
		赤经和赤纬	
7.5	二分点		
7.6	历元		
7.7	使用对象		
7.8	组织体系		档案用
7.9	学位论文信息		
		学位级别	
		授予机构	
		授予年份	
7.10	内容摘要		

条款号	元素	子元素	说明
7.11	摄录地点与日期		
		摄录地点	
		摄录日期	
7.12	内容的语言		
7.13	标记形式		
		文字	
		乐谱形式	
		触觉符号形式	
		舞谱	
7.14	可访问性内容		无障碍内容
7.15	插图内容		
7.16	补充内容		
7.17	色彩内容		
		静态图像的色彩	
		动态图像的色彩	
		三维形式的色彩	
		为视障者设计资源的色彩内容	
7.18	声音内容		
7.19	屏幕高宽比		
7.20	乐谱格式		
7.21	音乐内容的表演媒介		
7.22	持续时间		
7.23	演出者、叙述者、演播者		
7.24	演职员表		
7.25	比例尺		
		静态图像或三维形式的比例尺	
		地图内容的水平比例尺	核心元素
		地图内容的垂直比例尺	核心元素
		附加比例尺信息	
7.26	地图内容的投影		

续表

条款号	元素	子元素	说明
7.27	地图内容的其他细节		
7.28	奖项		
7.29	内容表达的附注		
		内容特征变化附注	

以下选择若干常见的元素/子元素进行简要说明。

（一）学位论文信息

1. 学位论文信息指作为获取学位正式要求的一部分所提交的作品的信息。包括学位级别、授予机构和授予年份。

2. 学位级别，如：M. A.

3. 授予机构，如：University of Toronto

4. 授予年份，如：2004

（二）插图内容

1. 插图内容指设计以插图说明资源主要内容的内容。

2. 记录插图内容用：

illustration（单张插图）

illustrations（多张插图）

3. 仅含文字、数字的表格不视为插图内容；忽略题名页等的插图；忽略次要插图。

（三）色彩内容

1. 色彩内容指资源内容中呈现的色彩、色调等。

2. 如果资源内容不是黑白或灰度，即以适当术语记录呈现的色彩，不考虑资源实际内容之外的着色区域（如地图边框）。

3. RDA 样例中所用术语：

colour

some color

chiefly colour

术语形式由数据创制机构自行确定。样例分别采用了英式英语 colour 和美式英语 color。

（四）补充内容

1. 补充内容指设计用于补充资源主要内容的内容，如索引、书目、附录。

2. 记录补充内容的信息，如类型、数量、在资源中的位置。

如：Includes index

如：Bibliography：pages 859 – 910

说明：上例为 RDA 提供的样例，不是规定的形式。美国国会图书馆对参考文献仍采用原有形式：Includes bibliographical references（pages 310 – 325），但页码采用全拼而非缩写。

（五）地图内容的水平比例尺和垂直比例尺

1. 地图内容的水平比例尺指资源的地图内容中的水平距离与它代表的实际距离的比例。地图内容的垂直比例尺指资源的地图内容的高程或垂直维度的比例尺。

2. 地图内容的水平比例尺和地图内容的垂直比例尺为核心元素。

3. 比例尺以比率表达，如：1:32,500,000

（六）内容表达的附注

内容表达的附注提供资源的后续期/部分，或者集成性资源的整体之间内容特征变化的信息。

如补充内容变化：Volumes 1, 4, and 8 lack indexes

如所用语言变化：In French and English, 2002 – 2009

说明：该网站现仅用法语。

第三节　个人、家族、团体和地点及其属性

在目前的图书馆编目概念中，FRBR/FRAD 的第二组实体个人、家族和团体的属性主要用于书目记录的检索点部分，以及名称或名称 – 题名规范记录。地点属于 FRBR 第三组实体，但除主题外，还可用于构成名称与题名的检索点及规范的一部分。

本节涉及 RDA 第三部分记录个人、家族和团体的属性，以及第四部分中的地点属性。①

---

① Joint Steering Committee for development of RDA. RDA：Resource Description & Access. 2013 July update. http：//access. rdatoolkit. org/

一、功能目标与原则

数据创建机构及编目员在记录个人、家族和团体的属性时，需遵循如下的功能目标与原则。

（一）功能目标

记录反映个人、家族或团体属性的数据，应有助于用户：

1. "发现"符合用户陈述的检索策略的个人、家族和团体。

2. "识别"由数据表达的个人、家族和团体，即证实呈现的个人、家族和团体正是所查找的，或者区别两个或多个具有相同或相似名称的个人、家族或团体。

3. "理解"用于表达个人、家族或团体的名称与个人、家族或团体的另一个著称名称（如不同语言的名称形式）间的关系。

4. "理解"为何某特定题名被记录为首选或变异题名。

（二）原则

为确保采用 RDA 创建的数据能够满足前述功能目标，根据下述原则设计记录个人、家族和团体属性部分的指引与条款：

1. 区别性：数据应有助于区别本个人、家族和团体与其他个人、家族和团体。

2. 表达性：被选为个人、家族或团体首选名称的名称或名称形式，应当依下述顺序选择：

（1）在与个人、家族或团体相关的资源中最常见的名称或名称形式；

（2）数据创建机构首选的语言文字中广为接受的名称或名称形式。

3. 语言优先：个人、家族或团体的首选名称，应当是在与其相关资源的原语言文字中所见的名称或名称形式。如果原语言文字不是数据创建机构的首选语言文字，则取该机构首选语言文字。

4. 常见用法或实践：如果个人或家族名称有多个部分，依其国家和语言最常用的方式，从中选择一个部分作为首选名称的第一个元素（如姓名取姓）。

二、识别个人的元素及个人名称检索点

RDA 识别个人的元素针对选择个人首选名称、记录个人的其他识别属性、构建规范检索点等。有 17 个元素及 5 个子元素，其中 7 个核心元素（含子元

素）、3 个需要区别时的核心元素（有交叉）。识别个人的核心元素针对的是规范记录；需要区别时的核心元素用于构建书目记录的规范检索点，在个人首选名称之外添加以区别相同或相似名称。表 5 - 6 列出 RDA 所有识别个人的元素，对核心元素予以特别标示与说明。

表 5 - 6　RDA 识别个人的元素

条款号	元素	子元素	说明
9.2	个人名称		
		个人首选名称	核心元素
		个人变异名称	
9.3	个人相关日期		
		出生日期	核心元素
		去世日期	核心元素
		个人活动时期	
9.4	个人头衔		核心元素 需要区别时的核心元素
9.5	名称完整形式		需要区别时的核心元素
9.6	个人其他标识		核心元素
9.7	性别		
9.8	出生地点		
9.9	去世地点		
9.10	个人相关国家		
9.11	居住地等		
9.12	个人地址		
9.13	所属机构		
9.14	个人的语言		
9.15	个人活动领域		
9.16	专业或职业		核心元素 需要区别时的核心元素
9.17	传记信息		
9.18	个人标识符		核心元素

　　以下对书目记录中构建个人名称检索点予以简要说明。

1. 个人首选名称是个人名称规范检索点的基础。

如：Fitzgerald, Ella

2. 按如下顺序，附加其他元素。其中（1）即使不需要区别相同名称的不同个人时也应附加，其他元素则在需要区别时添加：

（1）个人头衔或个人其他标识

这部分个人头衔包括王室或贵族头衔、宗教头衔或等级，个人其他标识包括虚构或传奇人物、类别词、专业或职业。

王室头衔如：Anne, Queen of Great Britain

说明：英国女王安妮，Queen of Great Britain 为附加元素。

宗教头衔如：Pius XII, Pope

说明：教皇庇护十二世，Pope 为附加元素。

虚构人物（个人其他标识）如：Holmes, Sherlock（Fictitious character）

说明：虚构人物歇洛克·福尔摩斯，用 Fictitious character 为附加元素。

类别词（个人其他标识）如：Lauder Lass（Horse）

说明：作为虚拟人物的"马"，用类别词 Horse 为附加元素。

专业或职业如：Stone Mountain（Writer）

说明：以非人名的词组或称呼 Stone Mountain 作为笔名，附加专业或职业 Writer。在这种情况下，专业或职业是表明其个人身份必需的附加元素。

（2）出生日期／去世日期

在需要区别不同检索点时使用。

如：Smith, John, 1718－1791

如：Smith, John, born 1787

说明：在 RDA 中，出生日期和去世日期是两个独立的元素。RDA 不规定标识方式，上述两种不同表示方式均可接受。

另外提供可选附加规则：无论是否需要区别，均附加出生日期／去世日期。

（3）名称完整形式

在需要区别不同检索点，且没有出生日期／去世日期时使用。

如：Johnson, A. W.（Alva William）

如：Johnson, A. W.（Anthony W.）

另外提供可选附加规则：无论是否需要区别，均附加名称完整形式。名称完整形式放在出生日期／去世日期前。

如：Eliot, T. S.（Thomas Stearns）, 1888－1965

（4）个人活动时期、专业或职业

在需要区别不同检索点，且没有出生日期/去世日期、名称完整形式时使用。

如：Smith, John, flourished 1705

如：Xu, Zhen, active 1377

说明：在 RDA 中，个人活动时期是独立的元素。RDA 不规定标识方式，上述两例用"flourished"或"active"均可接受。

另外提供可选附加规则：无论是否需要区别，均附加个人活动时期、专业或职业，顺序不限。

如：Zacharias (Notary), active 1232 – 1274

说明：没有同名个人，附加职业"Notary"（公证人）及个人活动时期"1232 – 1274"。

（5）其他表示等级、荣誉或官职的术语

个人头衔的其余部分，与（1）的头衔不同，只在需要区别不同检索点，且没有出生日期/去世日期、名称完整形式、个人活动时期与专业或职业时使用。

另外提供可选附加规则：无论是否需要区别，均附加其他表示等级、荣誉或官职的术语。

如：Appleby, Robert, Sir

说明：非世袭头衔 Sir（爵士），只在需要区别时使用。

（6）其他标识

如果上述元素均不足以或不适合区别不同检索点，附加其他标识。

如：Yaśodharā (Wife of Gautama Buddha)

说明：耶输陀罗，释迦牟尼之妻。

3. 如果无法区别相同名称，采用另外元素"名称未区分指示符"，记录为：undifferentiated。

三、识别家族的元素及家族名称检索点

RDA 识别家族的元素针对选择家族首选名称、记录家族的其他识别属性、构建规范检索点等。有 8 个元素及 2 个子元素，其中 4 个核心元素（含子元素）、2 个需要区别时的核心元素。识别家族的核心元素针对的是规范记录；需要区别时的核心元素用于构建书目记录的规范检索点，在家族首选名称之外添加以区别相同或相似的名称。表 5 – 7 列出 RDA 所有识别家族的元素，

对核心元素予以特别标示与说明。

表 5 - 7　RDA 识别家族的元素

条款号	元素	子元素	说明
10.2	家族名称		
		家族首选名称	核心元素
		团体变异名称	
10.3	家族类型		核心元素
10.4	家族相关日期		核心元素
10.5	家族相关地点		需要区别时的核心元素
10.6	家族著名成员		需要区别时的核心元素
10.7	世袭头衔		
10.8	家族历史		
10.9	家族标识符		核心元素

以下对书目记录中构建家族名称检索点予以简要说明。

1. 家族首选名称是家族名称规范检索点的基础。

如：Romanov

说明：俄国沙皇罗曼诺夫家族。

2. 按如下顺序，附加其他元素。其中（1）和（2）即使不需要区别同名的不同家族时也应该附加，（3）和（4）则在需要区别时添加：

（1）家族类型

在首选名称后的括号中加入家族类型。RDA 没有提供家族类型表，只有若干样例：

如：Branson（Family）

如：Donald（Clan）

说明：苏格兰唐纳德宗族。

如：Bourbon（Royal house）

说明：法国波旁皇族。

（2）家族相关日期

在家族类别后附加家族相关日期。

如：Pahlavi（Dynasty：1925 - 1979）

说明：伊朗巴列维王朝：1925 - 1979。

（3）家族相关地点

在需要区别不同检索点时使用。

如：Yan（Family：Philippines）

如：Yan（Family：China）

另外提供可选附加规则：如果有助于识别该家族，附加家族相关地点。

（4）家族著名成员

在需要区别不同检索点，且没有家族相关地点时使用。

如：Peale（Family：Peale，Charles Willson，1741 – 1827）

如：Peale（Family：Peale，Norman Vincent，1898 – 1993）

另外提供可选附加规则：如果有助于识别该家族，附加家族著名成员。

四、识别团体的元素及团体名称检索点

RDA 识别团体的元素针对选择团体首选名称、记录团体的其他识别属性、构建规范检索点等。有 11 个元素及 7 个子元素，其中 7 个核心元素（含子元素）、5 个需要区别时的核心元素（含子元素，有交叉）。识别团体的核心元素针对的是规范记录；需要区别时的核心元素用于构建书目记录的规范检索点，在团体首选名称之外添加以区别相同或相似的名称。表 5 – 8 列出 RDA 所有识别团体的元素，对核心元素予以特别标示与说明。

表 5 – 8　RDA 识别团体的元素

条款号	元素	子元素	说明
11.2	团体名称		
		团体首选名称	核心元素
		团体变异名称	
11.3	团体相关地点		
		会议地点	核心元素
		总部地点	需要区别时的核心元素
11.4	团体相关日期		
		会议日期	核心元素
		建立日期	需要区别时的核心元素
		终止日期	需要区别时的核心元素

条款号	元素	子元素	说明
11.5	相关机构		核心元素 需要区别时的核心元素
11.6	会议届次		核心元素
11.7	团体其他标识		核心元素 需要区别时的核心元素
11.8	团体的语言		
11.9	团体的地址		
11.10	团体活动领域		
11.11	团体的历史		
11.12	团体标识符		核心元素

以下对书目记录中构建团体名称检索点予以简要说明。

1. 团体首选名称是团体名称规范检索点的基础。

2. 按如下顺序，附加其他元素。其中（1）在团体首选名称不足以表明其为团体时附加，（2－6）则在需要区别同名的不同团体时附加，（7）适用于会议：

（1）名称不足以表明其为团体时的附加

当团体首选名称不足以表明其为团体时，以数据创建机构的首选语言，附加适当标识。

如：Apollo 11（Spacecraft）

说明：阿波罗 11 号，附加标识"宇宙飞船"。

如：Red Hot Chili Peppers（Musical group）

说明：红辣椒，附加标识"乐队"。

（2）团体相关地点

在需要区别不同检索点时使用。增加团体相关的国家、州、省等或本地名称。

A. 国家、州、省等：

如：Sociedad Nacional de Agricultura（Chile）

如：Sociedad Nacional de Agricultura（Peru）

B. 本地名称：

如：Grand Hotel（Florence，Italy）

如：Grand Hotel（Mackinac Island，Mich.）

另外提供可选附加规则：如果有助于识别该团体，附加团体相关地点的名称。

如：Provincial Intermediate Teachers' Association（B. C.）

说明：名称没有冲突，附加地点"不列颠哥伦比亚省"，说明名称中"Provincial"（省）的含义。

如：National Entrepreneurship Observatory（Wales）

说明：名称没有冲突，附加地点"威尔士"，说明名称中"National"（国立）的含义。

（3）相关机构

在需要区别不同检索点时使用。如果相关机构名称常与团体名称关联，优先附加相关机构名称，而不是其本地名称。

如：B'nai B'rith Hillel Federation Jewish Student Center（University of Cincinnati）

说明：不采用：B'nai B'rith Hillel Federation Jewish Student Center（Cincinnati，Ohio）。

另外提供可选附加规则：如果有助于识别该团体，附加相关机构的名称。

如：Center for Biodiversity and Conservation（American Museum of Natural History）

说明：名称没有冲突，附加其上级机构明确其所属。

（4）团体相关日期

在需要区别不同检索点，且没有地点和相关机构时使用。

如：Double Image（Musical group：1977 –）

如：Double Image（Musical group：1989 –）

如：Double Image（Musical group：1997 –）

说明：不同时期的三个同名乐队。

另外提供可选附加规则：如果有助于识别该团体，附加团体相关日期。

如：Dutch East Indies（Territory under Japanese occupation，1942 – 1945）

说明：第二次世界大战时期日本占领的荷属东印度群岛。

（5）管辖类型

在需要区别不同检索点时使用。附加于政府名称后，市或镇除外（无需标明）。

如：Cork（Ireland）

如：Cork（Ireland：County）

说明：地名用做政府惯用名称。前者为科克市，不附加管辖类型；后者为科克郡，附加管辖类型"County"（郡）。

（6）团体其他类型

如果上述附加均不足以或不适合区别不同的检索点，附加一个适当的标识。

如：Korea（North）

如：Korea（South）

另外提供可选附加规则：如果有助于理解该团体的性质与目的，附加一个标识。

如：Oxford University International（Chess tournament）

说明：国际象棋比赛名称。

（7）会议届次、日期和地点

会议是一种特别的团体。在会议名称后，按如下顺序附加：

A. 会议届次

B. 会议日期

C. 会议地点

如：Clambake Conference on the Nature and Source of Human Error（1st：1980：Columbia Falls，Me.）

说明：RDA 没有规定检索点各元素之间的分隔符号，上例按 RDA 附录 E，沿用 AACR2 做法。

联机会议，会议地点采用：Online。

如：Electronic Conference on Land Use and Land Cover Change in Europe（1997：Online）

说明：会议无届次。

如果相关机构名称比会议举办地点更具有识别性，或者会议地点未知，则采用相关机构名称代替会议地点。

如：International Conference on Georgian Psalmody（2nd：1997：Colchester Institute）

如果会议在多个地点举办，记录每一个会议地点（或举办机构）名称。

如：Symposium on Breeding and Machine Harvesting of Rubus and Ribes（1976：East Malling，England；Dundee，Scotland）

如：Conference on the Appalachian Frontier（1985：James Madison University；Mary Baldwin College）

同一地点举办的系列会议，对于代表系列会议的检索点，只记录会议地点，不加届次和日期。

五、识别地点的元素

RDA 依照 FRBR，把属于第三组实体的地点，放在第四部分记录概念、实物、事件和地点的属性中。但目前 RDA 地点的属性并不涉及地名主题，而是针对各种名称中包含的地点，包括政府和非政府社团的名称，作品题名附加，同名团体的区别附加，会议名称附加，与个人、家族或团体相关的地点。部分内容本章前面已有提及。

RDA 识别地点针对选择首选地名、记录地点的其他识别属性等。目前仅有 2 个元素及 2 个子元素，没有核心元素，其中地点标识符部分还没有完成。表 5 – 9 列出 RDA 识别地点的元素。

表 5 – 9　RDA 识别地点的元素

条款号	元素	子元素	说明
16.2	地点名称		
		地点首选名称	
		地点变异名称	
16.3	地点标识符		尚未确定

以下仅简要说明地点首选名称。

1. 地点首选名称是标识地点的名称或名称形式。

2. 地点首选名称用于：

（1）作为政府的惯用名称；

（2）作为家族、团体、会议的名称或作品的附加；

（3）记录与个人、家族或团体相关的地名。

相关样例可参见本章前面涉及地名的部分。

3. 地点首选名称的信息源及选择，按以下顺序：

（1）创建数据机构首选语言的地名辞典和其他参考源；

（2）以地点所在地官方语言发行的地名辞典和其他参考源。

当以上来源有不同的名称或名称形式时，均取最常见形式。

4. 地名不省略首冠词。

如：The Hague（海牙）

如：Los Angeles（洛杉矶）

另外提供交替规则：省略首冠词，除非名称以冠词检索。

如：Hague（海牙）

如：Los Angeles（洛杉矶）

说明：Los Angeles 属于以冠词检索的情况，不省略西班牙语首冠词 Los。

5. 较大地点名称作为地名的一部分，后置。

（1）如果地名用作政府惯用名，较大地名放在括号中。

如：Budapest（Hungary）

（2）其他情况，较大地名用逗号分隔：

A. 会议地点

B. 团体总部地点

C. 作品的原始地点

D. 与个人、家族或团体相关的地点

如：Budapest，Hungary

6. 非首选文字名称，根据机构选择的方案进行音译。

如：Lijiang Diqu

说明：美国国会图书馆首选文字为拉丁字母，对汉语采用汉语拼音音译方案：丽江地区。

7. 地名变化，根据情况分别采用新、旧名称。

第六章　RDA 的关系

RDA 中的关系对应于 FRBR/FRAD 三组实体间的各种关系,[①] 增加了原属于主题标引范畴的 FRBR 第三组实体，这是 RDA 不同于先前编目条例的又一个特点。但由于 RDA 为 FRBR 第三组实体预留的第七和第十部分目前尚未完成（此内容可参见本书第三章第三节的相关部分），所以本章论述的内容只涉及 FRBR/FRAD 第一组和第二组实体内部及其相互之间的各种关系。

第一节　资源的基本关系

如第五章所述，RDA 中的"资源"对应于 FRBR 的第一组实体，其作品、内容表达、载体表现和单件间的基本关系由其第五部分论述，用《书目记录的功能需求最终报告》图 3.1 "第一组实体与基本关系"表达即:[②]

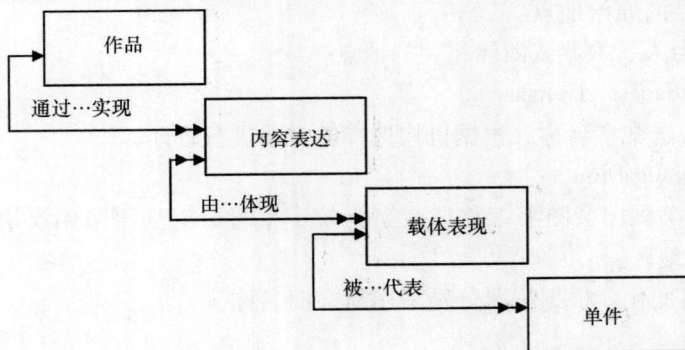

图 6-1　资源的基本关系

---

①　Joint Steering Committee for development of RDA. RDA: Resource Description & Access. 2013 July update. http://access. rdatoolkit. org/

②　国际图联世界书目控制与国际 MARC 项目；王绍平等译. 书目记录的功能需求最终报告. 2008. http://www. ifla. org/files/assets/cataloguing/frbr/frbr - zh. pdf

一、功能目标与原则

记录反映资源基本关系的数据，应有助于用户：

1. "发现"体现特定作品或特定内容表达的所有资源。

2. "发现"代表特定载体表现的所有单件。

为确保采用 RDA 创建的数据能够满足这些功能目标，数据应当反映基本关系。

二、记录基本关系的元素

RDA 记录基本关系的元素共有 8 个，其中 1 个为核心元素，1 个为特定条件下的核心元素。表 6 – 1 列出 RDA 所有记录基本关系的元素，对所表示的关系及核心元素予以特别标示与说明。

表 6 – 1　RDA 记录基本关系的元素

条款号	元素	核心元素说明	关系说明
17.5	作品的内容表达		作品和内容表达间双向关系
17.6	被表达的作品		
17.7	作品的载体表现		作品和载体表现间双向关系
17.8	被表现的作品	核心元素（如有多个，仅需首个）	
17.9	内容表达的载体表现		内容表达和载体表现间双向关系
17.10	被表现的内容表达	有多个被表现的作品的内容表达时为核心元素（仅主要或首个）	
17.11	载体表现的例证		载体表现和单件间双向关系
17.12	被例证的载体表现		

RDA 记录基本关系的元素基于 FRBR 第一组实体的基本关系，与图 6 – 1 "资源的基本关系"进行对照即：

1. 作品和内容表达间双向关系

作品和内容表达间双向关系即：作品通过内容表达实现，内容表达实现作品。对应元素：作品的内容表达，被表达的作品。

2. 内容表达和载体表现间双向关系

内容表达和载体表现间双向关系即：内容表达由载体表现体现，载体表现体现内容表达。对应元素：内容表达的载体表现，被表现的内容表达。

3. 载体表现和单件间双向关系

载体表现和单件间双向关系即：载体表现被单件代表，单件代表载体表现。对应元素：载体表现的例证，被例证的载体表现。

4. 作品和载体表现间双向关系

除了图 6－1 中的三组双向关系外，目前书目记录通常基于载体表现，可以在不记录内容表达的情况下，直接表现作品和载体表现间双向关系；同样，规范记录在举例时也常直接提供载体表现。即：载体表现表现作品，作品被载体表现所表现。对应元素：作品的载体表现，被表现的作品。

三、记录基本关系的方式

上述 RDA 的基本关系可以通过资源的不同类型记录予以反映。比如书目记录可以记录与所描述载体表现相关的作品（被表现的作品）、内容表达（被表现的内容表达）和单件（载体表现的例证）；再如作品的规范记录可以记录与所描述作品相关的内容表达（作品的内容表达）和载体表现（作品的载体表现），而内容表达的规范记录则可以记录与所描述内容表达相关的作品（被表达的作品）和载体表现（内容表达的载体表现）。

RDA 提供了三种用于记录基本关系的方式（可以根据情况选择）：

1. 作品、内容表达、载体表现或单件的标识符

标识符在本书第五章的相应部分已经说明。

如：ISBN 978－1－59688－083－2

如：ISWC：T－072. 106. 546－8

说明：后一标识符为国际标准音乐作品代码。

2. 作品或内容表达的规范检索点

RDA 规定的代表作品或内容表达的检索点，由作品的首选题名、前置作品创作者的首选名称及必需的区别元素组成。这相当于名称－题名规范记录，在书目记录中通常为名称－题名的相关或分析附加。

如：United States. Constitution of the United States

说明：代表作品的规范检索点，由作为政府惯用名称的地名"美国"和题名《美国宪法》组成。

如：United States. Constitution of the United States. Lao

说明：代表内容表达的规范检索点，在代表作品的规范检索点基础上，添加内容表达的语言"老挝语"后组成。

3. 综合描述

在载体表现的描述中，选择若干识别其中包含作品/内容表达的元素做综合描述。在书目和规范记录中通常为附注。

如：Beethoven, Ludwig van, 1770 – 1827. Sonatas, violin, piano, no. 2, op. 12, no. 2, A major. Allegro piacèvole / L. van Beethoven. – – New York：M. Witmark & Sons, © 1933.

说明：本例为采用 ISBD 标识符的格式化综合描述，也可以采用非格式化综合描述。

第二节　资源与责任关系

RDA 中的责任关系对应于 FRBR/FRAD 的第二组实体（其中家族是后来在 FRAD 中增加的），其与第一组实体的关系由 RDA 第六部分论述，用经修改过的《书目记录的功能需求最终报告》图 3.2 "第二组实体与'责任'关系"表达即：

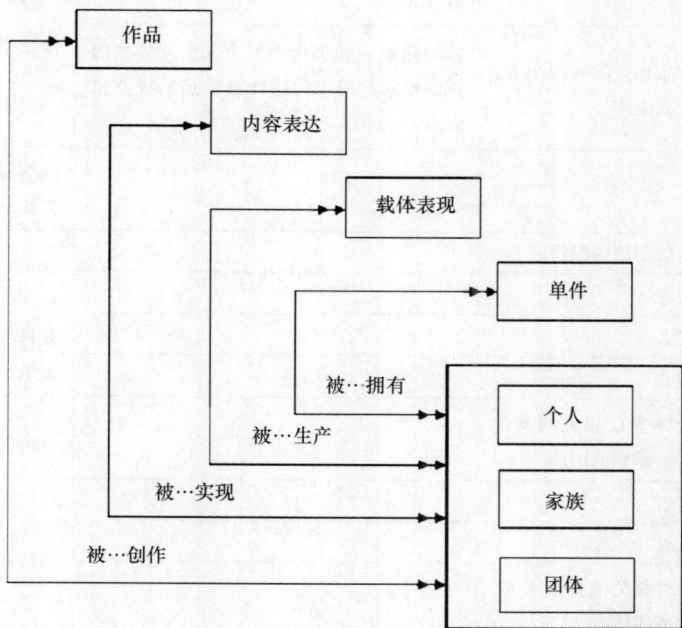

图 6 – 2　资源与责任关系

一、功能目标与原则

记录反映资源与相关个人、家族和团体间关系的数据，应有助于用户"发现"体现与特定个人、家族或团体相关的所有资源。

为确保采用 RDA 创建的数据能够满足这些功能目标，数据应反映资源与相关个人、家族和团体间的所有主要关系。

二、记录资源与责任关系的元素

RDA 记录资源与责任关系的元素共 11 个，其中 1 个为核心元素，1 个为特定条件下的核心元素。表 6 – 2 列出 RDA 所有记录资源与责任关系的元素，对所表示的关系及核心元素予以特别标示与说明。

表 6 – 2   RDA 记录资源与责任关系的元素

条款号	元素	核心元素说明	关系说明
19.2	创作者	核心元素（如有多个，仅需首个负主要责任者）	作品和责任关系
19.3	与作品相关的其他个人、家族或团体	核心元素（如果代表该个人、家族或团体的检索点用于构建代表作品的规范检索点）	
20.2	贡献者		内容表达和责任关系
21.2	未出版资源的制作者		载体表现和责任关系
21.3	出版者		
21.4	发行者		
21.5	生产者		
21.6	与载体表现相关的其他个人、家族或团体		
22.2	拥有者		单件和责任关系
22.3	保管者		
22.4	与单件相关的其他个人、家族或团体		

从表 6 – 2 可知，RDA 记录资源与责任关系的元素基于 FRBR 第一组实体

与第二组实体的关系，并有所扩展。

（一）作品和责任关系

作品和责任的关系是作品被责任者所创作等，对应元素：创作者，与作品相关的其他个人、家族或团体。这两个均为核心元素。

1. 创作者

（1）指对作品创作负责任者。

（2）创作者可以多人共同承担责任。共同责任包括两种类型：承担相同责任，或承担不同责任（如作曲与作词）。

如：Elling, Kurt

　　Hobgood, Laurence

　　Amster, Rob

　　Raynor, Michael

说明：四人爵士乐演出 Live in Chicago：声乐 Kurt Elling，钢琴 Laurence Hobgood，低音号 Rob Amster，鼓 Michael Raynor。

（3）团体作为创作者，RDA 在沿用 AACR2 的 6 条规则的基础上略有扩展，目前有 8 条规则：2012 年 4 月增加了艺术作品由多个艺术家作为创作团体的情况；2013 年 7 月将由立法、司法、政府和其他团体举行的"听证会"从集体活动的"事件"中独立出来。

如：Coldplay（Musical group）

说明：歌曲作品 Parachutes，由 Coldplay 乐队所写并表演。

2. 与作品相关的其他个人、家族或团体

指除创作者外，与作品相关的其他个人、家族或团体，包括通信的收信人，纪念文集的被纪念人，导演、电影摄影师等，主办团体，制作公司，展览或活动等的主持机构。

如：American Geological Institute

说明：词典编纂机构：Dictionary of mining, mineral, and related terms / compiled by the American Geological Institute。词典编纂属于创作，但词典编纂团体不属于团体作为创作者的情况，故作为与作品相关的其他团体。

（二）内容表达和责任关系

内容表达和责任的关系是内容表达被责任者实现，对应元素：贡献者。

1. 贡献者指为通过内容表达实现作品作出贡献的个人、家族或团体。

2. 贡献者包括编者、译者、编曲者、表演者等；主要作品所附评论的写作者、插图者等也可视为贡献者。

　　如：Baez, Joan

　　说明：美国歌手鲍勃·迪伦歌曲的演唱者：Any day now：Bob Dylan's songs / sung by Joan Baez

　　（三）载体表现和责任关系

　　载体表现和责任的关系是载体表现被责任者生产（广义的），对应元素：制作者，出版者，发行者，生产者，与载体表现相关的其他个人、家族或团体。

　　制作者、出版者、发行者、生产者在本书第五章中已经提及。而与载体表现相关的其他个人、家族或团体则包括书籍设计者、制版者等（只在对获取重要时记录，如出自著名制版人的书籍）。

　　（四）单件和责任关系

　　单件和责任的关系是单件被责任者拥有及保管等，对应元素：拥有者，保管者，与单件相关的其他个人、家族或团体。

　　拥有者、保管者在本书第五章已经提及。而与单件相关的其他个人、家族或团体则包括装订者、修复者等。另从 RDA 的样例看，与单件相关的其他个人、家族或团体还包括收集者、受题赠者等（只在对获取重要时记录）。

　　如：Bakken, Dick, 1941 –

　　说明：诗集 The Buddha uproar，该册由作者在书上题写赠予诗人 Dick Bakken。

三、记录责任关系的方式

　　RDA 的资源与责任关系，在书目记录中体现为名称检索点，在规范记录中则体现为名称–题名规范。除记录责任关系外，还需通过添加关系说明语明确责任与资源间的关系。

　　1. 记录责任关系

　　记录责任关系有两种方式（可以根据情况选择）：

　　（1）个人、家族或团体的标识符

　　名称的标识符在本书第五章第三节已经提及。目前通常用规范记录号，当然也可采用其他唯一号码。

　　如：Library and Archives Canada control number：0062A7592E

（2）个人、家族和团体的规范检索点

详见本书第五章第三节相应部分。

2. 关系说明语

（1）RDA 表示责任与资源间关系的元素称为关系说明语，与前述个人、家族或团体的规范检索点或标识符配套使用。

（2）关系说明语优先采用 RDA 附录 I 中的术语。

表 6 - 2 中的 RDA 元素（如创作者、拥有者）是资源与责任关系的通用说明，而关系说明语对关系的性质提供更明确的信息（如作者、捐赠者）。比如"创作者"元素对应于十余个关系说明语，有的还有下一级的关系说明语。如在图 6 - 3 中，作者（author）指文字作者，其下有"舞台剧本作者"、"歌词作者"和"影视剧本作者"等。

> **author** A person, family, or corporate body responsible for creating a work that is primarily textual in content, regardless of media type (e g., printed text, spoken word, electronic text, tactile text) or genre (e.g., poems, novels, screenplays, blogs). Use also for persons, etc., creating a new work by paraphrasing, rewriting, or adapting works by another creator if the modification has substantially changed the nature and content of the original or changed the medium of expression.
>
> > *librettist* An author of the words of an opera or other musical stage work, or an oratorio. For an author of the words of just the songs from a musical, see *lyricist*.
> >
> > *lyricist* An author of the words of a popular song, including a song or songs from a musical. For an author of just the dialogue from a musical, see *librettist*.
> >
> > *screenwriter* An author of a screenplay, script, or scene.

图 6 - 3　RDA 附录 I 关系说明语（示例）

第三节　第一组实体间相关关系

RDA 实体间的相关关系，是本章前两节所述资源本身内含关系之外的其他关系。从编目角度看，实体间的相关关系主要表现在规范记录中，但书目记录中也有少量体现。包括：①FRBR 第一组实体间的相关关系，通常归入题名规范记录，以及书目记录的某些附加款目；②FRBR/FRAD 第二组实体间的相关关系，通常归入名称规范记录；③FRBR 第三组实体间的相关关系，应属于广义的主题词表范畴（如前所述，RDA 中主题部分目前均未完成）。而名称 - 题名规范及名称 - 题名检索点则同时涉及名称和题名两种相关关系。

本节主要针对 RDA 第八部分记录第一组实体（作品、内容表达、载体表现与单件）间的关系，即第一组实体间的相关关系（对应题名规范与题名附加），第二组实体间的相关关系（对应名称规范）详见本章第四节。

一、功能目标与原则

记录反映作品、内容表达、载体表现和单件间关系的数据，应有助于用户：

1. "发现"与响应用户搜索所检索到的数据相关的作品、内容表达、载体表现和单件。

2. "理解"两个或多个作品、内容表达、载体表现和单件间的关系。

为确保采用 RDA 创建的数据能够满足这些功能目标，数据应反映相关作品、内容表达、载体表现和单件间的所有主要书目关系。

二、记录相关关系的方法

RDA 记录第一组实体间的相关关系，除揭示出相关关系外，还需通过添加关系说明语明确相关关系的性质。

（一）记录相关关系

记录第一组实体间相关关系的方式有三种（可以根据情况选择）：

1. 作品、内容表达、载体表现或单件的标识符

2. 作品或内容表达的规范检索点

3. 结构化或非结构化描述

上述三种方式与本章第一节"三、记录基本关系的方式"相同，可参见。

（二）关系说明语

1. RDA 表示作品、内容表达、载体表现或单件间关系性质的元素称为关系说明语，与上述三种记录相关关系的方式配套使用。

2. 关系说明语优先采用 RDA 附录 J 中的术语。

3. 关系说明语是独立的 RDA 元素，非结构化描述通常为附注，不一定采用关系说明语，但应该把关系性质作为描述的一部分。

如：Accompanying disc（Hataklit：CD 9415）includes selections set to music by Gideon Koren and performed by The Brothers and the Sisters

说明：配套光盘附注，在非结构化描述中以"selections set"表明是 The Brothers and the Sisters 组合所唱 Gideon Koren 歌曲的选集。

三、相关关系类型

RDA 提供第一组实体间关系说明语的附录 J 先按实体、后按关系类型列出各关系说明语。其中，关系类型包括等同关系、衍生关系、描述关系、整部关系、伴随关系和顺序关系。如表 6 - 3 所示，其中 J. 2. 2 等代表 RDA 附录条款号。

表 6 - 3　RDA 作品、内容表达、载体表现、单件间关系（附录 J）

实体间关系	作品	内容表达	载体表现	单件
等同关系			J. 4. 2	J. 5. 2
衍生关系	J. 2. 2	J. 3. 2		
描述关系	J. 2. 3	J. 3. 3	J. 4. 3	J. 5. 3
整部关系	J. 2. 4	J. 3. 4	J. 4. 4	J. 5. 4
伴随关系	J. 2. 5	J. 3. 5	J. 4. 5	J. 5. 5
顺序关系	J. 2. 6	J. 3. 6		

附录 J 中的关系说明语，在定义之后会指明与其对应的关系说明语（Reciprocal relationship），其下还可能有多级关系说明语。如图 6 - 4 所示的"等同载体表现"（equivalent manifestation），其下另有若干级关系说明语（以缩进形式显示）。

equivalent manifestation A manifestation embodying the same expression of a work. *Reciprocal relationship:* equivalent manifestation

  also issued as A manifestation issued in a different format embodying the same expression of a work as the resource being described. *Reciprocal relationship:* also issued as

  mirror site A manifestation of a Web site that is an exact copy, used to reduce network traffic or improve the availability of the original site. *Reciprocal relationship:* mirror site

  reproduced as A manifestation that reproduces another manifestation embodying the same expression of a work. *Reciprocal relationship:* reproduction of (manifestation)

    digital transfer A manifestation resulting from the transfer of a resource from one digital format to another. *Reciprocal relationship:* digital transfer of (manifestation)

    electronic reproduction A digital manifestation resulting from the reproduction of an analog manifestation. *Reciprocal relationship:* electronic reproduction of (manifestation)

    facsimile A manifestation that exactly reproduces another manifestation embodying the same expression of a work. *Reciprocal relationship:* facsimile of (manifestation)

      preservation facsimile A manifestation consisting of an exact reproduction on preservation-quality media, such as acid-free permanent or archival paper. *Reciprocal relationship:* preservation facsimile of (manifestation)

图 6 - 4　RDA 附录 J 关系说明语（示例）

相关关系是双向的。比如衍生关系，一个是衍生来源、对应的则是衍生结果。在书目记录中比较多见的是等同关系，比如分别以印刷版和电子版发行的资源，可采用关系说明语"另发行为"（also issued as）表示关系。

如：also issued as：ISBN 978－0－06128－533－2

说明：描述的资源是如下普通印刷本：Michael Tolliver lives ／ Armistead Maupin. －－New York：HarperCollins，2007。上述等同关系提供的是大字印刷本的标识符（ISBN）。

第四节　第二组实体间相关关系

RDA 第九部分记录个人、家族与团体间的关系。

一、功能目标与原则

记录反映个人、家族和团体间关系的数据，应有助于用户：

1. "发现"体现与特定个人、家族或团体相关的所有资源。

2. "理解"两个或多个个人、家族或团体间的关系。

为确保采用 RDA 创建的数据能够满足这些功能目标，数据应反映相关个人、家族和团体间的所有主要书目关系。

二、记录相关关系的方法

RDA 记录第二组实体间的相关关系，除揭示出相关关系外，还需通过添加关系说明语明确相关关系的性质。

（一）记录相关关系

记录第二组实体间相关关系的方式有两种（可以根据情况选择）：

1. 个人、家族或团体的标识符

2. 个人、家族或团体的规范检索点

上述两种方式详见本书第五章第三节。

（二）关系说明语

1. RDA 表示个人、家族或团体间关系性质的元素称为关系说明语，与上述两种记录相关关系的方式配套使用。

2. 关系说明语优先采用 RDA 附录 K 中的术语。

表 6－4 说明个人、家族或团体间关系的类型，其中 K.2.1 等代表 RDA

附录条款号。

表 6 - 4　RDA 个人、家族或团体间关系（附录 K）

实体间关系	个人	家族	团体
个人	K. 2. 1	K. 2. 2	K. 2. 3
家族	K. 3. 1	K. 3. 2	K. 3. 3
团体	K. 4. 1	K. 4. 2	K. 4. 3

关系说明语用于说明首选名称（规范检索点）之间的关系，比如个人有用于不同场合的多个首选名称：

如个人规范检索点：Day Lewis, C.（Cecil），1904 - 1972

关系说明语：real identity（真实身份）

说明：原名 C. Day Lewis，用于诗歌及评论作品。

如个人规范检索点：Blake, Nicholas, 1904 - 1972

关系说明语：alternate identity（交替身份）

说明：C. Day Lewis 的笔名 Nicholas Blake，用于侦探小说。

关系说明语之间也可能有等级关系，如图 6 - 5 中个人与家族关系有"家族成员"，其下还有"祖先"。

K.2.2　**Relationship Designators to Relate Persons to Families**

Record an appropriate term from the following list with the authorized access point or identifier for a related person (see **30.1** RDA). Apply the general guidelines on using relationship designators at **K.1** RDA.

　　family member A person who is a member of the family.

　　progenitor A person from whom the family is descended.

图 6 - 5　RDA 附录 K 关系说明语（示例）

第七章 RDA 的 MARC 应用

RDA 只关注记录数据的内容，不规定采用什么格式记录，也不限制以什么形式呈现。然而由于目前图书馆所采用的数据记录格式主要是 MARC（英语国家目前主要采用 MARC21），所以在 RDA 的附录 D 和 E 中，分别给出了MARC21 书目格式和规范格式到 RDA 的对照表，以方便从 MARC21 的字段和子字段快速定位到相应的 RDA 条款、掌握相应的 RDA 元素。至于其他格式（包括其他 MARC 格式），则可在联机版 RDA Toolkit 工具的映射部分（Maps）中建立对照表，以达到相同的快速定位效果。

第一节 MARC 的 RDA 更新

各种 MARC 格式一直存在多个著录单元记录在一个子字段中的情况，即同一个子字段对应于不同的元素。以 MARC21 的 300 ＄b 其他载体形态细节子字段为例，对图书可能指插图，对地图可能指是否彩色，对录音制品则更包含录音类型、播放速度、纹槽特征、音轨配置、音轨数、声道数及录音和复制特征等 7 个元素。因此，MARC21 的子字段作为标识，在语义上存在很大的模糊性。

如第一章所述，MARC 的内容标识符取决于 MARC 的数据元素内容，MARC 的数据元素内容取决于编目条例和/或编目规则。由于 RDA 关注数据的记录，对元素的识别尤为重视，同时 RDA 元素相比 AACR2 有所增加，因此更新 MARC 就成为采用 RDA 的重要准备工作。在 2008－2012 年期间，MARC21 格式每年更新 1－2 次，其中大部分内容就是针对 RDA 所做出的修改，其主要目的是：[①]

1. 使描述粒度更细。更新方式有：①增加新的子字段；②将原子字段扩展为一个或若干个新字段；③新增字段。如载体特征，在 MARC21 书目格式中原来采用 300、340 和若干个 5XX 附注字段，RDA 在保留这些字段的同时，

---

① 胡小菁．CNMARC 的 RDA 更新．数字图书馆论坛，2013（7）

在 340 字段增加了若干子字段，另还增加了 344 – 347 字段，并对原 300、5XX 的描述内容进行了细化。

2. 应对 RDA 增加对书目和规范中各种关系的揭示，方便资源间的关联处理。更新方式有：①增加唯一标识号；②增加关系说明语类子字段。如 502 学位论文字段的 $o 标识号，再如 7XX 的 $i 关系说明语。

本节主要介绍 MARC21 书目格式的 RDA 更新，各次更新及时间分别是：①

更新 9 （2008 年 10 月）

更新 10 （2009 年 10 月）

更新 11 （2010 年 2 月）

更新 12 （2010 年 10 月）

更新 13 （2011 年 9 月）

更新 14 （2012 年 4 月）

更新 15 （2012 年 9 月）

一、MARC21 书目格式新增的字段

MARC21 书目格式共为 RDA 新增了 19 个字段，主要有三种情况：①替代原有的一般资料标识（GMD）；②对原有内容加以细化，包括增加特定类型资源的特征字段；③增加作品和内容表达层字段。MARC21 书目格式新增字段详见表 7 – 1。

表 7 – 1　MARC21 书目格式新增字段

字段	更新 9	更新 10	更新 11	更新 13	更新 14	更新 15	对应原 MARC21	说明
083	附加 DDC 号						082	细化
085	合成分类号组件						082	细化

---

① MARC Format Overview. http://www.loc.govmarcstatus.html

字段	更新 9	更新 10	更新 11	更新 13	更新 14	更新 15	对应原 MARC21	说明
264				制作/出版/发行/生产/版权通告			260	细化
336		内容类型					245 $ h	替代 GMD
337		媒介类型					245 $ h	替代 GMD
338		载体类型					245 $ h	替代 GMD
344				声音特征			300 $ b	特定类型资源特征
345				动态图像投影特征			300 $ b	特定类型资源特征
346				视频特征			300/ $ b	特定类型资源特征
347				数字文件特征			300/ $ b	特定类型资源特征
377				相关语言			041（作品/内容表达记录用）	作品/内容表达层元素
380			作品的形式				130/240 之区分部分	作品/内容表达层元素
381			作品/内容表达的其他区别特征				130/240 之区分部分	作品/内容表达层元素
382			演奏媒介	$ b 独奏者、$ d 兼奏乐器、$ n 同一媒介的演奏人数、$ p 替代演奏媒介、$ s 总演奏人数、$ v 附注			130/240 之区分部分	作品/内容表达层元素

续表

字段	更新 9	更新 10	更新 11	更新 13	更新 14	更新 15	对应原 MARC21	说明
383			音乐作品的数字标识	$d 作品号、$e 相关出版社			130/240 之区分部分	作品/内容表达层元素
384			调（NR）				130/240 之区分部分	作品/内容表达层元素
542	版权状态相关信息						540	细化
588		描述来源附注					500	细化
883						机器生成元数据出处	无	全新

下面选择常用字段予以简介。①,②

（一）内容类型、媒介类型和载体类型：336－338 字段

1. 字段说明

336－338 字段用于取代 245 $h 一般资料标识。

---

① Library of Congress Network Development and MARC Standards Office. MARC21 Format for Bibliographic Data. 1999 Edition，Update No. 1（October 2001）through Update No. 16（April 2013）. http：//www. loc. govmarcbibliographic/

② McCallum S. RDA in MARC（October 2012）. http：//www. loc. govmarcRDAinMARC. html

表 7 – 2   336 – 338 字段之常用子字段说明

字段	子字段		取值说明
336 字段 内容类型	＄a	内容类型术语	RDA6. 9
	＄b	内容类型代码	MARC21 内容类型代码
	＄2	来源	rdacontent
337 字段 媒介类型	＄a	媒介类型术语	RDA3. 2
	＄b	媒介类型代码	MARC21 媒介类型代码
	＄2	来源	rdamedia
338 字段 载体类型	＄a	载体类型术语	RDA3. 3
	＄b	载体类型代码	MARC21 载体类型代码
	＄2	来源	rdacarrier

　　采用 RDA 时，336 – 338 字段的 ＄a 术语分别取自 RDA6. 9、RDA3. 2 和 RDA3. 3 中的术语表（详见本书第五章），＄b 根据相应的 MARC21 代码表，① ＄2 分别为 rdacontent、rdamedia 和 rdacarrier。由于内容类型与载体类型为 RDA 核心元素，因此 336 和 338 字段为必备字段，而 337 字段内容则与 338 字段内容相对应，可根据 338 字段生成（通常 RDA 记录中也会提供）。当资源属于或者包含多种内容类型、媒介类型和载体类型时，可重复相应的字段，也可重复字段中的 ＄a 和 ＄b 子字段。最后需要强调的是，336 – 338 字段的指示符 1 和 2 均未定义。

　　2. 样例②

　　（1）有声书 CD

　　如：336 ## ＄a spoken word ＄b spw ＄2 rdacontent

　　　　337 ## ＄a audio ＄b s ＄2 rdamedia

　　　　337 ## ＄a computer ＄b c ＄2 rdamedia

　　　　338 ## ＄a audio disc ＄b sd ＄2 rdacarrier

　　　　338 ## ＄a computer disc ＄b cd ＄2 rdacarrier

　　说明：有声书的内容类型为口头表述；CD 中的音频文件，可用于音频播

---

　　①　Library of Congress Network Development and MARC Standards Office. Value Lists for Codes and Controlled Vocabularies. ［2013 – 6 – 10］http：//www. loc. gov/standards/valuelist/

　　②　Joint Steering Committee for Development of RDA. MARC Record Examples of RDA Cataloging：Examples of MARC RDA record（JSC）– bibliographic records. http：//www. rdatoolkit. org/examples/MARC

放设备，也可用于计算机，故有音频和计算机两种媒介类型，同时属于音频盘和计算机盘两种载体类型。

（2）音乐 CD

如：336 ## ＄a performed music ＄b prm ＄2 rdacontent

　　　337 ## ＄a audio ＄b s ＄2 rdamedia

　　　337 ## ＄a computer ＄b c ＄2 rdamedia

　　　338 ## ＄a audio disc ＄b sd ＄2 rdacarrier

　　　338 ## ＄a computer disc ＄b cd ＄2 rdacarrier

说明：音乐 CD 的内容类型为表演音乐；CD 中的音频文件，可用于音频播放设备，也可用于计算机，故有两种媒介类型、两种载体类型。

（3）普通图书和期刊

如：336 ## ＄a text ＄b txt ＄2 rdacontent

　　　337 ## ＄a unmediated ＄b n ＄2 rdamedia

　　　338 ## ＄a volume ＄b nc ＄2 rdacarrier

说明：普通图书和期刊的内容类型为文本，如有较多其他内容类型（如图片），也可重复 336 字段或增加子字段；使用时无需借助任何设备，媒介类型为非中介；载体类型为册。

（4）视频 DVD

如：336 ## ＄a two – dimensional moving image ＄b tdi ＄2 rdacontent

　　　337 ## ＄a video ＄b v ＄2 rdamedia

　　　338 ## ＄a videodisc ＄b vd ＄2 rdacarrier

说明：DVD 的内容类型为二维动态图像；需借助视频设备观看，媒介类型为视频；载体类型为视盘。

（5）网站

如：336 ## ＄a text ＄b txt ＄2 rdacontent

　　　337 ## ＄a computer ＄b c ＄2 rdamedia

　　　338 ## ＄a online resource ＄b cr ＄2 rdacarrier

说明：网站内容类型为文本，如有较多其他内容类型（如音乐、视频），则可重复 336 字段或增加子字段；需借助计算机观看，媒介类型为计算机；联网使用，载体类型为联机资源。

（二）制作、出版、发行、生产、版权通告：264 字段

1. 字段说明

264 字段说明与资源的出版、印刷、发行、制作有关的信息（必备字段）。在需要明确区分上述功能时，用 264 字段取代 260 字段。

表 7 – 3　264 字段说明

字段说明			RDA 规则
指示符 1 说明顺序	#	不适用/无信息提供/最早	
	2	中间	
	3	当前/最新	
指示符 2 实体功能	0	制作	RDA2. 7
	1	出版	RDA2. 8
	2	发行	RDA2. 9
	3	生产	RDA2. 10
	4	版权通告日期	RDA2. 11
常用子字段	$ a	制作、出版、发行、生产地	
	$ b	制作者、出版者、发行者、生产者名称	
	$ c	制作、出版、发行、生产或版权通告日期	

指示符 1：对于连续出版物、多卷书或其他非一次性出版的资源，在出版发行信息有变化时，用指示符 1 标示所记录的出版发行信息是当前的还是以前的。首次著录一般是最早的情况，指示符 1 为#。

指示符 2：制作、出版、发行、生产与版权通告日期，相关说明见本书第五章第一节。

2. 样例

（1）普通图书：有完整出版信息

如：264 #1 $ a Westport, Connecticut；$ a London：$ b Libraries Unlimited, a member of the Greenwood Publishing Group，$ c 2004.

说明：著录方法与 260 字段相同。

（2）网站：出版年不详

如：264 #1 $ a England：$ b Tolkien Society，$ c［2002?］ –

说明：RDA 视网站为出版资源，故指示符 2 取 1。

（3）有声书：没有出版日期，提供版权日期（有条件的核心元素）

如：264 #1　$a Fredericton, NB, Canada：$b BTC Audiobooks, an imprint of Goose Lane Editions，$c ［date of publication not identified］.

　　264 #4　$c ©2005

（4）录音资料：没有出版日期，提供版权日期（有条件的核心元素）；另有发行信息

如：264 #1　$a Toronto：$b ViK. Recordings，$c ［date of publication not identified］.

　　264 #2　$b Distributed by BMG Canada

　　264 #4　$c ℗2004

说明：有出版者名称时，发行者非必备（有条件的核心元素），但也可以选择提供。

（5）录像资料：出版信息不详，提供发行信息；另有生产信息；出版、发行日期不详，提供版权日期（有条件的核心元素）

如：264 #1　$a ［Place of publication not identified］：$b ［publisher not identified］，$c ［date of publication not identified］.

　　264 #2　$a Montreal, QC：$b Distributed exclusively in Canada by TVA Films

　　264 #3　$a ［Beverly Hills, California］：$b 2929 Productions

　　264 #4　$c ©2007

说明：有发行信息时，生产信息非必备（有条件的核心元素），但也可以选择提供。

（6）出版者不详，无发行信息，有生产信息

如信息源显示：Published in Boston, 2010

　　　　　　　　Cambridge – – Kinsey Printing Company

　　264　#1 $ aBoston：$b ［publisher not identified］，$ c2010.

　　264　#3 $ aCambridge：$ bKinsey Printing Company

（7）出版地不详，有发行信息

如信息源显示：ABC Publishers, 2009

　　　　　　　distributed by Iverson Company, Seattle

　　264　#1　$a ［Place of publication not identified］：$ bABC Publishers，$ c2009.

　　264　#2　$a　Seattle：$ bIverson Company

（三）特定类型资源特征：344 – 347 字段

1. 字段说明

344 – 347 字段是对特定类型资源特征的说明，相关规则及术语见 RDA3.16 到 3.19。

表 7 – 4   344 – 347 字段之常用子字段说明

344 字段 声音特征 （RDA3.16）	$ a	录音类型
	$ b	录音介质
	$ c	播放速度
	$ d	纹槽特征
	$ e	音轨配置
	$ f	录音带配置
	$ g	播放声道配置
	$ h	特殊播放特征
345 字段 动态图像放映特征 （RDA3.17）	$ a	呈现格式
	$ b	放映速度
346 字段 视频特征 （RDA3.18）	$ a	视频格式
	$ b	广播标准
347 字段 数字文件特征 （RDA3.19）	$ a	文件类型
	$ b	编码格式
	$ c	文件大小
	$ d	分辨率
	$ e	地区编码
	$ f	传输速度①

344 – 347 字段的指示符 1 和 2 均未定义。

2. 样例

（1）有声书 CD

如：344 ## $ a digital $ b optical

---

① 2013 年 7 月 RDA 更新，元素"传输速度"已改称"编码比特率"，但 MARC21 书目格式的更新 16（2013 年 4 月）仍为原名。

　　347 ## ＄a audio file ＄b CD audio

　　说明：数字音频文件，具有声音特征和数字文件特征。声音特征：录音类型为数字、录音介质为光；数字文件特征：文件类型为音频文件，编码格式为 CD 音频。

　　（2）录像 DVD

　　如：344 ## ＄a digital ＄b optical ＄g surround ＄h Dolby digital 5.1

　　　　346 ## ＄a laser optical ＄b NTSC

　　　　347 ## ＄a video file ＄b DVD video ＄e region 1

　　说明：DVD 具有声音特征、视频特征和数字文件特征。声音特征：录音类型为数字、录音介质为光、播放声道配置为环绕、特殊播放特征为杜比数字 5.1；视频特征：视频格式为激光、广播标准为 NTSC；数字文件特征：文件类型为视频文件、编码格式为 DVD 视频、DVD 地区编码为 region 1（美国和加拿大）。

　　（3）3D 电影

　　如：345　## ＄a3D ＄b48 fps

　　说明：电影放映特征：呈现格式为 3D，放映速度每秒 48 帧。

　　（四）描述来源附注：588 字段

　　1. 字段说明

　　588 字段提供用于追踪与控制记录中所含元数据的信息，包括其他编目员会关注的一般与特定信息来源。对应于 RDA2.20.13 附注（参见本书第五章第一节）。

　　588 字段的指示符 1 和 2 均未定义。常用子字段 ＄a。

　　2. 样例

　　（1）对于连续出版物，如果不是根据第一期编目，需要提供著录所依据的刊期。

　　如：588　## ＄a Description based on：Vol. 2，no. 2（Feb. 1984）

　　（2）对于出版周期较长的资源（连续出版物或多卷书等），可记录最近出版单册的情况。

　　如：588　## ＄a Latest issue consulted：2001.

　　（3）对于集成性资源如网站，依 RDA 规则应当按最新状况著录，需要提供当前著录的日期。

　　如：588　## ＄a Viewed on June 11，2008.

二、MARC21 书目格式新增的子字段

除了新增字段外，MARC21 还在数十个字段中新增了若干个子字段，主要有三种情况：①对原字段细化，改善描述粒度；②增加唯一标识号；③增加关系说明语。其中，后两种情况的目的是增加对各种关系的揭示，方便未来对资源间的关联处理。

MARC21 书目格式新增的子字段详见表 7－5（未包括头标、006－008 代码字段及＄0 等控制子字段）。

表 7－5　MARC21 书目格式新增的子字段

字段/MARC21 更新	更新 9	更新 10	更新 11	更新 12	更新 13	更新 15
017 版权或呈缴号	＄z 取消号					
028 出版号						＄q 限定信息
033 事件时间地点			＄p 事件地点			
041 语言代码					＄k 翻译中介、＄m 原始附件、＄n 原始剧本	
082 DDC 号	＄m 标号或可选指示、＄q 给号机构					
340 物理介质					＄j 代、＄k 排版、＄m 开本、＄n 字号、＄o 极性	
502 学位论文附注	＄b 学位类型、＄c 授予机构、＄d 授予年份、＄g 杂项信息、＄o 标识号					
510 引文附注		＄uURI				

续表

字段/MARC21 更新	更新 9	更新 10	更新 11	更新 12	更新 13	更新 15
518 事件时间地点附注			$d 日期、$o 其他信息、$p 地点			
534 原始版权附注	$o 其他资源标识号					
561 拥有和保管史				$uURI		
700/710/711/730 附加款目		$i 关系信息				
800/810/811/830 丛编附加款目	$xISSN					

下面选择常用子字段予以简介。

（一）041 $k 翻译中介

1. 子字段说明

041 字段语言代码，原来对于翻译文本的原始语言与中介语言均用 $h 子字段表示。新增 $k 子字段，将中介语言独立出来，可以明确揭示原始语言。

2. 样例

如：041　1#　$aeng $kchi $hsan

说明：英译本，原始语言为梵文，根据中译本翻译。

（二）502 学位论文的子字段

1. 子字段说明

502 字段原来所有内容都入 $a 子字段。由于 RDA 在学位论文信息中定义了学位类型、授予机构和授予年份 3 个子元素（参见本书第五章第二节），所以在 MARC21 中分别用了 $b、$c 和 $d 三个子字段，而不能归入上述三个子字段的内容则入 $g 子字段。另外，学位论文的标识号 $o 子字段，可以记录学位授予机构给出的编号，也可以记录某个全球性的编号（比如某学位论文数据库中的识别号）。

2. 样例

（1）一般学位论文

如：502　##　$b　Ph. D $c　University of Louisville $d　1997.

说明：学位类型：哲学博士；授予机构：路易斯维尔大学；授予年份：1997。

（2）如果没有用＄a，其他需要说明的信息用＄g 子字段

如：502　##＄b　M. A.　＄c　McGill University＄d　1972＄g　Inaugural thesis.

（3）学位论文编号，采用＄o 子字段

如：502　##＄a　Heidelberg, Phil. F. , Diss. v. 1. Aug. 1958（Nicht f. d. Aust.）＄o　U 58. 4033.

（三）700/710/711/730 ＄i 关系信息

1. 子字段说明

700/710/711/730 字段的＄i 子字段，说明第一组实体间关系，采用 RDA 附录 J 中的关系说明语（参见本书第六章第三节），目的是在未来的语义网环境中，准确揭示并关联各种实体。

2. 样例

（1）根据小说《爱丽丝漫游仙境》改编的电影，＄i 子字段反映与原小说的改编关系

如：700 1#　＄i parody of（work）＄a Carroll, Lewis, ＄d 1832 – 1898.　＄t Alice's adventures in Wonderland

（2）《数字城堡》翻译版，＄i 子字段反映与原作关系

如：100 1#　＄a Brown, Dan, ＄d 1964 –

　　　240 10　＄a Digital fortress.　＄l French

　　　245 10　＄a Forteresse digitale.

　　　700 1#　＄i Translation of：＄a Brown, Dan, ＄d 1964 – ＄t Digital fortress.

说明：240 字段统一题名，揭示在编文献（载体表现）与其所含的作品/内容表达间关系（基本关系）；700 字段附加款目，揭示在编文献（载体表现）与其他语种（原语言）的内容表达间关系（相关关系）。

三、UNIMARC 的现况与更新[①]

如第四章所述，目前中文编目使用的 CNMARC 基于 UNIMARC，即除了具有中国特色的内容外，CNMARC 基本沿用的是 UNIMARC 的字段、子字段。

---

①　胡小菁. CNMARC 的 RDA 更新. 数字图书馆论坛，2013（7）

因此今后中文编目若采用 RDA，为准确揭示 RDA 元素，需要等待 UNIMARC 作出与 MARC21 相类似的 RDA 更新。

（一）UNIMARC 的现况

目前，IFLA 官网上提供的 UNIMARC 为 2008 版。由于 2008 年 MARC21 刚开始 RDA 更新，所以在当时的 UNIMARC 中还没有予以考虑。据了解，即使在尚未发布的 2012 版 UNIMARC 中也没有针对 RDA 更新的内容。好在 UNIMARC 的 2008 版中有一些字段、子字段，可对应于 MARC21 的某些 RDA 更新。换言之，UNIMARC 在某些方面较早地考虑到了细化字段以及改善描述粒度的问题，即目前的 UNIMARC 总体上还是可以在较粗的粒度下容纳 RDA 元素的。

MARC21 的 RDA 更新与 UNIMARC 的对照表见表 7－6（表 7－6 右栏标注"子字段有"的，均为早于 MARC21 更新子字段的 UNIMARC 字段）。

表 7－6 MARC21 的 RDA 更新与 UNIMARC/CNMARC 字段对照表

	MARC21 新增字段/子字段	对应原字段	对应 UNIMARC	
017	版权或呈缴号：增加 $z 取消号		021	子字段有
028	出版号：增加 $q 限定信息		071	子字段有
033	事件时间地点：增加 $p 事件地点			
041	语言代码：增加 $k 翻译中介、$m 原始附件、$n 原始剧本		101	子字段有
082	DDC 号：增加 $m 标号或可选指示、$q 给号机构		676	
083	附加 DDC 号	082	676	
085	合成分类号组件	082	676	
264	制作/出版/发行/生产/版权通知	260	210	原有子字段区分出版和生产
336	内容类型	245 $h	200 $b	
337	媒介类型	245 $h	200 $b	
338	载体类型	245 $h	200 $b	
340	物理介质：增加 $j 代、$k 排版、$m 开本、$n 字号、$o 极性		307	
344	声音特征	300 $b	215 $c	

MARC21 新增字段/子字段		对应原字段	对应 UNIMARC	
345	动态图像投影特征	300 $ b	215 $ c	
346	视频特征	300 $ b	215 $ c	
347	数字文件特征	300 $ b	215 $ c	
377	相关语言	041（作品/内容表达记录用）	101	
380	作品的形式	130/240 之区分部分	500 $ j	
381	作品/内容表达的其他区别特征	130/240 之区分部分	500 $ n	
382	演奏媒介	130/240 之区分部分	500 $ r	
383	音乐作品的数字标识	130/240 之区分部分	500 $ s	
384	调（NR）	130/240 之区分部分	500 $ u	
502	学位论文附注：增加 $ b 学位类型、$ c 授予机构、$ d 授予年份、$ g 杂项信息、$ o 标识号		328	子字段有（除标识号）
510	引文附注：增加 $ uURI		321	子字段有
518	事件时间地点附注：增加 $ d 日期、$ o 其他信息、$ p 地点		300	
534	原始版权附注：增加 $ o 其他资源标识号		324	
542	版权状态相关信息	540	306	
561	拥有和保管史：增加 $ uURI		317	子字段有
588	描述来源附注	500	300	
700/710/711/730	附加款目：增加 $ i 关系信息		7XX	
800/810/811/830	丛编附加款目：增加 $ xISSN		近 410	子字段有
883	机器生成元数据出处	无	无	

（二）UNIMARC 的更新

近年来，UNIMARC 的更新虽然没有直接针对 RDA，但对如何表达 FRBR 模型也作了重点考虑。在这方面，法国 UNIMARC 委员会（CfU）应 IFLA 的

UNIMARC 永久委员会（PUC）要求做了相应研究。在 2011 年的 IFLA 年会上，CfU 主席、PUC 成员 Philippe Le Pape 作了题为"在 UNIMARC 中表达 FR-BR，我们可以做到!"的报告，该报告说明了 UNIMARC 的规范格式、书目格式和馆藏格式与 FRBR 实体的对应关系，以及 UNIMARC 按照 RDA 的三个实施场景所做的更新，其中一些在当时还只是设想。以下详述 Pape 介绍的 UNI-MARC 的 FRBR 更新，以期为 CNMARC 做出相应更新提供依据。①

1. UNIMARC 完全支持 FRBR 结构

利用 UNIMARC 连接功能的优势，依据 RDA 实施场景一"关系/面向对象数据库结构"（见图 7.1），开发了关于 FRBR 的通用框架，同时也适用于场景二和场景三（见图 7.2 和图 7.3）。

FRBR 第一组实体以下述格式处理：

作品：UNIMARC 规范格式，154 字段第 1 位 = a（注意有第 0 位）

内容表达：UNIMARC 规范格式，154 字段第 1 位 = b（注意有第 0 位）

载体表现：UNIMARC 书目格式

单件：UNIMARC 馆藏格式

2. FRBR 化与非 FRBR 化数据

UNIMARC 以及 MARC21 格式有许多字段汇集了属于 FRBR 第一组中不同实体的数据，尤其是 UNIMARC 规范格式和 UNIMARC 书目格式中的统一题名。为回避这个问题，决定为作品及内容表达创建新的题名字段。现有字段保持不变，用于前 FRBR/非 FRBR 目录。原有非 FRBR 化数据也因之不必改变，仍可使用。

3. 在规范记录中记录创作者与贡献者名称

UNIMARC 规范记录的结构对单一题名不提供多个名称。而作品可能有多个创作者，内容表达可能有贡献者。决定使用 UNIMARC 规范格式的相关检索点块（5XX 字段），参照 UNIMARC 书目格式的责任块（7XX 字段）：

5X0 字段对应 7X0 字段

5X1 字段对应 7X1 字段（作品层新字段：501，511，521；$5 第 4 位关系代码）

5X2 字段对应 7X2 字段（内容表达层新字段：502，512，522；$4 关系代码，$r 职责）

---

① Pape PL. Expressing FRBR in UNIMARC, Yes we can!. June 29, 2011. http://conference.ifla.org/sites/default/files/files/papers/ifla77/187 – pape – en.pdf

用＄5 表达创作者或贡献者关系，使用关系代码（为 UNIMARC 书目格式的 7XX 字段＄4 定义的）。

4. 作品层字段（UNIMARC 规范格式）

（1）实体类型

通过题名规范记录表达，头标第 9 位"实体类型"：

f = 首选题名

g = 作品集首选题名

h = 名称/题名

i = 名称/作品集首选题名

（2）题名检索点新字段（作品层）

题名字段：231，431，531，731（分别是规范、变异、相关、另一语种规范题名检索点）。

名称/题名字段：241，441，541，741（分别是规范、变异、相关、另一语种规范名称/题名检索点）。

（3）作品"有主题"关系

除了题名字段，在规范格式中直接采用书目格式的主题字段：600，601，602，606，607，610，616，617，631，632，641，642。

5. 内容表达层字段（UNIMARC 规范格式）

（1）新增（2012 年计划）

语种、年份、内容特征：需扩展现有代码数据字段、创建新字段；属于内容表达的附注。

（2）题名检索点新字段（内容表达层）

题名字段：232，432，532，732（分别是规范、变异、相关、另一语种规范题名检索点）。

名称/题名字段：242，442，542，742（分别是规范、变异、相关、另一语种规范名称/题名检索点）。

6. 载体表现层（UNIMARC 书目格式）

主要需要提供识别嵌于其中的作品及内容表达的手段。使用相关题名块 5XX 字段：

506 字段统一题名——识别作品

507 字段统一题名——识别内容表达

576 字段名称/统一题名——识别作品

577 字段名称/统一题名——识别内容表达

第二节 MARC21 的书目记录与 RDA

如第五章所述，RDA 以 FRBR/FRAD 为框架，所有 RDA 元素均列在 FR-BR/FRAD 的相应实体、属性与关系之下，并没有与书目记录或规范记录相对应。换言之，RDA 并不限定用于现在的书目记录与规范记录。

一、RDA 的三个实施场景

RDA 在编制过程中，编辑 Tom Delsey 曾提出 RDA 的三个实施场景，① 分别是关系/面向对象的数据库结构、关联书目和规范记录，以及"平面文档"数据库结构（无链接），详见图 7－1、图 7－2 和图 7－3。

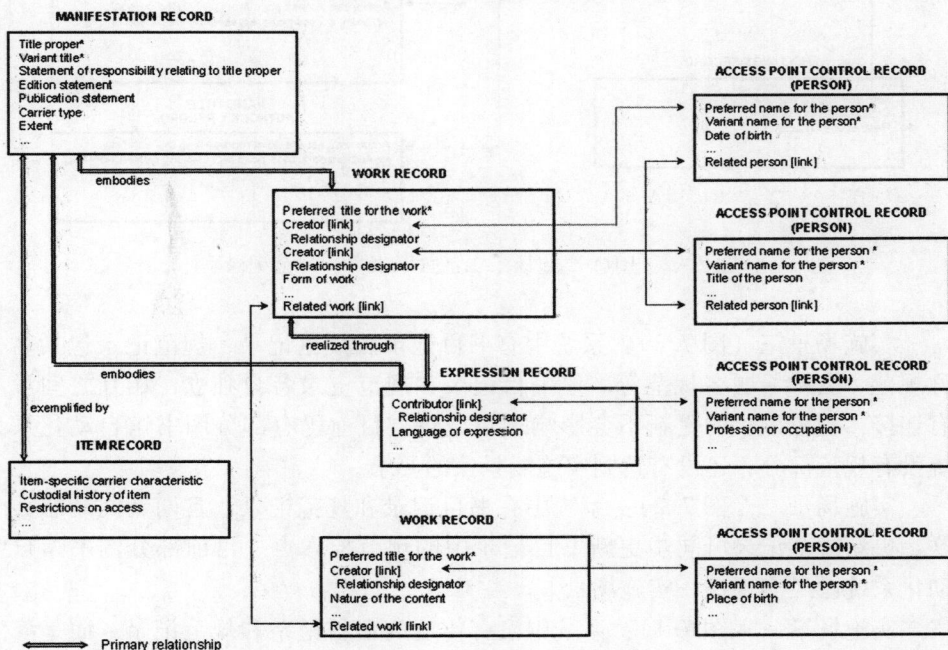

图 7－1　RDA 实施场景一：关系/面向对象的数据库结构

---

① Delsey T. RDA Database Implementation Scenarios. 1 July, 2009. http://www.rda-jsc.orgdocs5editor2rev.pdf

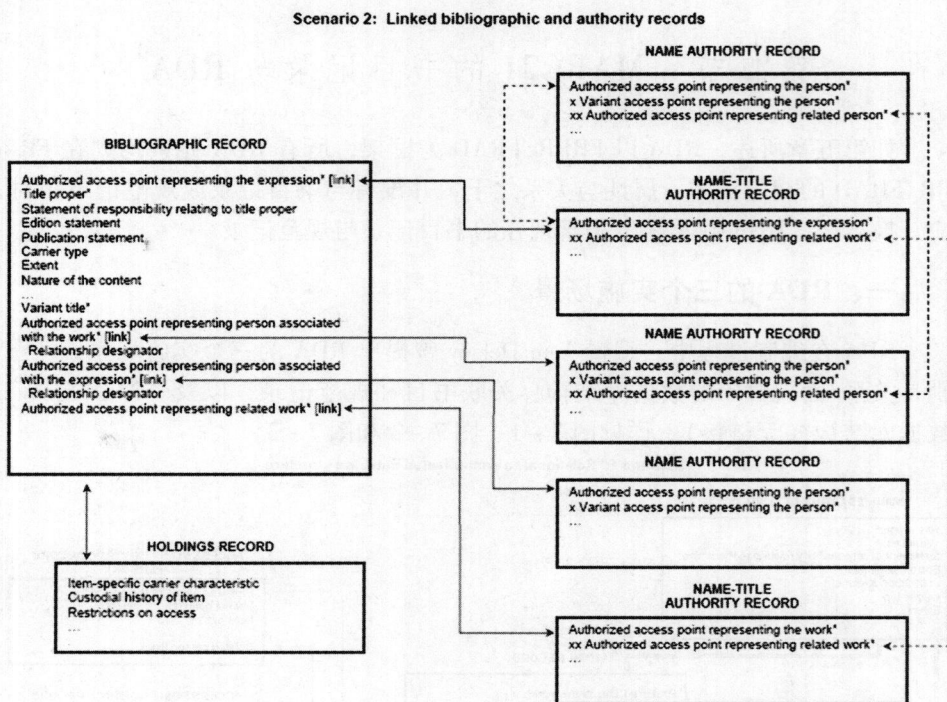

Scenario 2: Linked bibliographic and authority records

图 7-2　RDA 实施场景二：关联书目和规范记录

实施场景三（图 7.3）：系统中有书目记录和规范记录，规范记录包括名称规范、名称-题名规范等。但书目记录和规范记录各自独立，相互之间没有连接，规范记录的更新不会影响书目记录。目前仍有部分图书馆自动化系统没有规范部分，还没有达到实施场景三的要求。

实施场景二（图 7.2）：系统中有书目记录和规范记录，且两者间动态关联，更新规范记录可同步更新书目记录中的规范检索点。目前部分图书馆自动化系统已经实现这一实施场景。

实施场景一（图 7.1）：系统中没有传统的书目记录和规范记录，而是演变为 FRBR 实体记录，相互之间动态关联。FRBR 实体记录包括第一组实体的作品记录、内容表达记录、载体表现记录和单件记录，第二组实体的个人记录，以及图中未出现的家族记录和团体记录。第一组实体的作品记录、内容表达记录，可对应于目前的题名规范记录；第二组实体的记录，可对应于目前的名称规范记录；载体表现记录，组合作品记录、内容表达记录、可能还

Scenario 3: 'Flat file' database structure (no links)

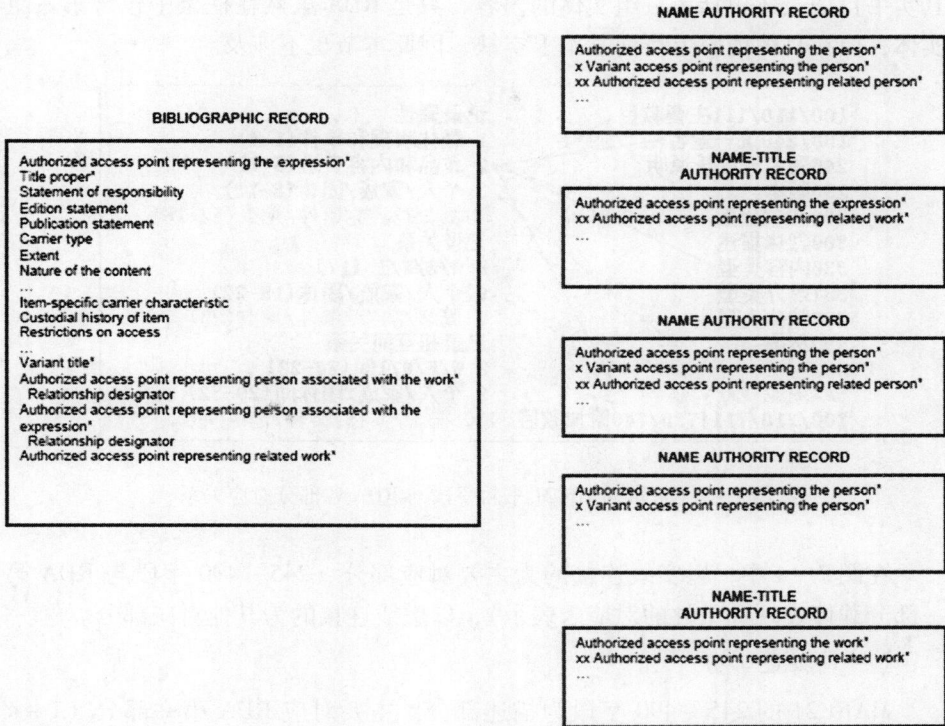

NAME AUTHORITY RECORD

Authorized access point representing the person'
x Variant access point representing the person'
xx Authorized access point representing related person'
...

BIBLIOGRAPHIC RECORD

Authorized access point representing the expression'
Title proper'
Statement of responsibility
Edition statement
Publication statement
Carrier type
Extent
Nature of the content
...
Item-specific carrier characteristic
Custodial history of item
Restrictions on access
...
Variant title'
Authorized access point representing person associated with the work'
  Relationship designator
Authorized access point representing person associated with the
expression'
  Relationship designator
Authorized access point representing related work'

NAME-TITLE
AUTHORITY RECORD

Authorized access point representing the expression'
xx Authorized access point representing related work'
...

NAME AUTHORITY RECORD

Authorized access point representing the person'
x Variant access point representing the person'
xx Authorized access point representing related person'
...

NAME AUTHORITY RECORD

Authorized access point representing the person'
x Variant access point representing the person'
...

NAME-TITLE
AUTHORITY RECORD

Authorized access point representing the work'
xx Authorized access point representing related work'
...

图 7 - 3　RDA 实施场景三："平面文档"数据库结构（无链接）

有单件记录以及第二组实体记录中的部分内容，大致可对应到目前的书目记录；而单件记录，则对应于目前的馆藏记录。同时，实体间的关系也应当是记录的重要内容。这是理想化的 RDA 实施场景，可以实现不同实体记录间的动态关联。

　　在图书馆自动化系统作出针对 FRBR/RDA 的更新前，实施场景一还只是一个理想。目前，我们仍需从书目记录和规范记录的角度来理解与掌握 RDA 元素。编目时，也是针对手头文献（单件及所代表的载体表现），编制书目记录和规范记录。

二、MARC21 书目记录对应的 RDA 元素

　　如上面对"实施场景一"所述，目前的书目记录实际上组合了载体表现

以及作品、内容表达、单件和第二组实体的内容，以及这些实体间的关系。其实书目记录还包括第三组实体的内容，只是 RDA 虽然在框架中包含第三组实体，但在具体内容上目前基本上空缺，因此本节也不涉及。

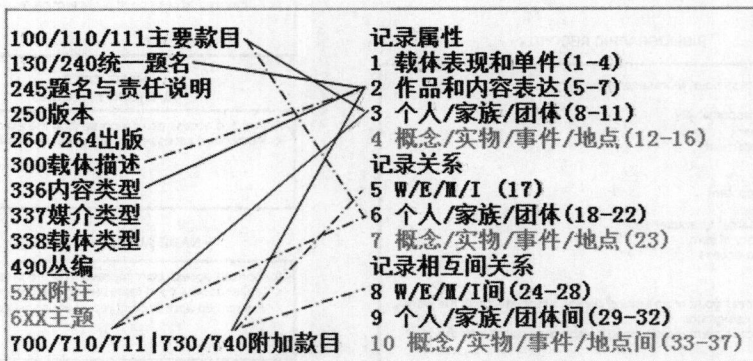

图 7-4　常用 MARC21 书目字段与 RDA 各部分对应关系

　　在图 7-4 中，以实线连接的为主要对应部分（245-490 字段与 RDA 第一部分载体表现和单件的对应未表示），以虚线连接的为其他对应部分。

（一）描述部分

　　MARC21 的 245-490 字段为描述部分，主要对应 RDA 第一部分（1-4章）记录载体表现和单件的属性。如图 7-4 所示，3XX 字段还对应部分 RDA 第二部分（5-7 章）记录作品和内容表达的属性。表 7-7 为常用描述字段与 RDA 元素的对照表。

表 7-7　常用 MARC21 描述字段与 RDA 元素对照表

MARC21 书目字段	RDA 元素
020 $ a	RDA2.15 载体表现标识号
020 $ c	RDA4.2 获得方式
245 $ a $ b	RDA2.3 题名
245 $ c	RDA2.4 责任说明
250	RDA2.5 版本说明
260/264	RDA2.7 - 2.11 制作、出版、发行、生产、版权日期

续表

MARC21 书目字段	RDA 元素
300 $ a	RDA3.4 数量
300 $ b	RDA3.6－3.19 各种载体特征
	RDA7.15 插图内容
	RDA7.17 彩色内容
300 $ c	RDA3.5 尺寸
336	RDA6.9 内容类型
337	RDA3.2 媒介类型
338	RDA3.3 载体类型
490	RDA2.12 丛编说明
856 $ u	RDA4.6 统一资源定位

（二）检索点部分

MARC21 的 100/110/111 字段为名称检索点，130/240 字段为题名检索点，7XX 字段为名称或名称/题名检索点。

1. 记录属性

检索点的基本元素是各个实体的属性。如图 7－4 中的实线所示，名称检索点主要对应于 RDA 第三部分（8－11 章）记录个人、家族和团体的属性，题名检索点主要对应于 RDA 第二部分（5－7 章）记录作品和内容表达的属性：

100/700 字段对应 RDA 第 9 章识别个人；

110/710 字段对应 RDA 第 10 章识别家族；

111/711 字段对应 RDA 第 11 章识别团体；

130/240/730/740 字段及 700/710/711 $ t 子字段对应 RDA 第 6 章识别作品与内容表达。

参见本书第五章第二、第三节。

2. 记录关系

检索点除了提供检索外，另一个重要作用是揭示实体间的关系。如图 7－4 中的虚线所示，100/110/111 字段还对应第六部分（18－22 章）记录作品、内容表达、载体表现、单件与个人、家族和团体间关系，130/240 字段还对应于 RDA 第五部分（17 章）记录作品、内容表达、载体表现和单件间基本关系。上述关系是资源本身内含的关系，一是资源与责任的关系，如作品与作者；二是书目记录所代表的载体表现与其所属的作品与内容表达的关系，还可能有与单件的关系。参见本书第六章第一、第二节。

7XX 字段除上述第五、第六部分外，还对应于 RDA 第八部分（24－28章）记录作品、内容表达、载体表现和单件间关系。上述关系是指书目记录所代表的资源与其他相关作品、内容表达、载体表现和单件的关系，比如翻译原本（其他内容表达）、其他载体类型的同一出版物（如纸本与电子版，其他载体表现）等。参见本书第六章第三节。

（三）附注部分

就书目记录而言，MARC21 的 5XX 附注字段既可以针对描述部分，也可以针对检索点部分，对应于 RDA 的各个部分。RDA1.10 规定了附注的总则，在 RDA 中附注有两种，一是专门的附注元素，二是对其他元素作详细说明。

1. RDA 附注元素

RDA 在各章节有不少附注元素，载体表现、单件和内容表达的附注通常用于书目记录，包括以下三种：

（1）识别载体表现和单件之载体表现或单件附注，12 个子元素（RDA2.20，参见本书第五章第一节"三、识别载体表现和单件的元素"）；

（2）描述载体之载体表现或单件附注，5 个子元素（RDA3.22，参见本书第五章第一节"四、描述载体的元素"）；

（3）描述内容的附注（内容表达附注），1 个子元素：内容特征变化附注（RDA7.29，参见本书第五章第二节）。

2. RDA 其他元素的说明

除了上述专门的附注元素外，在一些 RDA 元素条款中，也会说明为实现某种功能目标（用户任务），需要做附注。主要有两种情况：

（1）做附注

RDA 元素条款中关于附注的说明。比如 RDA3.5.1.8，"如尺寸变化对识别或选择重要，做附注"。

（2）详细信息

部分 RDA 元素的最后一节为对该元素细节的说明"Details of …"，通常不采用规定的术语，在实践上也是做附注。比如 RDA3.6.1.4，"如果对识别或选择重要，记录基底材料的细节"。

3. 其他

另外还有一些 RDA 元素，对应的是 MARC21 的附注字段。常见的如 RDA3.20 设备或系统需求，对应于 538 字段系统细节附注。

第三节　RDA 书目记录特征及混合化

从 2011 年 RDA 美国测试开始，采用 RDA 为编目条例的记录陆续出现在各种书目数据库中，包括美国国会图书馆联机目录、OCLC 的 WorldCat 联合目录等。2013 年，美国、加拿大、英国、澳大利亚和德国的国家图书馆全部改用 RDA，其他图书馆也在陆续跟进，书目数据库中 RDA 记录将会越来越多。因此识别出 RDA 书目记录，对于我国的编目工作十分重要。

一、RDA 书目记录及特征

基于 RDA 的书目记录不同于 AACR2 的一个重要特征，是原来的一般资料标识（245 $ h）改用 336 - 338 字段。众所周知，245 $ h 非必备，如普通图书等文献类型并不使用；但在 RDA 书目记录中，所有文献类型均需提供 336 - 338 字段（如前所述，其中 337 字段非必备）。然而，书目记录中有 336 - 338 字段的，并不表明就是 RDA 书目记录。

采用 RDA 规则的 MARC 书目记录，应具有以下两个特征：

（一）描述编目形式

MARC21 头标第 18 位描述编目形式，采用 AACR2 的记录用 a，而采用 RDA 的书目记录用 i 或 c，表明描述部分与 ISBD 一致：

1. 头标第 18 位 = i

书目记录的描述部分包含 ISBD 标点。

原来 i 指采用 ISBD，有些前 AACR2 记录也曾采用。2010 年增加头标第 18 位代码 "c" 时，对此重新作了定义。

2. 头标第 18 位 = c

书目记录的描述部分包含 ISBD 标点，但省略子字段末的 ISBD 标点。

这个是 2010 年新增的代码。因为德国等从其他格式转用 MARC21 的国家，不打算采用 ISBD 标识符分隔子字段，因为如果需要分隔，应当如 UNIMARC 那样，由软件自动生成，不需要编目员人为加入。

（二）编目规范

040 ＄e 描述规范子字段，采用 AACR2 时通常省略不著录，而采用 RDA 时则用 rda。

1. LC 书目记录

040　　## ＄a DLC ＄c DLC ＄e rda

2. OCLC 书目记录

040　　## ＄a DLC ＄e rda ＄c DLC

说明：OCLC 书目记录中 040 ＄e 置于 ＄c 之前。

二、混合记录及混合化

现有书目数据库中，大部分都是所谓的"遗存记录"（legacy record），即按 RDA 之前的编目条例所编制的非 RDA 记录。考虑到未来的编目员不会再去了解 AACR2 或更早的编目条例，美国合作编目项目（PCC）经调查后提出，通过手工或机器操作为非 RDA 记录增加 RDA 元素，形成所谓的混合记录（hybrid record），即掺和有 RDA 及之前编目条例的书目记录。而为非 RDA 书目记录增加 RDA 元素的过程即所谓的"混合化"。[①]

OCLC 参照 PCC 报告，提出自己的 RDA 政策声明，[②] 于 2013 年 3 月 31 日生效，其结果将体现在联合目录 WorldCat 中。在 2016 年 3 月 31 日计划全部采用 RDA 规则前，OCLC 将对 WorldCat 中的书目数据实施转换。同时，在三年转换期内，OCLC 并不要求图书馆必须使用 RDA，只是鼓励升级记录时参照"PCC 混合书目记录指南"增加 RDA 元素；但如果以英语为编目语言创建新的书目记录，无论是否采用 RDA，均需查已转换为 RDA 记录的 LC/NACO 规范档，并使用其检索点形式。

需要注意的是，混合记录虽然增加了 RDA 元素，但还不是真正意义上的 RDA 书目记录，因此其头标第 18 位还不能改为 i 或 c，040 ＄e 子字段也不使用 rda。

混合化的方式有两种，一是手工编辑，一是机器操作。

[①]　Report of the PCC Post – Implementation Hybrid Bibliographic Records Guidelines Task Group.（Minor revisions December 5，2012）. http：//www. loc. gov/aba/pcc/rda/RDA％20Task％20groups％20and％20charges/PCC – Hybrid – Bib – Rec – Guidelines – TG – Report. docx

[②]　OCLC RDA policy statement. Effective March 31，2013. https：//www. oclc. org/rda/new – policy. en. html

（一）手工编辑

OCLC 政策声明中推荐更新非 RDA 书目记录时增加 RDA 元素，形成混合记录：

1. 给检索点增加关系说明语；

2. 拼写非转录的缩写；

3. 在 245 字段中增加完整的责任说明（取代［et al.］）；

4. 增加 336/337/338 字段（同时仍保留原有效的 GMD，直至 2016 年 3 月 31 日）。

（二）机器操作

OCLC 在 2013 年 3 月 31 日后，开始结合 RDA 改变现有 WorldCat 遗存记录。遗存记录需处理为尽可能适合于未来的 RDA 环境，以便利编目员、系统及目录最终用户。OCLC 还考虑到未来若干年，后 MARC 会成为现实，如果现有 WorldCat 记录一致性好，将有助于升级到另一种元数据格式。

OCLC 将从更改英语编目记录开始，其他编目语言记录将在未来适当时候做类似的改变，可以预期这至少在相应语言的 RDA 翻译版完成之后。某些资源的 RDA 规则尚未完成，仍按原来规则，如采用《珍本图书描述编目》（Descriptive Cataloging of Rare Materials（Books），DCRM）的古籍、采用《档案描述内容标准》（Describing Archives：a Content Standard，DACS）的档案，这些记录将不予处理。期望的改变至少包括：

1. 增加 336、337、338 字段；

2. 拼写 255、300、500 和 504 等字段中的非转录的缩写；

3. 转换 245、260 等字段中的拉丁文缩写为相应的英语；

4. 转换 502 学位论文附注字段为多个子字段；

5. 删除 GMD（2016 年 3 月 31 日后）；

6. 根据 RDA 改变标目。期望的改变有：拼写如 Dept. 这样的缩写，按 RDA 实践改变《圣经》和《古兰经》标目。

OCLC 的机器操作方案，可供图书馆或图书馆自动化系统厂商参考，用于批量更新各图书馆书目数据库中的记录，以便图书馆自动化系统提供针对 RDA 的升级功能时，有足够的数据可以体现采用 RDA 的优点。

第八章 关联数据与 RDA

如第四章第四节所述，为了适应互联网的环境，图书馆的 MARC 可以实施 XML 化。但互联网目前毕竟是个文档的网络，而要使其成为一个数据的网络，则必须用到关联科学中的关联数据，尤其是今后普遍使用 RDA 来编目。RDA 作为元数据的内容标准，侧重描述资源实体的属性及其之间的关系，但它并不局限于只用本书第七章的 MARC 来表示（如美国国会图书馆新近就研发出了的一种更适合 RDA 使用的数据格式 BIBFRAME），若它经过 RDF 形式化描述或转换则可更方便地发布为关联数据，从而在语义万维网环境下最大限度地实现其功能。本章在概述数据关联与关联数据的基础上，重点论述关联数据的实现技术及转换工具。

第一节 数据关联与关联数据概述

世界上的一切事物都处在普遍联系中，即整个世界就是一个普遍联系的统一体。图书馆里所拥有的书目数据、规范数据以及其他数据也不例外。其中，书目数据是图书馆中最为重要的财富之一，是图书馆赖以开展一切业务和服务活动的基础，而且图书馆的书目数据历来以有序、规范、有效地反映馆藏而著称。[①] 在这些序化了的数据之间普遍存在着关联，图书馆等机构通过揭示数据间的关联关系和利用关联数据技术可以更好地满足读者/用户的信息需求和实现图书馆馆藏的科学管理。

一、数据关联

（一）数据关联的概念

数据关联即数据之间存在着某种关系。在图书馆等机构，读者/用户往往是利用数据之间的关系来查找文献的，图书馆员也是利用数据之间的联系来

---

① 刘炜等. RDA 与关联数据. 中国图书馆学报，2012（1）

开展组织、管理及服务等工作的。例如，同一题名的文献之间往往存在着内在的紧密联系，它可以回答读者/用户有无某一特定题名的文献问题，也能集中同一作品的各种版本和译本。比如以"红楼梦"为检索词在大型图书馆的 OPAC 中进行检索，会发现存在上百条甚至更多条记录，不同记录之间还会存在着著者的差别，即使是同一著者，也可能存在不同版本之间的关联。这样，用"题名"字段就可以聚合不同著者以及不同版本的文献，也可以聚合大量题名相近的文献。这些文献除了题名相同或相近外，还存在着主题/分类相同或相近的关系。可见书目数据的关联是普遍的，而且是多样的，甚至是复杂的。随着近年来图书馆数字资源的大量增加，这种关联性会随着资源数量的增加而变得越加复杂和多元。网络环境下，这些关联关系组成的已经不再是简单的线性关系，而是不断生长的网状关系。

（二）数据关联的类型

众所周知，图书馆的管理系统里除了书目系统外，还有规范等系统。据此，我们可以将数据关联粗分为两类：一类是系统内部的数据关联，一类是系统之间的数据关联。

1. 系统内部的数据关联

系统内部的数据关联是指某一系统内数据元素之间的关系，比如书目系统之间的数据关联，或规范系统之间的数据关联。由于技术及其成本等原因，这种数据关联在 MARC 里只是部分地被描述，即许多关系在 MARC 里还没被明确地揭示出来。如在 CNMARC 书目格式中，系统内部的数据关联主要通过其 4－－款目连接块（Linking entry block）的相应字段来实现。此处用《中文图书机读目录格式使用手册》中的一个示例来说明：当莫泊桑的《漂亮朋友》与其《一生》合订时，首先为第一合订文献《一生》做条记录（该记录标识号为：0184014702），然后再为第二合订文献《漂亮朋友》做一含有 423 字段的以下记录：①

200 1# ＄a 漂亮朋友 ＄f（法）莫泊桑（G. de Maupassant）著 ＄g 张冠尧译

423 #1 ＄10010184014702 ＄12001# ＄a 一生 ＄1701#1 ＄c（法）＄a 莫泊桑 ＄c（G. de Maupassant）

当然上例两条记录也可做成一条记录，即：

_____

① 王松林. 从 423 字段看 CNMARC 书目格式中的数据关联. 图书馆学刊, 2013（2）

001 0184014702

200 1# $a 一生 $a 漂亮朋友 $f（法）莫泊桑著 $g 张冠尧译

423 #0 $12001# $a 漂亮朋友 $1701#1 $c（法）　$a 莫泊桑 $c（G. de Maupassant）

以上两种不同的连接方式分别对应于第四章第二节中的实记录连接和虚记录连接，差别在于前者的连接属于记录间的数据关联，而后者的连接则属于字段间的数据关联。由于记录间的数据关联和字段间的数据关联都在一个系统内实现，因而它们均属于"系统内部的数据关联"。

2. 系统之间的数据关联

系统之间的数据关联是指不同系统之间的数据关系的表达，比如书目系统与规范系统之间的关联。如第四章第二节所述，在 CNMARC 书目格式除 4－－字段的其他检索数据字段中，许多字段均带 $3 规范记录号这一子字段。例如 CNMARC 书目格式 606 论题名称主题字段中的 $3 子字段用于录入该论题名称主题在其规范系统中的记录控制号。

200 1# $a 曹源一滴水

606 0# $a 禅宗 $2ct $3BT A90－27551

即取自《汉语主题词表》中的主题词"禅宗"通过 $3 子字段实现与规范记录中该主题词的控制号 BT A90－27551 之间的连接（这种连接与 Web 的超文本链接非常相似）。

与前述数据关联不同，这种数据关联不是来自同一个系统的内部，而是来自不同的系统之间，如上例的数据关联就来自书目系统和规范系统之间。需要指出的是，虽然上述系统间的数据关联也具关联数据的"与其他数据集实现数据共享和相互关联"之特征，但它还不属于严格意义上的关联数据范畴。

二、关联数据

（一）关联数据的概念与特点

1. 关联数据的概念

关联数据（Linked Data）的概念最早由"万维网之父"Tim Berners－Lee 于 2006 年提出，目前已成为信息管理、信息系统、计算机科学、图书馆学等诸多学科领域中的研究热点。[①]

---

① 潘有能，张悦. 关联数据研究与应用进展. 情报科学，2011（1）

　　关联数据是一个与语义万维网的发展密切相关的重要概念，在《How to Publish Linked Data on the Web》一文中它被定义为一种在万维网上发布和链接结构化数据的方式。[1]　其实，关联数据也是 W3C（世界万维网联盟）推荐的一种规范，用来发布和链接各类数据、信息和知识，希望在现有的万维网基础上建立起一个能够映射所有自然、社会和精神世界的数据网络，通过对大千世界万事万物及其相互之间关系进行机器可读的描述，使互联网进化成一个富有语义的、互联互通的知识海洋，从而使任何人都能借助于整个互联网的计算设施和运算能力，在更大的范围内准确、高效、可靠地查找、分享、利用这些互联的信息和知识。[2]

　　从技术上看，关联数据采用 RDF（资源描述框架）数据模型，利用 URI（统一资源标识符）命名数据实体，在网络上发布实例数据和类数据，从而可以通过 HTTP（超文本传输协议）揭示并获取这些数据，同时强调数据间的相互关联、相互联系以及有益于人和计算机所能理解的语境信息。

　　简言之，关联数据是一种在网络上发布、分享和互相联接结构化数据的方法，其目的之一是将数据从彼此不连通的数据库中解放出来，通过关联达到数据资源的最大程度的利用、再利用，从而产生新的数据、信息和知识。[3]

　　关联数据所链接的数据源可能是两个处于不同地理位置的机构所维护的数据库，也可能是一个机构内的无法在数据层面上进行互操作的不同系统。但从严格意义上讲，关联数据是指发布于网络上的数据，该数据具有机器可读性和明确的含义，并能链接至其他外部数据集，以及也可被来自外部数据集的数据所链接。截至 2011 年 9 月，链接开放数据（Linking Open Data，以下简称 LOD，网址是 http：//lod‐cloud.net/）项目已经成功地将超过 130 亿条传统网页上的数据（包括维基百科、地理数据集、政府数据集等）自动半自动地转换成了关联数据，构建了日益庞大且不断生长的数据网络。据统计，2011 年 9 月的 LOD 所收录的数据集就有 295 个，比 2010 年 9 月增加了 92 个，是 2009 年 7 月间的 3 倍多，可见不同应用领域对关联数据的重视程度和关联数据不同寻常的发展速度。从 LOD 所发布的云图看，数据集以及不同数据集

　　①　Chris Bizer, Richard Cyganiak, Tom Heath. How to publish Linked Data on the Web. http：//wifo5‐03. informatik. uni‐mannheim. de/bizer/pub/LinkedDataTutorial/20070727/

　　②　刘炜. 关联数据：概念、技术及应用展望. 大学图书馆学报，2011（2）

　　③　曾蕾. 理解和利用关联数据：图情档博（LAM）作为关联数据的提供者和消费者. http：//conf. library. sh. cn/sites/default/files/LLDcopy_ %E6%9B%BE%E8%95%BE. pdf

之间的链接形成了越来越紧密的网状关系图（图 8 - 1），① 其中包括著名的 DBpedia、Freebase 和 Thomson Reuters 的 Open Calais 项目等。

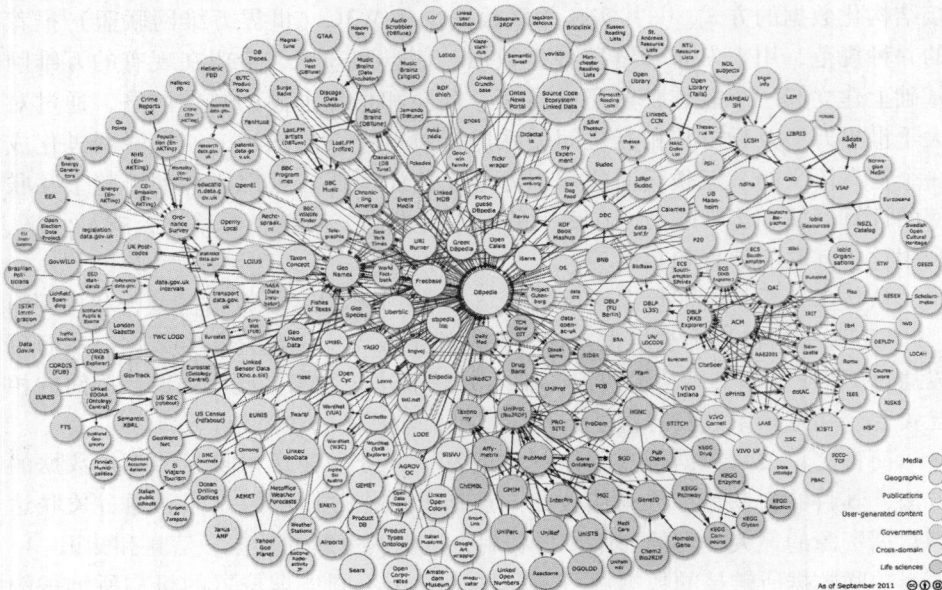

图 8 - 1　LOD 的数据云图

　　关联数据网络与当前的超文本网络有着显著的不同。超文本网络的基础单元是由超链接所连接起来的 HTML（超文本标记语言）文件，也即文档的网络，而关联数据网络并非是简单地连接这些文件，而是使用通用格式 RDF 形成链接世界上任何事物（所有实体）的网络，也即数据的网络。关联数据网络的出现不但对当前的超文本网络进行了扩展，同时也对当前网络上海量的纷繁无序的信息资源进行甄别、选择和定位。

　　综上所述，关联数据是一组最佳实践的集合，它采用 RDF 数据模型，利用 URI 命名数据实体来发布和部署实例数据和类数据，从而可以通过 HTTP 协议来检索并获取这些数据。换言之，关联数据是一种旨在提高网络数据机器可读性的技术框架，它通过构建网络环境下的引用和解引机制来建立数据

---

① 　W3C. Linking Open Data. http：//www. w3. org/wiki/SweoIG/TaskForces/CommunityProjects/LinkingOpenData

之间的关联，从而实现数据在网络上的共享和重用。即关联数据的核心是将数据和网络融合起来，一旦数据用关联数据的原理发布，数据就成为网络的一部分，从而实现"网络即数据"这一伟大理想。①

2. 关联数据的特点

相对于传统的图书馆数据来说，关联的图书馆数据具有如下特点：②

（1）可分享性（Sharable）。关联数据具有不管谁都能解析的唯一标识 URI。而且，关联数据提供给用户使用的是可信赖的数据和元数据。

（2）可拓展性（Extensible）。不断增加的关联数据构成了"无边世界"，几乎没有什么描述是完成不了的，任何人都可以从他自己发布的空间添加描述信息。

（3）可重用性（Reusable）。各种来源的描述指的是同样的事物（thing），任何人可以将之完善、加标注等。

（4）国际化（Internationalizable）。如今各种不同数据的多语种（翻译不成问题）可以满足不同国家、不同语言文化用户的信息需求。快速发展的语义化技术和自动化技术等为关联数据的国际化提供了保证。

（二）关联数据和数据关联之间的关系

上述关联数据和图书馆系统的数据关联之间既有区别又有联系。其共同点一是可以与其他数据集实现相互关联（它们采用技术手段把彼此独立的事物关联起来），即二者形式上相同；二是两者都强调不同事物之间关系的描述与揭示，便于数据的发现和重用，即二者的目的相同。其不同点主要在于：

1. 二者关联的对象并不完全相同

图书馆系统的数据关联主要强调书目数据以及书目数据与规范数据之间的关系，其对象是款目和/或记录之间的连接，其实质是文本数据的连接，而非结构化数据的连接。例如 CNMARC 书目格式中通过 4－－连接款目字段，实现的主要是款目和/或记录之间的连接。虽然通过 $3 子字段 CNMARC 书目格式也能实现图书馆的书目数据和规范数据之间的关联，但目前做了这种系统之间关联的图书馆较少。而关联数据作为一个与语义万维网的发展密切相关的重要概念，它强调通过语义万维网的技术来实现数据之间的相互关联，是一种利用 Web 在不同的数据源之间创建语义关联的最佳实践方法。即关联

---

① 林海青，楼向英，夏翠娟. 图书馆关联数据：机会与挑战. 中国图书馆学报，2012（1）

② 曾蕾. 理解和利用关联数据：图情档博（LAM）作为关联数据的提供者和消费者. http://conf. library. sh. cn/sites/default/files/LLDcopy_ % E6% 9B% BE% E8% 95% BE. pdf

数据所关联的对象是位于 Web 上不同数据源的数据，强调的是结构化数据（即基于 RDF 数据模型的数据）的关联（这是关联数据最大的特点），而不是款目和/或记录所承载的文本的关联。

2. 两者所处的信息环境导致其实现方式上的不同

图书馆 MARC 书目格式的数据关联主要是通过连接款目块字段以及连接子字段实现的，这种关联的数据实现方式虽然可被机器所处理，但机器却无法理解其语义，更为关键的是，利用其编码的数据不能够在 Web 上开放获取。而关联数据虽然是把来自网络不同地址的数据源的数据关联起来，但由于它采用了语义万维网的标准化技术如 URI、RDF、HTTP URI 等，所以其链接创建的数据关系是一种机器可理解的，特别是它基于开放的分布式网络。即关联数据创建的数据之间的关系具有机器可理解其语义的特点，这或许就是两者本质的不同。若是离开了 Web，其链接不具有机器可理解，这种关联的数据也将不能称之为关联数据了。此外，由于关联数据采用了 RDF 数据模型，其数据的关联还具有无限可拓展性等特点（详见本章第二节）。

需要说明的是，图书馆系统的数据关联也可利用语义技术将其转化为可以更充分、更完整地揭示数据关联关系的关联数据（详见本章第三节）。

三、图书馆关联数据的应用现状

如前所述，图书馆所拥有的 MARC 书目数据、规范数据、主题数据等都可以开放为任意互联的关联数据。所以自关联数据提出以来，作为应用现代信息技术的积极用户，同时作为承担信息收集、组织和处理使命的专门机构，图书馆始终关注着关联数据的研究及其应用。如早在 2008 年美国国会图书馆的 Ed. Summers 就建立了 lcsh. Info 网站，并将《国会图书馆标题表》（LCSH）以关联数据的形式发布；同年瑞典国家图书馆也将瑞典全国联合目录 LIBRIS 采用了关联数据框架，由此而成为全球首家关联编目数据的提供者。更为重要的是，上述两个项目不是彼此孤立地进行，而是相互连接的。如 LIBRIS 的瑞典语主题词可以通过 lcsh. Info 网站提供的 URI 与美国国会图书馆的主题词关联起来，从而完成了一个关联图书馆数据的开拓性试验。截至 2010 年，已有 20 多个图书馆的关联数据集（具体见图 8 - 2），① 而且可以发现，图书馆的关联数据主要集中在书目数据、规范数据和术语服务这三个重要的领域。

---

① 参见 Rose Singer2010 年 Code4Lib 报告 . http：//code4lib. org/conference/2010/singer 中的图书馆关联数据云图

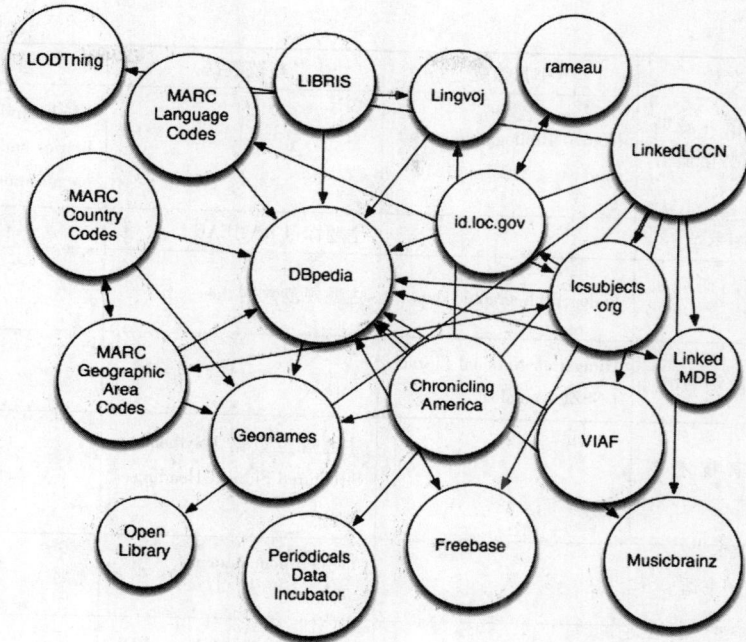

图 8 - 2 2010 年已有的图书馆领域关联数据集

目前，已经开放了关联数据服务的图书馆数据集如表 8 - 1 所示：

表 8 - 1 开放了关联数据服务的图书馆数据集

机构名称	书目数据	规范数据	其他
联合国粮农组织		AGROVOC	
OCLC		杜威十进分类法（DDC）和国际虚拟规范档（VIAF）	
瑞典国家图书馆	LIBRIS		
美国国会图书馆		国会图书馆标题表（LCSH）和国会图书馆名称规范档（NAF）	Chronicling America
德国国家图书馆		国家图书馆的联合规范档 GND	

续表

机构名称	书目数据	规范数据	其他
德国北莱茵－威斯特法伦图书馆服务中心	lobid. Bibliographic Resources		lobid. Index of libraries and related organisations
法国国家图书馆		主题标目 RAMEAU	
法国高校与研究机构图书馆	Sudoc Bibliographic data	主题规范数据 theses. fr	
匈牙利国家图书馆	Hungarian National Library (NSZL) catalog		
捷克国家技术图书馆		主题规范数据 Polythematic Structured Subject Heading System	
芬兰国家图书馆		Yleinensuomalainenasiasanasto	
日本国会图书馆		主题规范数据 Web NDL Authorities – National Diet Library of Japan 和 National Diet Library of Japan subject headings	
英国不列颠图书馆	British National Bibliography		
剑桥大学图书馆		Cambridge University Library Dataset	
挪威科学技术大学		主题规范数据 TEKORD	

据 CKAN 关联数据注册中心（the Data Hub）2011 年 9 月提供的统计数据，在图书馆关联数据的 51 个实例中，总共提供了 4，576，472，613 个 RDF 三元组（平均每个项目包含 89，734，757.12 个三元组），共关联了 56 个外部数据集，在数据集之间构建了 116 个关联关系，平均每个图书馆关联

数据项目和 2 个以上的外部数据集实现了数据共享和复用。① 其中，DBpedia、LCSH 等关联数据集是图书馆关联数据主要的关联对象。此外，OCLC 的国际虚拟规范档（VIAF）也是图书馆关联数据外联的重要数据源。② 如今，特别是应用 RDA 编目以来，图书馆要想适应环境的变化，抓住关联数据技术所带来的机遇，必须将其所拥有的数据资源发布成万维网上可以共享的普遍关联的关联数据，而这自然就离不开关联数据的相关技术。

第二节　关联数据的实现技术

如前所述，关联数据是一组语义技术的最佳应用实践，是一种旨在提高网络数据机器可读、可理解的技术框架。本节首先论述发布关联数据的四个基本原则，然后结合 RDA 元素重点论述 RDF 数据模型，并给出 RDA 数据使用 RDF 三元组表达的示例。

一、关联数据的发布原则与评价标准

（一）关联数据的发布原则

与文档的网络不同，关联数据将互联网上任何信息内容或其子内容看成是一个可以采用标准方法规范描述和调用的知识对象，通过创建和发布关于各类知识对象及其与各类其他知识对象之间关系的规范化描述信息，通过建立基于知识内容的检索以及基于知识关系的分析关联机制，支持在特定的信息环境中对不同知识对象的关联发现。③

Tim Berners - Lee 认为，所有已发布的关联数据都是一个统一的全球数据空间的组成部分，并在此基础上概括出在万维网上发布关联数据的四个基本原则:④

（1）使用 URI 作为任何事物的标识（Use URIs as names for things）；

（2）使用 HTTP URI 使任何人都可以访问这些标识名称（Use HTTP URIs so that people can look up those names）；

（3）当有人访问某个标识时，使用（RDF，SPARQL）标准提供有用的信

---

① Datahub. The easy way to get, use and share data. http://datahub.io/

② 林海青，楼向英，夏翠娟. 图书馆关联数据：机会与挑战. 中国图书馆学报，2012（1）

③ 沈志红，张晓林. 关联数据及其应用现状综述. 现代图书情报技术，2010（11）

④ Tim Berners - Lee. Linked data. http://www.w3.org/DesignIssues/LinkedData.html

息（When someone looks up a URI, provide useful information, using the standards（RDF, SPARQL））；

（4）尽可能提供相关的 URI，以使人们可以发现更多的事物（Include links to other URIs. so that they can discover more things）。

由上可见，这四个发布原则，使得所有的网络用户都可以进行自定义语义信息的发布。其次，这四个原则只是对数据发布的基本方式——命名和编码（URI + RDF）做了规定，由于这两项内容均属于语义万维网技术的基础，因而也可以将关联数据看成是语义万维网的一个简化实现。

若从编目学的视角分析这四个原则：

原则（1）规定编目对象所涉及的一切实体都应该是一个网络存在，并以 URI 标识符表示这个网络存在的名字，而不是一个简单的文档链接。URI 技术不仅可以在万维网范围内唯一标识任何资源对象（真实物质世界、主题概念等），还能起到定位的作用，从而能够用来"关联"数据。

原则（2）规定了这个网络存在可以通过万维网最通用的 HTTP 协议进行检索和获取资源，而不需要其他任何特殊的、私有的协议（如 SRU/SRW）或任何应用程序接口（API），这就决定了关联数据的通用性和开放性。

原则（3）希望以标准的元数据格式（最好是通用的数据格式如 RDF），尽可能完整地提供书目信息，即元数据越丰富越好。

原则（4）希望在对一个资源进行元数据描述时，尽可能重用已有的 URI 资源。例如某图书的作者，应该是某个权威机构发布的人名规范档中该作者的 URI 作为其属性值，而避免使用作者名字的字符串（即普通文字 literal），更不宜采用"空节点"（blank node，即没有全局命名域的本地资源）。

符合上述四个原则的书目数据都是关联数据。同时可以看出，上述四个原则，只有前两个原则是硬性的规定，而后两个原则则很灵活，只是一种建议或推荐。甚至有人认为微数据（Microdata）也是描述语义的标准格式，也可用来发布关联数据。[①]

需要指出的是，关联数据实现具体的数据关联则要依靠 RDF Link 技术，即通过大量的资源链接来实现，所以网络上以 URI 形式发布的数据越多，越能建立起丰富的语义链接。这些链接不仅决定了数据的语义，也通过"属性"而关联到其所能链接到的相关资源实体。而这些"属性"本身也是资源，也应具有唯一标识符 URI 加以定义和描述。从此意义上讲，我们通常所称的

---

① 刘炜等 . RDA 与关联数据 . 中国图书馆学报，2012（1）

"元数据方案"其实就是这些属性的集合，它规定了所需进行描述的语义及其相互关系，其本身还可以视为描述某些特定对象的本体。值得说明的是，RDA 在 DCMI/RDA 小组数年的努力下，终于完成了 RDA 涉及的所有实体、元素和概念的关联数据注册发布工作，他们将 RDA 中所涉及的元素、子元素、元素类型等均作为实体，赋予 URI 并编码成 RDF 模式，内容和载体类型均用 SKOS 进行编码，这实际上是建立了一个关于 RDA 的书目本体。

　　总之，以上四条原则虽然简洁，但却提供了在遵从统一的网络结构和标准的前提下发布和链接数据的基本方法。这充分体现了"最少设计"原则，即把简单的东西简化，让复杂的东西变得可能，开发简单的应用，着眼于未来的复杂性。正是基于这一原则，万维网才取得了日新月异的发展，同时也推动了关联数据和语义万维网的快速发展。

　　（二）关联数据的评价标准

　　W3C 对数据的关联程度进行过定义，并提出了一个五个"星级"的评价标准：①

　　一星：以任何开放协议和格式把数据发布到万维网上；

　　二星：以一种机读格式（例如 excel 而不是扫描图像格式）把数据发布到万维网上；

　　三星：以一种开放而非私有的格式（例如 CSV、html、xml 而不是 excel）把数据发布到万维网上；

　　四星：采用开放格式并以 W3C 的开放标准进行标识和描述（即 URI + RDF）数据，使人们可以链接；

　　五星：采用开放格式并以 W3C 的开放标准 URI 进行标识，以 RDF 进行描述并尽可能引用别人以 URI + RDF 发布的数据，从而为数据提供一种共同理解的上下文语义。

　　由上可以看出，前三个等级由于没有采用语义描述规范，不具有表达语义的功能，但只要满足"四星"标准（即采用 URI + RDF 技术），就可称之为关联数据了。目前，网络上已经涌现的数据集和知识组织系统大多是四星级（如美国国会图书馆的 Recollection 项目目前就是一个四星级的关联数据应用），它们均采用了 RDF 标准，用 URI 指代名称，数据用 RDF 三元组发布，其中只有一部分达到了五星级标准（即互相关联的 RDF 数据）。而且网络上

_____

　　①　刘炜等．RDA 与关联数据．中国图书馆学报，2012（1）

已经发布的关联数据资源主要集中在关联数据注册网站 CKAN（the Comprehensive Knowledge Archive Network）上。

引领世界开源数据门户平台的 CKAN 是一个开源的数据门户软件，也是一个功能强大的数据管理系统，使用它可使数据的存取成为可能，通过它所提供的工具可以流线型发布、分享、发现和分享数据。① CKAN 旨在数据发布者（国家和地区政府，企业和组织机构）满足数据开放和可使用的需求。截至 2012 年 7 月，the Data Hub 共有 3880 多个数据集，其中最有名的一个组就是前述 LOD 云组（现有 327 个数据集）。除了 LOD 云组，该关联数据注册中心还包括图书馆关联数据组（现有 57 个数据集，大多数都是与非图书馆数据的联接）、文献书目数据组（现有 77 个数据集）、艺术组、气象数据组、实验数据组、经济组、能源组、地理组、考古组、语言组、政府数据组等。上述有些研究项目还在试验阶段，有些数据还不开放。此外，这些数据集的发行格式（可获取格式）并不唯一，包括 CSV、RDF、XML、HTML + RDFa 等。②

二、关联数据的发布流程与方式

（一）关联数据的发布流程

如本章第一节所述，关联数据在技术实现上看并不复杂，即只要遵守两条基本准则：第一条是利用 RDF 数据模型在万维网上发布结构化数据（即 RDF 化）；第二条就是利用 RDF 链接不同数据源的数据。关联数据的发布流程可以简单地概括为如下四个步骤：③

（1）用 RDF 数据模型描述要发布的数据资源，为其生成 HTTP URI（通常是一个 Cool URI），④ 并生成资源的 RDF 描述文档。

（2）在数据与数据之间建立 RDF 链接。

（3）选用下列两种方法中的一种在 Web 上发布 RDF 文档：

方法一：支持 HTTP 的内容协商机制（Content negotiation），能够根据客户端信息请求的类型（text/html 还是 application/RDF + xml）决定返回 HTML 还是 RDF 的表示形式；

① 参见 ckan. The open source data portal software. http：//ckan. org/
② 曾蕾. 理解和利用关联数据：图情档博（LAM）作为关联数据的提供者和消费者. http：//conf. library. sh. cn/sites/default/files/LLDcopy_ %E6%9B%BE%E8%95%BE. pdf
③ 夏翠娟等. 关联数据发布技术及其实现：以 Drupal 为例. 中国图书馆学报，2012（1）
④ 参见 W3C. Cool URIs for the Semantic Web. http：//www. w3. org/TR/cooluris/

方法二：支持采用带"#"号（hash）的 URI 方式定位到 RDF 中的具体的数据资源。

（4）提供一个标准开放的访问接口，支持使用 RDF 的标准化检索语言 SPARQL 对 RDF 数据库进行检索，供远程调用本地数据。①

（二）关联数据的发布方式

目前，根据数据量的大小、数据的更新频率、数据的存储方式和访问方式的不同，关联数据的发布方式可以分为如下四种：

（1）静态发布方式。发布静态的 RDF 文件，适用于数据量较小的情况。

（2）批量存储方式。将 RDF 文件存储在 RDF 数据库中，并采用 Pubby 等服务器作为关联数据服务的前端，适用于数据量大的情况。

（3）调用时生成方式。在请求数据时根据原始数据在线生成 RDF 数据，适用于数据更新频率大的情况。

（4）事后转换方式。即 D2R 方式，从关系数据库到 RDF 数据转换，适用于将关系数据库存储的数据内容发布为关联数据。

目前，第四种发布方式被 LOD 中很多大型数据集所采用。

三、RDF 数据模型

RDF（Resource Description Framework）即资源描述框架，是 W3C 推出的一种便于元数据标准互操作的框架和标记语言，同时也是一种数据语言的语法。制定它的目的主要是为元数据在 Web 上的各种应用提供一种通用的基础结构，使应用程序之间能够在 Web 上交换元数据，以促进网络资源的自动化处理。由于 XML 描述元数据的形式过于灵活而难以控制，所以不利于不同行业、不同元数据标准之间的互操作，而 RDF 数据模型不仅具有清晰的结构，而且还具有较强的描述元数据结构和语义关系的能力，因此更适合用来展现各种元数据的内容。②

（一）RDF 三元组

作为一个与语法无关的通用数据模型，RDF 由"主体（subject）–谓词（predicate）–客体（object）"三部分构成。其中，"主体"是有统一资源标

---

① Eric Prud'hommeaux, Andy Seaborne. SPARQL query language for RDF. http：//www. w3. org/TR/rdf – sparql – query/

② 王松林. 信息资源编目（修订本）. 北京图书馆出版社，2005

识符（URI）的资源，也可以是没有命名空间的空白节点如 DOI、ISBN 等；"客体"可以是有 URI 的资源、空白节点，也可以是字符串值；而"谓词"则表示主体与客体之间的关系。

RDF 数据模型也称"资源－属性－属性值"三元组（也称作三段式结构）。这种表示法构成一个陈述（Statement），包括资源、属性、属性值这三种对象类型。其中，资源（Resource）是指所有在 Web 上被命名的对象，如网页、XML 文档中的元素、RDA 元素集中的 FRBR 实体等，对应于 RDF 数据模型的主体部分；属性（Property）用以表明资源的特性或资源之间的语义联系，对应于该数据模型的谓词部分；属性值（Property Value）则对应于该数据模型的客体部分（如图 8－3 所示）。

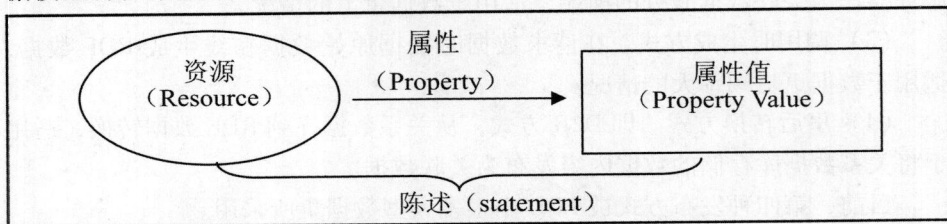

图 8－3　RDF 的"资源－属性－属性值"三元组

一个三元组由三个有序的部分构成。即这个三元组结构是"有方向"的，并且用标签标识。其中，椭圆形代表资源（Resource），矩形代表属性值（Property Value），带方向的箭头代表属性（Property），箭头方向由资源指向属性值。重要的是这种有向图结构可以清晰地描述不同 things 之间的各种逻辑关系。尤其是 RDA 采用 RDF 三元组表示之后，可以清晰地表示出 RDA 中不同实体（含属性）之间的关系。

简言之，RDF 就是用来描述资源及其之间关系的结构描述规范，它定义了一种通用的框架，对资源内容进行语义化的描述。在越来越重视元数据互操作的环境下，RDF 可以解决结构互操作的问题。同时，RDF 数据模型也是目前语义万维网的新的研究热点——关联数据的核心技术之一，在关联的开放数据运动中起着至关重要的作用。① 相信随着语义万维网和关联数据的研究与应用的深入，RDF 将会得到更为广阔的应用。

作为资源描述的元数据标准框架，RDF 的主要特点有：①简单性；②开

---

① Linked Data FAQ. http：//structureddynamics. com/linked_ data. html

放性；③易扩展性；④易集成性；⑤易交换性。这些特性是元数据互操作所必需的前提条件，也是它成为关联数据技术核心的主要原因。

作为抽象的数据模型（与领域和应用无关），RDF 三元组为描述事物之间的关系提供了一种通用的结构。在 RDA 使用三元组结构图表示时，实体一般用圆形或椭圆形表示，而关系则用菱形表示，如图 8 - 4 所示：①

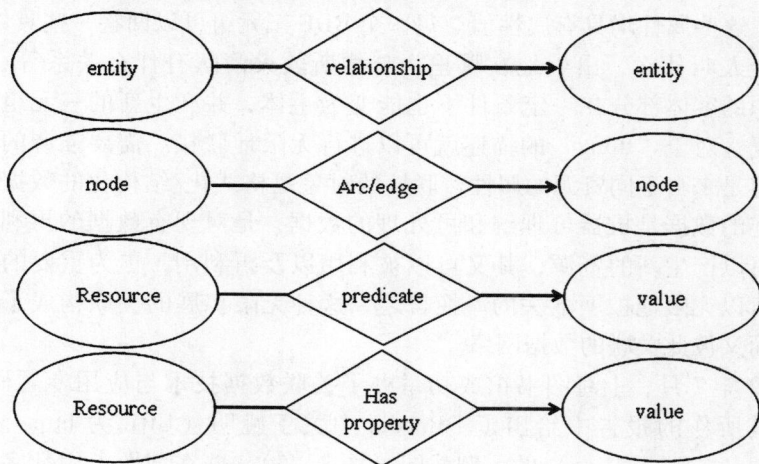

图 8 - 4　RDF 三元组结构

在 RDF 三元组中，任何事物、每一种关系都具有名称"name"，可以是 URI、空白节点/占位符，甚至可以是文字。例如，http：//www. w3. org/1999/02/22 - rdf - syntax - ns、http：//RDVocab. info/roles/author 和 urn：isbn：0 - 8389 - 3594 - 1 等都是 URI 的实例。URI 参引可以指向一个事物、一类事物或一个属性。又如，RDA 中的 FRBR 第一组实体 Work、Expression、manifestation、item 的 URI 分别为：

　　http：//rdvocab. info/uri/schema/FRBRentitiesRDA/Work

　　http：//rdvocab. info/uri/schema/FRBRentitiesRDA/Expression

　　http：//rdvocab. info/uri/schema/FRBRentitiesRDA/Manifestation

　　http：//rdvocab. info/uri/schema/FRBRentitiesRDA/Item

根据关联数据的发布原则，关联数据三元组的每一个部分都应尽可能地

---

① 参见 Kimmy Szeto 所作的报告. A brief introduction to RDF: Linked Data and RDA Registered properties. http：//bcc. musiclibraryassoc. org/BCC - Historical/BCC2012/BriefIntroductionToRDF. pdf

以 URI 来表达，以 RDF 来编码。尤其是作为资源的主体"thing"，必须能够以开放的 HTTP 方式来存取，数据的 RDF 描述中应包含其他更多数据的链接。例如在维基百科的关联数据版 DBpedia 中，我国著名篮球明星姚明作为一个独立的"thing"，可以用特定的 ID 来表示，可以产生许多无歧义的三元组。"名字"、"出生日期"、"出生地"、"身高"、"效力球队"等都是该"thing"的属性，这些属性均具有属性值。每一个 RDF 三元组可以回答一些具体问题，例如这个人叫什么，出生地在哪里，与休斯敦火箭队有什么关系等。同时，三元组中的客体部分在一定条件下也能变为主体，并产生新的三元组。如此循环往复，对于"thing"的描述就可以进行无限地联接。需要强调的是，联接的内容是来自不同资源的属性，联接的对象是格式化/结构化的数据而非文本；相连的数据是机器可理解和可处理的数据；是对现有数据的再利用；这种相连可以产生新的资源，其又可以被利用以及再利用，更为重要的是这种关联是可以无限地扩展下去的。换言之，这种无限扩展的关联构成了不断生长着的而又彼此关联的数据网络。

2012 年 7 月，上海图书馆成功举办了关联数据技术与应用专题研讨会，曾蕾在其所作的报告中给出了 DBpedia 中关于姚明（URL 为 http：//dbpe-dia. org/page/Yao_ Ming）的示例截图（图 8 - 5），并在截图上用数字标明了前述发布关联数据的四原则是如何体现的。

标号①是该资源主页的 URL 地址，体现了关联数据的发布原则（1）即使用 URI（URI 包括 URL 和 URN）作为任何事物的标识名称。同时也满足发布原则（2）即使用 HTTP URI 任何人都可以访问这个页面（只要网络正常，任何人在任何时间、任何地点都可以访问到该资源）。标号②和③部分就是以 RDF 三元组形式提供了关于资源的尽可能多的属性信息，让人们可以更准确地了解所描述资源的信息。也即满足了关联数据的发布原则（3），即当有人访问该名称时，以标准的形式（如 RDF）提供有用的信息。同时还满足了发布原则（4），即尽可能提供相关的 URI，使人们可以发现更多的事物。从图 8 - 5 属性和属性值的列表中，我们不仅可以看到关于姚明个人的基本信息，同时还可以看到他在 DBpedia 中描述的更多的新信息。这些信息是以 URI 标识，用户可以点击链接，即通过与 DBpedia 相联的其他数据集，用户可以找到关于姚明甚至与姚明相关的"thing"的描述，因而可以发现更多的、用户几乎难以想象的新信息和新知识。因为利用关联数据技术，用户可以访问任何与之所查找资源相关的人物、时间、地点、图片、数据等。这不仅对图书馆，而且对于用户来说，都是件很有意义的事。

图 8 – 5 DBpedia 所描述资源与发布关联数据四原则的对应关系

上述描述都是利用 RDF 进行编码的，取出其中一个片段的结构是：

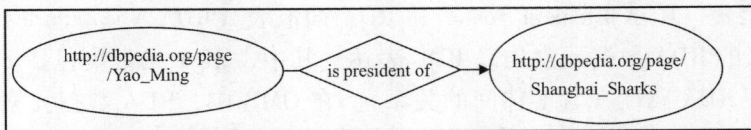

图 8 – 6 RDF 三元组表示 2 个实体之间的关系

其中，上图中的主体"thing"使用 URI 标识为"http：//dbpedia. org/page/Yao_ Ming"，客体作为"thing"的属性值，使用 URI 标识为"http：//dbpedia. org/page/Shanghai_ Sharks"，谓词"is president of"（在 DBpedia 中使用属性 dbpprop：president）则表示了主体与客体之间的关系。这一 RDF 三元组的 RDF 编码为：

　　< RDF：RDF >

　　　< RDF：Description RDF HREF = "http：//dbpedia. org/page/Yao_ Ming" >

　　　　　< dbpprop：president rdf：resource = "http：//dbpedia. org/ page/Shanghai_ Sharks" >

　　　< /RDF：Description >

　　< /RDF：RDF >

　　上例中，第一段是 RDF 文档的标记，表明了该文档的编码性质；第二段指明被描述资源主体"Yao_ Ming"的 URI；第三段则指明了被描述资源与另一资源"Shanghai_ Sharks"之间的关系；第四段是 RDF 描述语句的结束标记；第五段为与第一段相呼应的结束标记。需要明确的是，上述编码是机器可理解、可处理的，是一种为 Web 所用的含义更为丰富的联接方式，是我们从超文本链接（文件到文件）发展到超数据的联接（文中所探讨的"thing"的联接），人们可以通过 HTTP/URI 机制直接获取数字资源（thing）。

　　（二）RDA 的 RDF 表达

　　在《RDA in RDF》一文中，作者 Karen Coyle 认为，将基于 FRBR/FRAD 结构的 RDA 发布为关联数据，前提是把 RDA 数据元素发布为 RDF 三元组。[①] RDA 与 AACR2 的一个重要不同在于它特别强调和重视揭示实体间的"关系"，而 RDF 三元组结构则可充分表达 RDA 数据元素中的这种关系。RDA 在开放元数据注册（Open Metadata Registry，以下简称 OMR）系统[②]中的注册分 RDA 元素集（RDA Element Sets）和 RDA 词汇表（RDA Vocabularies），[③] 而且被定义的 RDA 数据元素均以 RDF 表达。其中，RDA 元素集包括 FRBR 三组实体和 RDA 属性（含实体间的关系）。在 OMR 中，RDA 数据元素不仅包含属性，也包含关系，即属性是 RDA 数据元素，关系也被视为 RDA 数据元素。用以指导编目员选择用词的 RDA 词汇表包含 70 多个类表和元素词表。这些受控的术语表在 OMR 中称为词汇表，而在 DC 抽象模型（DCAM）中则被称为"取值表"，而且这些取值表均采用简单知识组织系统（SKOS）编码。

　　① 参见 Karen Coyle. RDA in RDF. http：//www. mendeley. com/catalog/rda – rdf – 13/

　　② 目前，OMR 系统并不满足于管理 RDA 的词表，计划进一步拓展到其他领域，支持各类元数据元素集和本体的注册，并且逐步完善其功能，不仅提供 SPARQL endpoint 发布，还将提供不同本体之间的映射、转换服务等，参见 Open Metadata Registry. http：//www. metadataregistry. org/

　　③ 参见 The RDA（Resource Description and Access）Vocabularies. http：//rdvocab. info/

采用专门用于网络环境下术语表及叙词表表示的 SKOS 除与 RDF 兼容外，还可更充分地揭示概念间的语义关系（如上位概念、下位概念等）。

1. FRBR 实体

RDA 中的 FRBR 实体被定义为 RDF 类（RDF classes），如《哈姆雷特》和《白鲸》都属于"作品"（Work）类，莎士比亚和赫尔曼·梅尔维尔都属于"个人"（Person）类。

类具有属性（attributes），在 RDF 中被视为 RDF 属性（RDF properties）。如"作品"具有"题名"、"形式"、"责任者"等属性；"个人"则有"名称"、"生年"、"卒年"等属性。

按照这种方式，FRBR 实体成为 RDA 元素描述的总的组织原则。

2. RDA 属性

RDA 定义的每一个数据元素（data element）都被视为一个 RDF 属性（RDF property）。在 OMR 里，RDA 被注册的数据元素有 1300 多个，其中一些是属性的子属性。属性定义依据语义万维网的传统，含 DC 元数据的扩展。RDA 元素项的编码，独立于 FRBR 实体（entity）及款目（entry），以利于扩展。这些被注册的 RDA 属性元素可以在线浏览和检索，并以人类可读的形式显示，既可以显示属性概要，也可以显示属性声明。

3. RDA 数据用 RDF 表达的示例

按照关联数据发布原则（1），即"使用 URI 作为任何事物的标识名称"，要将 RDA 编目的资源（实体，属性及其关系，在 RDA 使用 RDF 数据模型表达时，关系视为属性）给出 URI 标识。只有将所描述资源给出标志其网络存在的 URI，才能够满足发布原则（2），即"使用 HTTP URI 使任何人都可以访问这些标识名称"，否则（即如果发布原则（1）不满足）用户将无法使用 HTTP URI 访问这些标识名称。如果这两条发布原则都不满足，RDA 数据自然也就称不上是关联数据了。

此外，关键是如何将 RDA 数据元素和词汇表所描述资源的实体和关系使用标准的形式如 RDF 三元组表达（即 RDF 化），为用户提供有用的信息。同时还要满足发布原则（4），即"尽可能提供相关的 URI，使人们可以发现更多的事物"。

举一个来自 OCLC WorldCat 的关联数据示例，通过永久链接来识别基于作品《镜中世界》（Through the Looking Glass）而改编成电影的作品《爱丽斯漫游仙境》（Alice in Wonderland）。在图 8 - 7、图 8 - 8、图 8 - 9 中，RDA 数据使用 RDF 三元组揭示图书作品《镜中世界》与据其改编的电影《爱丽斯漫游仙境》之间的关系，这种改编关系"adaptedAsAMotionPicture"作为一个 RDA 属性元素在 OMR 中注册，并用 URI 标识为"http：//rdvocab. info/RDA-RelationshipsWEMI/adaptedAsAMotionPicture"。①

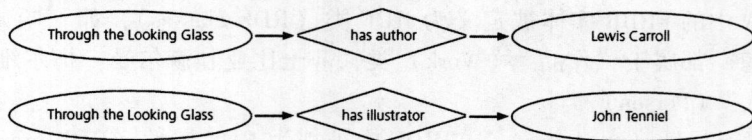

图 8 - 7　作者和其他责任者的三元组

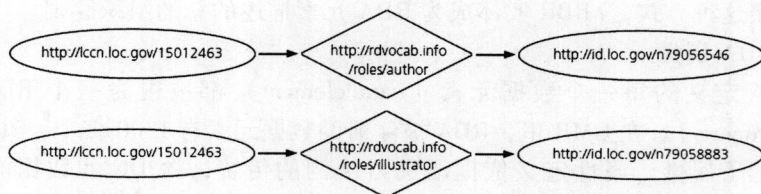

图 8 - 8　作者和其他责任者用 URI 表达的三元组

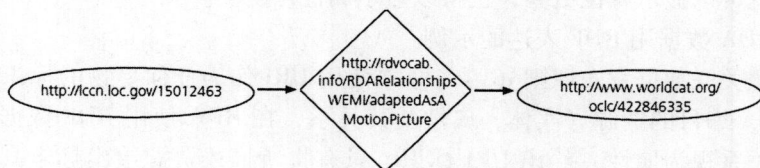

图 8 - 9　图书与电影作品间的关系是作品之间的关系

　　由上可以看出，RDA 要参与关联数据社区，数据必须以 RDF 三元组结构形式而非 XML 记录进行表达。关联数据依赖三元组，这是几乎所有语义万维网兼容应用都能提供的通用数据格式。三元组使得关联数据中的个别描述与其他描述相互沟通，形成一个不断生长的数据网络。

　　当然，一个实体（如一部作品、一个个人等）可以包含多个属性，当使用三元组表示时就会包含多个三元组，形成描述实体的三元组集。例如《七侠荡寇志》（Magnificent7）的三元组集揭示了作品之间及作品与作者之间的

---

① 图片来自 Karen Coyle. RDA Vocabularies for a Twenty – First – Century Data Environment. Library Technology Reports，v. 46，2010，no. 2

关系，如图 8 - 10 所示。

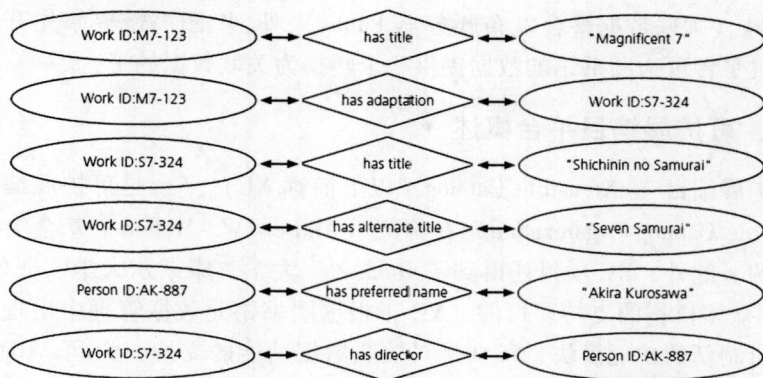

图 8 - 10　《七侠荡寇志》的三元组集

　　在以三元组形式表达时，资源（实体）、属性（在这里关系视为属性）和属性值，都尽可能用 URI 来标识。总的来说，对作品、个人、地点及其他实体或属性，可共享的标识符 URI 越多，"A 即 B"（A is the same as B）的表达就越精确。通过 RDF 可以联通所有涉及到的人物、地点、事件、统计资料、基因等。需要再次强调的是，RDF 链接的是结构化数据而非文本；相联的数据是机器可理解和可处理的，而且是对现有数据的再利用，通过对数据的再利用，可以产生新的资源，又可以再被利用，如此循环往复，可以无限地扩展下去。

　　最后可以想见，如果图书馆将 RDA 描述资源的 FRBR 实体和关系按照关联数据的发布原则都用 RDF 三元组来表示，把与该资源相关联的数据也采用 RDF 三元组来表示，再使用 RDF 链接技术将这些数据链接起来，就可发布成关联数据，融入到目前不断生长的关联的数据网络中。

第三节　关联数据的转换工具

　　在语义万维网、开放平台、关联数据等思想提出之后，以 MARC 编码的书目信息必须要经过数据转换才可加入到关联数据云中。而要将非关联数据转换为关联数据除了涉及领域建模、词表映射、数据管理外，还涉及数据转换这一重要环节。目前，关联数据的数据转换工具除了 any23（Anything To Triple）、Doc2RDF（文档发布为关联数据）、CMS2RDF（如 Drupal）、

RDB2RDF（关系数据库发布为关联数据，即 D2R）、Linked Data Server/ Framework（关联数据整合发布服务器 Pubby）外，① 图书馆界率先开发的可扩展编目平台可为图书馆的数据提供一个转换为关联数据的平台。②

一、可扩展编目平台概述

可扩展编目（eXtensible Catalog，以下简称 XC）平台是可扩展编目组织（eXtensible Catalog Organization）在梅隆（Andrew W. Mellon）基金会的支持下开发的。此外，XC 项目还得到了 Rochester 大学、康奈尔大学、耶鲁大学、OCLC 等众多机构的支持。目前，XC 正根据图书馆元数据管理中出现的新需求，在研制新的功能模块，特别是对关联数据功能的支持。为此，RDA Toolkit 已将 XC 作为了官方唯一指定的传播 RDA 的应用工具。

XC 是一个开源的、以用户为中心的元数据管理与发布平台，同时也是面向图书馆的新一代软件。XC 提供一个发现界面并为图书馆提供元数据管理和构建应用的一组工具集，因而它也可以说是一个开源的资源发现工具。XC 由 XC 项目小组的工作人员负责开发和维护，其目标之一就是在非 MARC 系统中允许 MARC 元数据的重用（以资源共享和互操作为目的，其最终目的是复用图书馆界长期积累的数字资源财富）。

XC 软件主要由以下四个软件工具包所组成：

（1）XC Drupal Toolkit：Drupal Toolkit 利用 Drupal 功能强大的开源内容管理平台为图书馆 Web 应用提供统一的用户界面，它为用户提供了一个友好的资源发现界面；

（2）XC Metadata Service Toolkit（MST）：MST 是 XC 的核心，为元数据提供各种处理与转化服务；

（3）XC OAI Toolkit：OAI Toolkit 利用 OAI – PMH 负责定期收割机构数据库的数据资源；

（4）XC NCIP Toolkit：NCIP Toolkit 负责完成集成图书馆系统（ILS）馆际互借和流通应用之间的数据交流。

以上四个工具包既可单独使用，解决所属特定问题，也可一起使用，为

---

① 夏翠娟 . 关联数据的技术实现与案例 . http：//conf. library. sh. cn/sites/default/files/LD% E7% 9A% 84% E6% 8A% 80% E6% 9C% AF% E5% AE% 9E% E7% 8E% B0% E5% 8F% 8A% E6% A1% 88% E4% BE% 8B_ % E5% A4% 8F% E7% BF% A0% E5% A8% 9F. pdf

② The eXtensible Catalog. http：//www. extensibleCatalog. org/

开发人员提供一个端对端的资源发现平台。

二、RDA 在 XC Schema 中的实现

（一）XC Schema

如前所述，MST（元数据服务套件）是 XC 的核心工具包，它通过 OAI－PMH 机制收割来自不同知识库中的 MARC、DC 元数据，并对其进行操作，将预处理后的数据记录转化为基于 XC Schema 的统一格式，为用户提供基于 FR-BR 的数据浏览、检索与查询，并为每一个对象和属性添加 URI 标识符。该工具包成功地为图书馆提供了一个元数据发现、创建和管理平台，同时提供了一个应用 RDA 元数据的实验平台。

MST 提供 MARC 元数据转化服务，即依据 MARC 与 XC Schema 的转化映射表（http：//code. google. com/p/xcmetadataservicestoolkit/wiki/Transformation-ServiceStepsBib）将扁平结构的 MARC XML 格式转化为以 FRBR 实体为描述框架的 XC XML 格式。其中，XC Schema 是 XC 项目开发小组自行定义的一种元数据模式（Metadata Schema，IT 界称之为元数据应用纲要），它尽可能多地复用各种目前已经在使用的内容描述框架中的数据元素和属性，自己只定义其中的少部分属性。这种方式不仅简化了 XC 的定义过程，而且也帮助用户和机器更好地理解相关属性信息，还有利于与其他元数据的兼容，支持更大范围的数据共享。

目前，XC Schema 的元素由以下三部分组成：①所有的"dcterms"元素；②33 个 RDA 元素集元素，包括 22 个 RDA 元素（见表 8－2）和 11 个 RDA 角色指示符（见表 8－3）；③XC 开发小组专为 XC 系统功能设计而新定义的 XC 元素，目的是为了在实现关联数据的相关应用时可以方便地获取资源的 URI 标识。以上所有的词表元素都已在 OMR 中注册。

表 8－2　XC Schema 中使用的 22 个 RDA 元素

rdvocab：coordinatesOfCartographicContent	rdvocab：scale
rdvocab：dissertationOrThesesInformation	rdvocab：dimensions
rdvocab：identifierForTheWork	rdvocab：editionStatement
rdvocab：natureOfTheContent	rdvocab：frequency
rdvocab：titleOfTheWork	rdvocab：modeOfIssuance
rdvocab：artisticAndOrTechnicalCredits	rdvocab：numberingOfSerials

rdvocab：awards	rdvocab：placeOfProduction
rdvocab：identifierForTheExpression	rdvocab：plateNumber
rdvocab：illustration	rdvocab：publisherNumber
rdvocab：performerNarratorAndOrPresenter	rdvocab：soundCharacteristics
rdvocab：placeAndDateOfCapture	rdvocab：statementOfResponsibilityRelatingToTitle

表 8 - 3　　XC Schema 中使用的 11 个 RDA 角色指示符

rdarole：artist
rdarole：author
rdarole：compiler
rdarole：composer
rdarole：speaker
rdarole：director
rdarole：editor
rdarole：illustrator
rdarole：performer
rdarole：producer
rdarole：translator

　　XC Schema 之所以选择 RDA，是因为 RDA 基于 RDF 三元组定义，而且可以灵活地与其他元数据 Schema 兼容。需要说明的是，XC Schema 在设计之初使用实际词汇作为元素标识，但随后便改为采用 URI，这样做的原因在于：①URI 被明确限定为资源标识符；②可以减少 schema 的维护成本，无需在词汇本身改变的情况下做大范围的更新；③OMR 可以通过版本控制进行更新。此外，XC Schema 还具有如下特点：①灵活性和可扩展性；②可以使得 XC 功能最优化；③它不是为单个记录创建，而是可以根据需要调整组合成复杂的记录。另外，XC Schema 还可帮助用户体验操作表达某个 FRBR 层次的独立记录。

　　（二）MARC 记录的 FRBR 化

　　图书馆传统的 MARC 是为了某个特定的应用程序而设计的，为了提高系统的灵活性和重用性，有必要将难以揭示记录间关系的 MARC 记录转化为能够在各种资源之间建立关联的 FRBR 记录。一条 MARC 记录包含的信息往往需要映射到 FRBR 的不同实体,从而形成多条 FRBR 记录,但 MARC 著录时往往缺少一些必要的说明性信息来让后续应用准确地映射,对于包含了丰富内容的字段(如 MARC21 的 245 字段)在映射时也会比较复杂,这些都为 XC 的转化服务带来了很大困难。为帮助 XC 转化服务的顺利进行,XC 开发小组制订了 MARC 字段/子字段与 XC Schema 的映射表,这一转换工具已在 RDA Toolkit 中提供。XC 的转化服务将元数据以 XC Schema 描述并映射到基于 FR-BR 层次结构的 work、expression、manifestation 和 holdings(馆藏实体,与 item 对应)四个不同的实体中。该服务包括对 MARC(仅限于书目数据和馆藏数据)和 DC 两种元数据的转化。

将 MARC 数据和 FRBR 实体进行映射时,不仅仅是属性元素之间的映射,更重要的是发现 MARC 记录和 FRBR 实体之间的关系。这种关系很多时候是容易发现的,但有时也存在 MARC 元素可能会和一个 FRBR 中未定义的实体相关联的情况,这就需要编目人员手工操作进行分类转化。在转化过程中,XC 会为每一条 FRBR 记录赋予一个全网唯一的 URI 标识,同时在记录的最后还标识出与之相关的其他实体的 URI,通过该语句用户可以很容易地查找到与此记录相关联的其他记录信息,从而实现书目数据的内部关联。例如,有两条 FRBR 记录的 URI 分别为: < xc:entity id = "oai:mst. rochester. edu: MetadataServicesToolkit/marctoxctransformation/10081" type = "work" > 和 < xc:entity id = "oai:mst. rochester. edu:MetadataServicesToolkit/marctoxctrans-formation/10082" type = "expression" > ,在 ID = 10082 的记录末尾还有这样一条用于连接的陈述语句: < xc:workExpressed > oai:mst. rochester. edu:MetadataServicesToolkit/marctoxctransformation/10081 </xc:workExpressed > ,用户通过这条语句就可以形成如图 8 – 11 所示的内部关联,即标识号为 "ID = 10082" 的内容表达与标识号为 "ID = 10081" 的作品之间是一种 "实现" 与 "被实现" 的关系。① 而这种作品与内容表达之间的 "实现" 与 "被实现" 关系的揭示是机器可处理和可理解的。

(三)XC 数据转换的基本流程

XC 为图书馆的历史遗留数据提供了一个转换为关联数据的平台,同时解决了元数据在转换过程中存在的各种潜在问题,对图书馆关联数据的发展起

---

① 参见 Karen Coyle. RDA in RDF. http://www. mendeley. com/catalog/rda – rdf – 13/

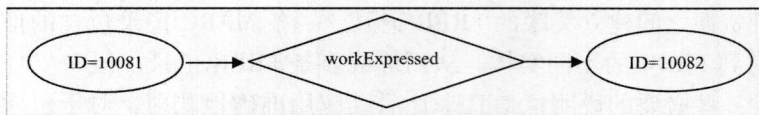

图 8 - 11　FRBR 记录的内部关联图

到了举足轻重的作用。在对 MARC 元数据转换前，XC 还会对 MARC 记录进行必要的预处理：

（1）将 MARC ISO2709 格式转化为 MARC XML 格式，便于用户通过普通浏览器查询检索馆藏资源；

（2）删除 MARC 与 XC Schema 映射过程中一些不必要的字段；

（3）将 MARC 数据中的字符代码转换为用户更容易理解的名称表达，例如，若 leader06 = a，则在新增的 932 字段中将资料类型标明为 "language material"。

XC 的预处理操作不仅便于用户理解 MARC 记录各字段的具体含义，同时也避免了转化服务过程中一些不必要字段可能带来的复杂操作。

按照数据处理的流程（如图 8 - 12 所示），XC MST 工具包对一条元数据记录可以进行以下五种操作：①

（1）将 ISO2709 格式的 MARC 记录以 XML 格式编码输出（即 MARCXML 化）；

（2）对 MARCXML 数据进行预处理操作（即 MARCXML 数据标准化）；

（3）将经过预处理的 MARCXML 数据转化为符合 XC Schema 的 XC 数据记录；

（4）对每一个 FRBR 层次的实体进行聚合操作；

（5）对知识库记录的浏览、查询和检索。

（四）XC 平台的评价

目前，基于 MST 的管理系统都已经在许多机构上线使用，例如美国的 Rochester 大学、Tufts 大学 Perseus Digital 图书馆系统和西班牙文化部的 Union Catalogue 系统等。

XC 为图书馆提供了一个安全、高效的关联数据实验平台，可以消除图书

---

① 姜恩波，金晶. 图书馆元数据管理和发布平台：eXtensible Catalog 功能模块研究. 图书馆杂志，2013（6）

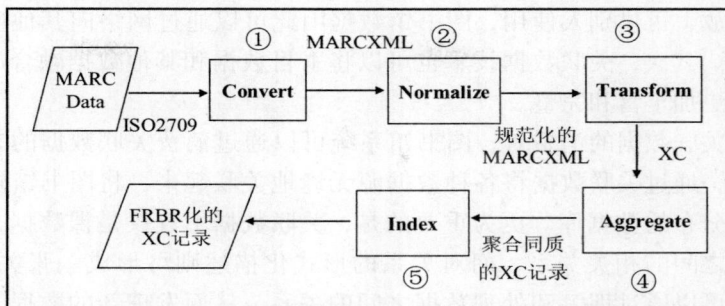

图 8 – 12　XC MST 中的数据处理流程

馆对于新技术带来的不确定风险的担心和顾虑，因为 XC 具有如下优势：

（1）自带 OAI 元数据收割功能，将机构知识库中的数据采集回来后隔离实验，不会对原有数据资源的完整性、准确性造成破坏；

（2）数据批处理，大大缩短转换时间，提高了编目员的工作效率；

（3）提供对元数据的存储、检索和显示；

（4）XC Schema 对于 RDA 的使用，推动了 RDA 的发展，使 RDA 转化成为关联数据更进一步。

虽然 XC 具有上述众多优势，但目前也还存在以下不足：

（1）在元数据的转化上，XC 采用的词表还不够。要将 XC 向关联数据转换，一个重要的步骤是选择受控词表。合适的受控词表能够更加准确地对信息进行描述。目前，XC 到关联数据的转换，只采用 DC 以及部分的 RDA 元素。而从已经发布为关联数据的瑞典国家图书馆等的应用案例看，大部分都采用了包括 FOAF、DC、SKOS、RDA 等在内的多种受控词表。

（2）对于关联数据的发布，XC 在技术层面上还有待取得明显进步。XC 平台目前仅提供元数据的预处理和转换，但这部分工作还只限于理论研究层面。虽然 XC Schema 描述的资源符合三元组的形式，但还不是发布关联数据所必须的 RDF 格式。因此，要把现有的结果转化为 RDF，并以关联数据的形式发布出去，还有待于进一步的探索。

三、图书馆关联数据的未来发展

图书馆在关联数据的浪潮中，既可以作为关联数据的提供者，同时也是关联数据的消费者。作为关联数据的提供者，首先，图书馆可以提供优质的书目数据、受控的名称规范档、词表/类表和本体，这些关联的书目/规范数据对外开放，可供别人使用，图书馆数据因此可以通过网络向其他应用提供数据服务。其次，关联数据技术也可以将书目数据和其他数据融合起来，使书目信息更加丰富和完整。

作为关联数据的消费者，图书馆系统可以通过消费关联数据的方式整合外部数据，通过关联数据将各种数据源无缝地关联起来，将图书馆资源建成一个广域分布的数据库。更为重要的是，关联数据不仅仅是裸数据，它也描述了数据之间的相关关系，而对关系的形式化描述则可形成一张关系地图，使得机器可以通过理解和处理数据之间的关系，从而发现新的数据，继而生产出新的信息和知识。而图书馆系统则可通过关联数据按图索骥，集成更多信息和功能，可为用户提供更完整、更丰富的信息资源。①

语义万维网和关联数据的提出及迅速发展，不仅改变了人类的生产、生活方式，而且加速改变了人类获取、存储、传播信息的方式。在这一背景下，图书馆界需要各个部门的研究人员（包括 MARC 编目员、schema 编制人员、软件开发人员和语义万维网领域专家等）通力合作，制订新的编目规范，编制配套的 schema，设计并测试各类转化算法，以及发布图书馆关联数据。目前，我国还鲜有图书馆将自己的馆藏资源加入语义万维网并发布为关联数据，但是网络环境下图书馆关联数据化又是大势所趋，所以我国图书馆必须抓住机会、积极探索，为将本馆数据发布为关联数据作出应有的贡献。

---

①　林海青，楼向英，夏翠娟. 图书馆关联数据：机会与挑战. 中国图书馆学报，2012（1）

参考文献

[1] 全国第一中心图书馆委员会西文图书卡片联合编辑组编译. 1961 年国际编目原则会议论文选译. 中国科学院图书馆, 1962

[2] 王松林编著. 信息资源编目（修订本）. 北京图书馆出版社, 2005

[3] IFLA Cataloguing Principles: the Statement of International Cataloguing Principles (ICP) and its Glossary in 20 Languages. http://www.ifla.org/en/publications/statement – of – international – cataloguing – principles

[4] American Library Association … [et al.] Anglo – American cataloguing rules: North – American text. Chicago: ALA, 1967

[5] 北京图书馆编. 中文普通图书统一著录条例（试用本）. 书目文献出版社, 1981

[6] American Library Association … [et al.] Anglo – American cataloguing rules. 2nd ed. Chicago: ALA, 1978

[7] Joint Steering Committee for Revision of AACR. Anglo – American cataloguing rules. 2nd ed., 1988 rev. Ottawa: Canadian Library Association, 1988

[8] 黄俊贵主编. 中国文献编目规则. 广东人民出版社, 1996

[9] 富平, 黄俊贵主编. 中国文献编目规则. 2 版. 北京图书馆出版社, 2005

[10] 顾犇主编. 西文文献著录条例: 修订扩大版. 科学技术文献出版社, 2003

[11] Delsey, Tom. Modeling the logic of AACR. In: The principles and future of AACR, ed. Jean Weihs. Ottawa: Canadian Library Association, 1998

[12] Howarth, Lyune C. Content versus carrier. In: The principles and future of AACR, ed. Jean Weihs. Ottawa: Canadian Library Association, 1998

[13] 芭芭拉·B·蒂利特. RDA 与中国: 编目的国际化. 中国图书馆学报, 2012 (6)

[14] 胡小菁. RDA 的国际化战略. 数字图书馆论坛, 2010 (12)

[15] 胡小菁.《资源描述与检索》的酝酿、编制与实施. 国家图书馆学刊, 2011 (2)

[16] Revision history Joint Steering Committee for Development of RDA. RDA: Resource Description and Access. Prospectus. http://www.rda – jsc.org/rdaprospectus.html

[17] 吴晓静. RDA——资源描述与检索的新标准. 数字图书馆论坛, 2010 (12)

[18] RDA Toolkit. http://access.rdatoolkit.org/

[19] 冯泽泗主编. 机读目录的结构、编制与应用. 成都科技大学出版社, 1992

[20] IFLA Study Group on Functional requirements for bibliographic records. Functional requirements for bibliographic records: final report. http://www.ifla.org/VII/s13frbrfrbr.pdf

[21] 王松林. 从 FRBR 看编目条例及机读目录格式的变革路向. 中国图书馆学报, 2004 (6)

[22]   王绍平．数字信息资源的编目对象．图书馆杂志，2003（2）

[23]   刘炜［等］．RDA 与关联数据．中国图书馆学报，2012（1）

[24]   胡小菁．内容和媒介类型：RDA 与 ISBD 对比分析．中国图书馆学报，2012（4）

[25]   Resource Description and Access. http：//www. collectionscanada. ca/jsc/rda. html

[26]   刘国华编著．书目控制与书目学．中国物价出版社，1997

[27]   顾犇．《国际标准书目著录》及其最新发展．国家图书馆学刊，2006（3）

[28]   吴龙涛［等］译．国际标准书目著录（上、下）．华艺出版社，2002

[29]   王松林主编．资源组织．国家图书馆出版社，2011

[30]   国际图书馆协会和机构联盟编；顾犇翻译．国际标准书目著录（统一版）．北京
        图书馆出版社，2008

[31]   王松林．论文献编目与资源组织的异同．山东图书馆学刊，2012（5）

[32]   Delsey, Tom. The Logical Structure of the Anglo – American Cataloguing Rules. 1998 –
        1999. http：//www. rda – jsc. org/docs. html

[33]   王松林，谢琴芳，王绍平，顾犇．《中国文献编目规则》与 "原则声明" 之比较．
        中国图书馆学报，2007，33（1）

[34]   RDA：Resource Description & Access. http：//www. rdatoolkit. org/；http：//www. rda
        – jsc. org/rda. html

[35]   ISBD Area 0：Content Form and Media Type Area. http：//www. ifla. org/publications/
        isbd – area – 0 – content – form – and – media – type – area

[36]   王松林，顾犇．从一般资料标识到内容形式和媒介类型：《ISBD 统一版》的新特
        点．中国图书馆学报，2012，38（5）

[37]   ISBD 评估组推荐；国际图联编目组常设委员会通过；顾犇翻译．国际标准书目著
        录（2011 年统一版）．国家图书馆出版社，2012

[38]   王松林编著．现代文献编目．书目文献出版社，1996

[39]   王松林．联合编目手册．军事科学出版社，2004

[40]   《中图法》编委会．《中国分类主题词表》（第二版）及其电子版手册．北京图书
        馆出版社，2006

[41]   国家图书馆《中国图书馆分类法》编辑委员会编．中国图书馆分类法（第五版）．
        国家图书馆出版社，2010

[42]   The Standing Committees of the IFLA Section on Cataloguing and the IFLA Section on In-
        formation Technology. Guidelines for authority and reference entries. London：IFLA Inter-
        national Programme for UBC, 1984

[43]   IFLA Working Group on GARE Revision. Guidelines for authority records and references.
        München：Saur, 2001

[44]   罗伯特·H·伯格著．图书编目规范工作．商务印书馆，1993

[45]   蒋敏．UNIMARC 的发展及未来趋势 // 变革时代的文献编目：第二届全国文献编

目工作研讨会论文集. 国家图书馆出版社, 2010

［46］ 国家图书馆编. 新版中国机读目录格式使用手册. 北京图书馆出版社, 2004

［47］ 中国国家图书馆起草. 中华人民共和国文化行业标准. 中国机读规范格式（WH/T 15—2002）. 文化部印刷厂印刷, 2002

［48］ International Federation of Library Associations and Institutions. UNIMARC manual：authorities format 2001. Concise version. http：//www. ifla. org/VI/3/P2001/guideindex. htm

［49］ 朱芊. 全国中文机读书目主题标引格式问题分析. 中国图书馆学报, 2002（1）

［50］ 刘炜. 建设 2.0 版的图书馆集成管理系统. 数字图书馆论坛, 2007（4）

［51］ 胡小菁, 李恺. MARC 四十年的发展及其未来. 中国图书馆学报, 2010（2）

［52］ MARC XML Architecture. http：//www. loc. gov/standards/marcxml/marcxml – architecture. html

［53］ MarcXchange. http：//www. bs. dk/marcxchange/

［54］ Joint Steering Committee for development of RDA. RDA：Resource Description & Access. 2013 July update. http：//access. rdatoolkit. org/

［55］ LC RDA for Georgia Cataloging Summit, 9 – 10 August 2011 – Module 2, part 1. http：//www. rda – jsc. orgdocsGeorgia – RDA – module – 2 – part – 1 – rev – 12august2011. ppt.

［56］ 国际图联世界书目控制与国际 MARC 项目；王绍平等译. 书目记录的功能需求最终报告. 2008. http：//www. ifla. org/files/assets/cataloguing/frbr/frbr – zh. pdf

［57］ 胡小菁. CNMARC 的 RDA 更新. 数字图书馆论坛, 2013（7）

［58］ MARC Format Overview. ［2013 – 04 – 29］. http：//www. loc. govmarcstatus. html

［59］ Library of Congress Network Development and MARC Standards Office. MARC21 Format for Bibliographic Data. 1999 Edition, Update No. 1（October 2001）through Update No. 16（April 2013）. http：//www. loc. govmarcbibliographic/

［60］ McCallum S. RDA in MARC（October 2012）. http：//www. loc. govmarcRDAinMARC. html

［61］ Library of Congress Network Development and MARC Standards Office. Value Lists for Codes and Controlled Vocabularies. ［2013 – 6 – 10］ http：//www. loc. gov/standards/valuelist/

［62］ Joint Steering Committee for Development of RDA. MARC Record Examples of RDA Cataloging：Examples of MARC RDA record（JSC） – bibliographic records. ［2012 – 4 – 10］. http：//www. rdatoolkit. org/examples/MARC

［63］ Pape PL. Expressing FRBR in UNIMARC, Yes we can！. June 29, 2011. http：//conference. ifla. org/sites/default/files/files/papers/ifla77/187 – pape – en. pdf

［64］ Delsey, Tom. RDA Database Implementation Scenarios. 1 July, 2009. http：//www. rda

– jsc. orgdocs5editor2rev. pdf

[65] Report of the PCC Post – Implementation Hybrid Bibliographic Records Guidelines Task Group. (Minor revisions December 5, 2012). http：//www. loc. gov/aba/pcc/rda/RDA%20Task%20groups%20and%20charges/PCC – Hybrid – Bib – Rec – Guidelines – TG – Report. docx

[66] OCLC RDA policy statement. Effective March 31, 2013. https：//www. oclc. org/rda/new – policy. en. html

[67] 刘炜等．RDA 与关联数据．中国图书馆学报，2012（1）

[68] 王松林．从 423 字段看 CNMARC 书目格式中的数据关联．图书馆学刊，2013（2）

[69] 夏翠娟等．关联数据发布技术及其实现：以 Drupal 为例．中国图书馆学报，2012（1）

[70] 潘有能，张悦．关联数据研究与应用进展．情报科学，2011（1）

[71] Chris Bizer, Richard Cyganiak, Tom Heath. How to publish Linked Data on the Web. http：//wifo5 – 03. informatik. uni – mannheim. de/bizer/pub/LinkedDataTutorial/20070727/

[72] 刘炜．关联数据：概念、技术及应用展望．大学图书馆学报，2011（2）

[73] 林海青，楼向英，夏翠娟．图书馆关联数据：机会与挑战．中国图书馆学报，2012（1）

[74] 曾蕾．理解和利用关联数据：图情档博（LAM）作为关联数据的提供者和消费者．http：//conf. library. sh. cn/sites/default/files/LLD copy _ % E6% 9B% BE% E8% 95% BE. pdf

[75] W3C. Linking Open Data. http：//www. w3. org/wiki/SweoIG/TaskForces/CommunityProjects/LinkingOpenData

[76] ckan. The open source data portal software. http：//ckan. org/

[77] 胡小菁．RDA 与关联数据．http：//www. kevenlw. name/downloads/shld/% E7% BC% 96% E7% 9B% AE% E7% B2% BE% E7% 81% B5 – – RDA% E4% B8% 8E% E5% 85% B3% E8% 81% 94% E6% 95% B0% E6% 8D% AE. pdf

[78] Oliver, Chris. Introducing RDA：A Guide to the Basics. Chicago：ALA Editions, 2010

[79] Karen Coyle. RDA Vocabularies for a Twenty – First – Century Data Environment. Library Technology Reports, v. 46, 2010, no. 2

[80] Linked Data FAQ. http：//structureddynamics. com/linked_ data. html

[81] The eXtensible Catalog. http：//www. extensibleCatalog. org/

[82] eXtensible Catalog Organization. eXtensible Catalog Project XC Schema Definition. http：//www. extensiblecatalog. org/sites/default/files/fulltext/XCSchemaProperties20090107. pdf

［83］   The RDA（Resource Description and Access）Vocabularies. http：//rdvocab. info/
［84］   金晶，姜恩波 . FRBR、RDA 与 eXtensible catalog. 图书馆杂志，2012（11）
［85］   姜恩波，金晶 . 图书馆元数据管理和发布平台：extensible Catalog 功能模块研究 .
             图书馆杂志，2013（6）